全国高职高专电气类精品规划教材

电力法律法规与案例分析

主编　高汝武　李　光

中国水利水电出版社
www.waterpub.com.cn

内容提要

本书是电气类专业学生学习法律法规的教材。主要讲述了法律和电力法律的基本知识，汇编了部分重要的基本法律和电力法律与法规，并结合电力生产管理和使用的实际情况选择了有关案例进行分析。全书共分为法律基础知识与基本法律、电力法律法规和电力法律法规案例分析三大部分，系统地介绍了法律基础理论，又有重点地选择了电力部门工作所必需的有关法律法规，并通过典型案例对有关法律法规内容进行评析，对学习与普及电力法律知识有很好的作用。

本书可作为高职高专院校电气类专业学生学习电力法律法规的教材，亦可作为电力生产和管理部门对员工进行法律学习与普及的教材和参考书。

图书在版编目（CIP）数据

电力法律法规与案例分析/高汝武，李光主编．—北京：中国水利水电出版社，2005（2019.11 重印）
全国高职高专电气类精品规划教材
ISBN 978-7-5084-2861-1

Ⅰ．电… Ⅱ．①高…②李… Ⅲ．电力工业-工业管理-法规-中国-高等学校：技术学校-教材 Ⅳ．D922.292

中国版本图书馆 CIP 数据核字（2005）第 038128 号

书　　名	全国高职高专电气类精品规划教材 **电力法律法规与案例分析**
作　　者	主编　高汝武　李　光
出版发行	中国水利水电出版社 （北京市海淀区玉渊潭南路 1 号 D 座　100038） 网址：www.waterpub.com.cn E-mail：sales@waterpub.com.cn 电话：（010）68367658（营销中心）
经　　售	北京科水图书销售中心（零售） 电话：（010）88383994、63202643、68545874 全国各地新华书店和相关出版物销售网点
排　　版	中国水利水电出版社微机排版中心
印　　刷	天津嘉恒印务有限公司
规　　格	184mm×230mm　16 开本　13.75 印张　320 千字
版　　次	2005 年 7 月第 1 版　2019 年 11 月第 9 次印刷
印　　数	24101—25600 册
定　　价	**38.00** 元

序

教育部在《2003－2007年教育振兴行动计划》中提出要实施“职业教育与创新工程”，大力发展职业教育，大量培养高素质的技能型特别是高技能人才，并强调要以就业为导向，转变办学模式，大力推动职业教育。因此，高职高专教育的人才培养模式应体现以培养技术应用能力为主线和全面推进素质教育的要求。教材是体现教学内容和教学方法的知识载体，进行教学活动的基本工具；是深化教育教学改革，保障和提高教学质量的重要支柱和基础。因此，教材建设是高职高专教育的一项基础性工程，必须适应高职高专教育改革与发展的需要。

为贯彻这一思想，2003年12月，在福建厦门，中国水利水电出版社组织全国14家高职高专学校共同研讨高职高专教学的目前状况、特色及发展趋势，并决定编写一批符合当前高职高专教学特色的教材，于是就有了《全国高职高专电气类精品规划教材》。

《全国高职高专电气类精品规划教材》是为适应高职高专教育改革与发展的需要，以培养技术应用为主线的技能型特别是高技能人才的系列教材。为了确保教材的编写质量，参与编写人员都是经过院校推荐、编委会答辩并聘任的，有着丰富的教学和实践经验，其中主编都有编写教材的经历。教材较好地反映了当前电气技术的先进水平和最新岗位资格要求，体现了培养学生的技术应用能力和推进素质教育的要求，具有创新特色。同时，结合教育部两年制高职教育的试点推行，编委会也对各门教材提出了满足这一发展需要的内容编写要求，可以说，这套教材既能适应三年制高职高专教育的要求，也适应两年制高职高专教育的要求。

《全国高职高专电气类精品规划教材》的出版，是对高职高专教材建设的一次有益探讨，因为时间仓促，教材可能存在一些不妥之处，敬请读者批评指正。

《全国高职高专电气类精品规划教材》编委会

2004年8月

前　言

本书是《全国高职高专电气类精品规划教材》中的一本，是全国高职高专电气类学生了解国家有关法律和学习电力法律法规的教科书。在编写上，既系统地介绍了法律基础理论，又有重点地选择了电力部门工作所必需的有关法律法规，并通过典型案例对有关法律法规内容进行评析，对学习与普及电力法律知识有很好的作用。

本教材共分为法律基础知识与基本法律、电力法律法规和电力法律法规案例分析三大部分。第一部分、第二部分和第三部分的前12个案例由福建水利电力职业技术学院高汝武编写；第三部分的后14个案例由河北工程技术高等专科学校李光编写。本书在编写过程中得到了福建水利电力职业技术学院领导和杨永安、张琳、黄珺等老师的大力帮助，山东大学电气工程学院文锋教授审阅了全书，在此表示衷心地感谢。

由于编者水平有限，书中错误与不足之处在所难免，恳请广大读者提出宝贵意见。

编　者

2005年6月

目录

第一部分

法律基础知识与基本法律

法律基础知识

一、法与法律的概念

1. 法的概念

法是统治阶级意志的体现，是由国家制定或认可，并由国家强制力保证实施的规范的总称，其内容是由统治阶级的物质生活条件决定的。它通过规定社会关系主体的权利和义务，确认、保护和发展对统治阶级有利的社会关系和社会秩序。

2. 法律的概念

对法律的理解有广义和狭义两种，广义上的法律与“法”的含义相同，是指“法”的整体，其概念的内涵与外延等同于“法”。狭义上的法律仅指法的一种表现形式，即具有立法权的国家机关按照一定的程序制定的规范性文件。在我国，狭义上的法律（即人们通常所称的法律）仅指全国人民代表大会及其常务委员会所制定的规范性文件。

二、法的基本特征和作用

（一）法的基本特征

1. 法是一种社会规范系统

人们的行为规范分为两类：第一类称为技术规范，是调整人与自然之间的关系的行为规范。如生产操作规程、技术标准、工艺规定等。当某些技术规范对社会产生重大影响而被制定成法律技术规范时，这种技术规范就同时具有了社会规范的性质。第二类行为规范称为社会规范，是调整人与人之间关系的行为规范。包括道德规范、政策规范、宗教规范、社会团体规范及法律规范等社会规范的总和构成了社会调整的规范系统，而法是这个社会调整系统的重要组成部分。

2. 法是国家意志的体现，是由国家制定或认可的行为规范系统

制定或认可是国家创制法律规范的两种基本形式。制定，是指由国家机关在其职权范围内，按照法定的程序，创制规范性法律文件的活动。一般是指成文法创制的过程。认可，是指国家承认某些社会上已有的行为规则具有法律效力。国家认可的法主要是指判例法、习惯法，或其他不成文法。国家制定或认可的法律规范均具有同样的法律效力，共同组成了国家统一的法律体系。可见，不论是制定的法还是认可的法都与国家权力有不可分割的联系，体现了法的国家意志的属性，这是其他社会规范所不具有的特征。

3. 法是由国家强制力保证实施的具有普遍约束力的行为规范系统

法是由国家强制力保证实施的。国家强制力包括军队、警察、监狱、法庭等国家执法机关，这些机关使法的实施得到直接的保障，法的国家强制力使法获得了对全社会的普遍约束力，不仅对敌对阶级存在，而且对本阶级内部也存在。并非法的每一个实施过程都必须借助于国家系统化的强制力，国家强制力常常是“备而不用”。但法如果失去了国家强制力，就无异于“一纸空文”，也就失去了法的属性。不同性质国家的法，其国家强制力具有不同的性质和目的。

4. 法是以规定人们的权利义务作为主要调整手段的行为规范系统

法与权利义务是不可分的，它把一定生产方式要求的行为自由规定为人们的权利，把与之相对应的社会责任规定为法律义务，使一定社会形态中人们的相互关系转化为法律上的权利义务关系，即规定人们在一定情况下可以做什么，必须做什么，禁止做什么，并通过国家强制力保证这些权利义务的实现，以此来确认、保护和发展对统治阶级有利的社会关系与社会秩序。这是法调整社会关系的独特方式。法所规定的权利与义务，不仅是指公民、社会组织、国家的权利义务，而且包括国家机关及其公职人员的职权和职责。

（二）法的作用

法的作用是指法对社会生活的影响。法对社会生活的作用是通过法的职能来实现的，而法的职能是对法的作用的表现，是法发挥作用的活动或活动方向。所以法的作用和法的职能是两个紧密联系的概念。对于法的作用和职能，可以分成两类：一是法的规范职能和作用；二是法的社会职能和作用。

1. 法的规范职能和作用

法的规范职能和作用作为一种特殊的行为规则，对主体的意志行为发生影响，从而对主体的行为进行规范具有指引、评价、预测、强制和教育的作用。

（1）法的指引作用：法通过规定主体在法律上的权利和义务以及违反这些规定的

制裁来指引人们的行为。一般有三种指引方式：①规定积极行为的义务；②授予主体权利；③禁止主体的某些行为。

（2）法的评价作用：法是一种带有价值判断的行为规则，是衡量人们行为是否合法的标准，这种评价是一种国家价值判断，是客观的、普遍存在的价值判断，既可以评价他人的行为，也可以评价本人行为。

（3）法的预测作用：根据法律规范可以预测主体即将做出的行为。主体可以事先预计自己或他人的行为及其法律后果，也可以预知国家对某种行为的态度。

（4）法的强制作用：法对各种违法行为可以实施制裁，以达到预防违法犯罪的目的。

（5）法的教育作用：通过法的颁布和实施产生的思想影响作用，法作为上层建筑，是社会精神文明的组成部分。法律规范将统治阶级的立法思想昭示全社会、教育全社会遵守法律，从而影响社会主体的思想和行为。

2. 法的社会职能和作用

法的社会职能和作用是指法维护一定阶级统治的职能和执行一定社会公共事务的职能。主要表现在以下几个方面：

（1）法在政治方面的职能和作用：确认和维护统治阶级在政治上和经济上的统治地位，镇压被统治阶级的反抗，使其活动控制在统治秩序所允许的范围内；调整和解决统治阶级内部的矛盾和纠纷以及与同盟者的关系；保护主体的合法行为和合法权益，制裁一切违法犯罪行为；根据统治阶级的需要，开展与世界各国的交往。法的政治作用在不同性质的国家有不同的表现。

（2）法在经济方面的职能和作用：确立和维护有利于统治阶级的基本经济制度，为巩固和发展这种经济基础服务；保护合法的财产所有权和财产流转关系，调整和解决各种财产纠纷，维护社会经济秩序促进社会生产力的发展。法对社会生产力的促进作用是有条件的，这个条件就是统治阶级的利益、意志与社会发展的客观要求相一致，以及立法者正确地认识和运用客观规律。

（3）法在执行社会公共事务方面的职能和作用：对一切有关全社会的公共事务进行管理，从而保证人类共同体的存在和发展。主要活动有发展生产，管理和发展人口、文化、教育、科学、技术、公共卫生等事业；保护环境；利用和保护自然资源等。法执行社会公共职能不仅是统治阶级的要求，而且是社会存在的要求。

（4）法的阶级统治职能与法的社会公共职能具有内在统一性。法的阶级统治职能以社会公共职能为基础，法的社会公共职能的执行又必须服从阶级统治的需要，以巩固阶级统治为目的。

三、法的本质和渊源

（一）法的本质

1. 法是统治阶级意志的体现

法体现的不是所有社会成员的共同意志，而是在政治上、经济上占统治地位的那个阶级或阶级联盟的意志，统治阶级可以根据本阶级的需要而对被统治阶级作出某些让步，吸收被统治阶级的某些要求，但其目的是为了稳定社会秩序、巩固自己的统治。

2. 法是统治阶级共同意志的体现

法体现的统治阶级意志，不是统治阶级中个别人的意志，也不是统治阶级中某个集团或阶层的意志，而是统治阶级的整体意志。这种整体意志的形成是一个复杂的过程，是通过统治阶级内部和外部的曲折斗争实现的。个人或个别集团的意志如果违背统治阶级的根本利益，总是会被统治阶级所否定。

3. 法是上升为国家意志的统治阶级意志的体现

并非一切统治阶级的意志都是法。只是将统治阶级的意志上升为国家意志时才是法。即由统治阶级通过所掌握的国家政权，依照一定的程序和方式，将自己的意志制定或认可为全社会人人必须遵守的，由国家强制力保障实施的行为规范，才体现为法。

4. 统治阶级意志的内容是由统治阶级的物质生活条件决定的

统治阶级物质生活条件的内容主要指社会生产方式、自然地理环境、人口状况等。其中，被生产力制约的生产关系对统治阶级的意志具有决定意义和直接作用。统治阶级不能任意立法，立法必须服从经济条件的要求，反映经济基础和社会生活的需要。任何法，就其本质来说，都是体现一定生产关系的要求，反映一定社会经济形态的要求。

（二）法的渊源

法的渊源是指法律规范的来源，对它的含义可从两个方面理解：一是从法的内容上看，指法的内容的来源；二是从法的形式上看，指法的效力来源。人们在通常意义上指的是从法的形式上来说，即法的效力来源和法的表现形式。掌握了法的渊源，不仅了解了法的来源，更清楚了不同层次法的效力，这在司法实践中是非常重要的。

法的渊源决定于法的本质，但也受国家政体、社会发展阶段、民族历史传统等因素的影响。因此，本质相同的法也可以有不同的创制方式和外部表现形式。在世界立法史上法的渊源主要有：习惯法、宗教法、判例法、规范性法律文件、国际惯例及国际条约等。

（三）我国社会主义法的渊源

我国社会主义法的渊源是指我国社会主义法律规范的创制方式和外部表现形式。其特点是：国家机关制定的规范性法律文件是我国法的主要渊源，习惯只有在国家明确认可的情况下才有法的渊源的意义。

我国社会主义法的渊源主要分为以下几类。

1．宪法

宪法是国家的根本大法，是国家的总章程。宪法的制定和修改由全国人民代表大会依照特别组织形式和程序进行。宪法在国家的法的渊源体系中占首要地位，具有最高的法律效力，是一切立法工作的基础和根据。一切法律、行政法规、地方性法规和其他规范性文件，都不得与宪法的规定相抵触。

2．法律

在这里指狭义的法律，是由国家最高权力机关，即全国人民代表大会及其常务委员会制定的规范性文件的总称，其法律效力和地位仅次于宪法，在全国范围内有效。法律可以分为基本法律和一般法律两种。基本法律由全国人民代表大会制定和修改，在全国人民代表大会闭会期间，全国人大常委会有权对基本法律进行部分补充和修改，但是不得同该法律的基本原则相抵触，一般法律由全国人大常委会制定和修改。

3．行政法规

行政法规是由国家最高行政机关，即国务院制定的，规范国家行政管理活动的规范性文件的总称。其法律效力和地位次于宪法和法律，在全国范围内有效。形式包括条例、规定、办法等。

4．地方性法规

地方性法规是由各省、自治区、直辖市的人民代表大会及其常务委员会制定的规范性文件的总称。省会城市和经国务院批准较大的市的人民代表大会及其常务委员会，也可在一定条件下制定地方性法规。地方性法规不得与宪法、法律和行政法规相抵触，且仅在创制地方性法规的权力机关所管辖的区域内有效。

5．行政规章

行政规章分为两种：一是部门规章，指国务院组成部门及直属机构在它们的职权范围内制定的规范性文件。国务院部委规章在全国有效。二是地方人民政府规章，指省、直辖市人民政府以及省、自治区人民政府所在地的市及经国务院批准较大的市的人民政府，按照法定程序制定的规范性文件的总称。地方人民政府规章仅在本地方有效。行政规章的效力等级次于地方性法规。国务院部门规章的法律效力高于地方人民政府规章。地方性法规，国务院部委规章及地方人民政府规章均应当报国务院法制办备案。

6. 自治条例和单行条例

自治条例和单行条例是指由民族自治地方的人民代表大会及其常务委员会制定的规范性文件的总称，在民族自治地方的自治机关的管辖区域内有效。自治区的自治条例和单行条例报全国人大常委会批准后生效。自治州、自治县的自治条例和单行条例报省、自治区和直辖市的人大常委会批准后生效，并报全国人大常委会备案。自治区条例和单行条例的内容不得与宪法、法律及行政法规相抵触。

7. 特别行政区法

特别行政区法是指仅适用于特别行政区的法律规范的总称，分为两类：一是特别行政区基本法，它是指由全国人民代表大会制定的，规定特别行政区内基本制度的法律规范的总称，其效力等同于基本法律；二是特别行政区自治法，它是指由特别行政区立法机关行使专属立法权制定和认可的法律规范的总称。这类法律不得与特别行政区基本法相抵触，并须报全国人大常委会备案。

8. 国际条约和国际惯例

国际条约是指国际法主体之间依国际法原则缔结的规定相互权利与义务的书面协议，国际惯例是指国际法主体之间的默示协议，是各国长期重复类似的行为并默认其有法律约束力的结果，凡我国政府签订和加入的国际条约和我国政府认可的国际惯例，对于我国国内的国家机关、公职人员和公民及社会组织也具有约束力，因此也是我国法的渊源之一。

四、法律关系的概念及构成要素

1. 法律关系的概念

法律关系是指法律规范在调整主体行为的过程中所形成的法律上的权利与义务关系，是法律规范在实施过程中产生的一种特殊的社会关系。

法律关系的构成有三个要素：法律关系主体、法律关系客体和法律关系内容。

2. 法律关系主体

法律关系主体是指参加法律关系，享有权利，承担义务的公民或组织。享有权利的一方称为权利人，承担义务的一方称为义务人，法律关系主体在绝大多数情况下是既享有某些权利又承担某些义务。

我国社会主义法律关系主体有下列几种：

（1）自然人。包括我国公民、外国人和无国籍人。

（2）法人。包括企业法人、国家机关法人、事业单位法人、社会团体法人。

（3）非法人团体。如寺庙、集团诉讼的当事人。

（4）国家。国家是国际法、民法、行政法等法律关系的主体。

法律关系主体应当具备两种主体能力：①权利能力，是指法律关系主体依法享有权利和承担义务的资格；②行为能力，是指法律关系主体能够以自己的行为依法实际行使权利和承担义务的能力。

3．法律关系客体

法律关系客体可以分为以下几类：

（1）物质财富。是指具有一定使用价值并能够被主体支配的有形或无形的财产。物质财富是有关财产的各种法律关系的客体。包括自然物、人造物等。

（2）行为。包括主体的一方对另一方提供服务、来料加工或其他劳务、服务的行为。

（3）智力成果。智力成果是主体从事脑力劳动取得的成果。如作品、计算机软件、发明、商标、外观设计、实用新型等，是知识产权法律关系的客体。

4．法律关系的内容

法律关系的内容是指主体之间在法律上的权利和义务。这种权利和义务是法律规范所规定的，得到国家的确认和保护。

法律权利是指法律赋予主体为实现利益所可以实施的行为范围。法律上的权利结构为：第一，自己有权为一定行为。第二，权利人有权要求他人为或不为一定行为。第三，权利人可以自己或要求国家机关予以保护。

法律义务是指法律关系的主体一方依照法律规定或者依据协议的约定，为了满足他方利益所应实施的行为限度。法律义务由三因素构成：第一，为一定行为。义务人必须按照权利人的要求或法律的规定做出某种积极的行为。第二，不为一定行为。义务人不得实施法律禁止的行为。第三，容忍国家强制措施的义务。当主体有违法行为时，有接受国家法律制裁的义务。

五、法律责任的概念及承担形式

（一）法律责任的概念与特征

法律责任是指法律关系主体由于违反了法律规定的义务而应当依法承担的否定性法律后果。法律责任通常表现为违法者要受到相应的法律制裁。可以说法律责任是对违反法律规定义务的人施加国家强制力影响，迫使人们遵守法律的一种基本方法。

法律责任具有以下四个主要特征：

（1）法律责任以违法行为为前提，凡是实施了违法行为的自然人、法人，都必须承担相应的法律责任。也就是说，法律责任只对违法行为的人实施。

（2）法律责任以法律制裁为必然后果。任何法律责任最终都表现为一定的制裁，通过制裁迫使行为人放弃实施违法行为，同时达到教育和威慑他人的目的。

（3）法律责任是由国家强制力保证实施的法律责任，就是通过国家强制力迫使违法行为人接受于己不利的法律后果，这种强制力来自于国家的行政权力和司法权力。

（4）法律责任必须是由法律授权的国家机关认定的。认定法律责任是国家权力的重要组成部分。行使这种国家权力的主体是特定的，并经过法律授权的，不是任何组织或者个人都可以行使。因此，如果没有法律明确授权的组织和个人所认定的责任，不是法律意义上的责任。

由于法律责任具有上述特性，决定了其在保证法律能否得到贯彻执行方面的重要地位。法律责任按违法行为性质的不同，可以将其分为民事责任、行政责任、刑事责任等形式。

（二）民事责任的概念及承担形式

1. 民事责任的概念

民事责任，是指民事法律关系的主体违反民事义务而依法应当承担的民事法律后果。在我国民事立法中，民事责任具有两种含义：一是指主体行为的民事法律后果。如企业法人对它的法定代表人和其他工作人员的经营活动，承担民事责任；二是指债务不履行或者侵权行为的民事法律后果。

2. 民事责任的法律特征

（1）民事责任主要是财产责任。就是说，它是以向相对特定的权利人或者受害人承担财产责任实现的，即通过要求违法行为人补偿受害人财产上的损失来达到制裁违法行为的目的。这一特征使民事责任区别于以人身刑为主的刑事责任和兼有行政处分、行政处罚内容的行政责任。

（2）民事责任是以平等当事人之间存在着一定的权利义务关系为前提的民事责任。主要是解决作为平等的民事法律关系主体的公民、法人之间进行平等的民事法律行为时发生的纠纷。这一特征使民事责任区别于以国家行政权力为前提对违法行为进行追究的行政责任。

（3）民事责任是以等价、补偿为主的法律责任。由于民事权利主要是关于财产方面的权利，因此，这种权利一旦受到损害，一般都要求违法者承担由此而产生的财产损失，即受损害者可以得到与所受损害相等的补偿，使受损害的权利得到恢复。所以民事责任大多不具有惩罚性而只是为了使受损害者恢复到原先的财产和精神状况。

3. 民事责任的类型

民事责任可以按不同的标准作不同的分类，如根据责任是由一方还是由双方承担，可以分为单方责任和混合责任。根据责任有无财产内容，可分为财产责任和非财产责任。根据责任发生的原因，分为违反合同的民事责任和侵权的民事责任，这也是我国《民法通则》规定的两类基本责任。

违反合同的民事责任也称违约责任或合同责任。它是指民事主体因违反合同约定而应当依法承担的责任。侵权的民事责任也称侵权责任或者侵权行为民事责任，它是指民事主体因侵害他人财产、人身权利而应当承担的责任。

4. 民事责任的形式

民事责任的形式是指违法行为人承担民事责任的方式。它是违法行为人对其所侵害的权利的补救方法，也是人民法院保护民事权利的具体方法和制裁不法行为的具体措施。根据我国《民法通则》第一百三十四条的规定，承担民事责任的方式有10种：①停止侵害；②排除妨碍；③消除危险；④返还财产；⑤恢复原状；⑥修理、重作、更换；⑦赔偿损失；⑧支付违约金；⑨消除影响、恢复名誉；⑩赔礼道歉。上述民事责任可以单独适用，也可以合并适用。

（三）行政责任的概念及承担形式

1. 行政责任的概念

行政责任是指行为人违反行政法律义务，国家行政机关依法给予的一种行政制裁。行政责任是法律责任的主要形式之一，对于违反行政法律义务的人依法追究行政责任，是国家管理和宏观调控的重要手段。有利于维护正常的经济秩序，促进经济的健康发展。

2. 行政责任的特征

（1）行政责任是国家行政机关依靠国家行政权力实施的一种行政制裁。这种行政制裁是由行使国家行政权力的特定国家机关或由其授权的单位决定和执行的。其他任何国家机关、企事业单位和个人，非法律许可或者行政机关的授权，不得实施这种行政制裁行为。

（2）承受行政责任的主体可以是法人或者其他非法人组织，也可以是自然人。也就是行政违法行为的实施者向国家承担的责任。因此，不论是自然人还是法人，只要违反了行政法律规范，就必须承担行政责任。

（3）行政责任是一种基于行政法律关系而发生的责任。就是说，行政责任是在国家行政管理中发生的，是由于违反行政法律规范而引起的，因而适用行政法上的制裁。

（4）行政责任是一种独立责任。因此，行政责任不能替代其他法律责任，其他法律责任也不能取代行政法律责任。

3. 行政责任的分类

行政责任依其性质可以分为两大类，即惩罚性的行政责任和补救性的行政责任。

（1）惩罚性的行政责任包括通报批评和行政处分。前者是一种精神上的惩罚，可以针对行政机关，也可以针对行政人员，后者只适用于行政人员。

（2）补救性的行政责任包括承认错误赔礼道歉，恢复名誉消除影响；履行职务；撤销违法行为；纠正不当；返还权益；行政赔偿等。

4. 行政责任的构成要件

行政责任的构成要件，是指确认行为人承担行政责任必须具备的条件，一般必须具备以下几点：

（1）当事人必须实施了行政违法行为。行政违法行为，是指违反行政法律规范的行为，也就是不履行行政法律规范所规定的义务的行为。这种行为包括作为和不作为两种形态。作为的违法行为就是指当事人实施了行政法律规范所禁止的行为。不作为的违法行为就是指责任主体没有实施行政法律规范要求必须履行的行为。

（2）这种违法行为必须是侵害了行政法所保护的社会关系，即必须有侵害的客体。

（3）行为人必须有过错，所谓过错是指行为人实施违法行为时的主观故意或过失的心理状态。故意就是行为人有意实施某一行政违法行为。过失就是行为人由于缺乏应有的谨慎态度而导致行政违法行为的发生。

（4）行为人必须有法定的责任能力。行政违法行为的行为人有两种，即自然人和法人。

5. 行政责任的形式

行政责任有两大类：行政处分和行政处罚。

（1）行政处分的概念与种类。行政处分是指国家行政机关和其他机关单位按照行政隶属关系，依照行政法律、法规、规章、制度和纪律等，给予违反行政法律义务的内部工作人员的一种制裁。行政处分有以下8种形式。

警告：对违反纪律并经批评教育仍不改正的人员，在其档案中记载的批评。

记过：对国家机关工作人员和行政单位的职工的过错在档案中进行登记。

记大过：对国家机关工作人员和行政单位的职工所犯比较严重的错误在其档案上进行登记。

降级：降低国家机关工作人员和行政单位职工的工资级别。

撤职：对犯有严重错误或者存在违法乱纪行为不再适合担任现任职务或者工作的人员，解除其现任职务或者工作。

开除：对严重违法失职或者严重违反纪律、屡教不改的人员予以解除公职。开除是最为严重、最为严厉的行政处分形式。

行政处分是一种严格的行政法律行为，其效果直接影响受处分人的权益。因此，应当严格依法进行，以保障国家行政工作人员的合法权益免受违法或不当处分的侵害。

（2）行政处罚的概念与特征。行政处罚是指特定行政机关或者法定授权的其他组织，依法对违反行政法律规范但还不够或未给予刑事处罚的公民、法人实施的一种惩戒性的具体行政行为。是由行政相对人承担的一种惩戒性行政法律责任。它具有以下几个特征：

第一，行政处罚是行政机关的行为，与刑罚须由人民法院判决作出的有区别。

第二，行政处罚是对行政管理相对人的处罚，这与行政处分有区别。行政处分是对行政机关内部工作人员的处分。所谓行政管理相对人是指被管理的各种社会组织或公民个人，它不像行政工作人员那样同行政机关有隶属关系，而是因法律法规的有关规定同行政机关发生行政法律关系。

第三，行政处罚是一种惩戒性的处罚。

（3）行政处罚应当遵循的原则。

第一，处罚法定原则。它是指法律法规规定必须处罚的行为才可以处罚，法律没有规定的不能处罚。具体地说，实施行政处罚的机关、行政处罚的罚则、相对人受行政处罚的条件及行政处罚的程序等都必须由法律法规明确规定。

第二，一事不再罚原则。它是指已受处罚的行为不应根据同样的规定再受处罚，同一应受处罚的行为不能由几个机关分别依同一条法律规定进行处罚。

（4）行政处罚的种类。行政处罚依其所作用的领域不同，可分为精神罚、财产罚、人身罚和行为罚四种。

精神罚：这是一种影响名誉的行政责任形式，它不含有财产性质和人身自由性质，也不涉及违法者的实体权利，其目的在于引起违法者精神上的注意，不再继续进行违法行为。其主要包括：①警告，是行政机关对违反法律法规的当事人的谴责和警戒，是一种极普遍的处罚形式；②通报批评，是行政机关对违法的社会组织以文件或报刊进行批评的形式进行处罚；③消除不良影响，是行政机关责令相对人以公开声明方式，为名誉受其违法行为损害的自然人或社会组织正名的处罚形式。

财产罚：是要违法行为人向国家行政机关承担一定的财产上的责任，以此惩罚其违法行为。其主要包括：①罚款，是由行政机关依法责令违法当事人缴纳一定数量的金钱，这是目前行政处罚中适用最普遍的一种处罚形式；②没收，是对违法行为人的部分或全部违法收人、物品收归国有的处罚方式，主要是对生产、保管、加工、运输、销售违禁物品或者进行其他营利性违法行为人实施；③缴纳惩罚性或补偿性费用，是勒令违法行为人依法缴纳法定的惩罚性或补偿性费用，如加收滞纳金，征收环境污染排污费等。

行为罚：是一种剥夺或者限制违法行为人的特定行为能力的处罚形式。其主要包括：①停止生产、暂停营业、限期整顿、关闭企业，这是对从事营业性活动的人或社会组织的违法行为的一种处罚形式；②扣留或吊销许可证，是对持有某种特别许可证者实施违法行为的一种处罚；③取消资格，是对利用行政机关授予的资格从事与授予条件不相符合的违法相对人实施的一种处罚。

人身罚：是对违法行为人的人身自由加以限制的处罚形式，它是各种行政处罚中最为严厉的一种。其主要包括：①行政拘留，是公安机关对违法行为人实施的，在短期内剥夺人身自由的一种处罚，行政拘留只适用于自然人而不适用于法人，对法定代表人的行政拘留应视为对其个人违法行为的处罚；②劳动教养，是对违反《治安管理处罚条例》并且经处罚不改，或犯有轻微违法犯罪行为，但尚不构成刑事处罚，且又有劳动能力的违法行为人所实施的一种强制性教育改造措施。这是所有行政处罚手段中最严厉的一种。

（四）刑事责任的概念及承担形式

1. 刑事责任的概念

所谓刑事责任，是指行为人因实施了刑事法律所禁止的犯罪行为而应当承担的，由国家司法机关依照刑事法律对其犯罪行为及本人所作的否定性法律后果。也就是说，任何公民或者法人实施了违反刑事法律的行为，都要承担因其违法行为而造成的法律后果，刑事法律主要是指《中华人民共和国刑法》和全国人大常委会通过的一系列关于刑法的补充规定。

2. 刑事责任的特征

（1）刑事责任是一种最严厉的法律责任。这主要表现在其责任的实现形式上。刑罚作为刑事责任的形式，是所有强制措施中最严厉的一种，它不仅可以剥夺犯罪人的财产权和政治权，而且还可以限制或剥夺犯罪人的人身自由，甚至剥夺其生命。刑事责任之所以是一种最为严厉的法律责任，是因为犯罪是一种危害社会最严重的违法行为。

（2）刑事责任只能由司法机关追究。行为人的违法行为是否构成犯罪，是否承担刑事责任，承担何种刑事责任，只能由司法机关依照刑事法律决定，其他任何机关、单位和个人都无权决定。

（3）刑事责任是一种严格的个人责任。根据我国刑法规定，刑事责任只能由犯罪本人承担，犯罪人自己对其犯罪行为负责，在任何情况下，均不得转由他人代为承担。

（4）刑事责任的内容主要是人身制裁，即限制或者剥夺犯罪者的人身自由，甚至剥夺其生命，财产罚只是附加刑。

3. 刑事责任的构成要件

行为人只有实施了犯罪行为，才会承担刑事责任。因此是否构成犯罪是确定是否承担刑事责任的基本条件。而构成犯罪必须具备以下四个要件：

（1）犯罪客体。即为我国刑法所保护而被犯罪行为所侵害的社会关系。

（2）犯罪的客观方面。即行为人实施的犯罪行为和由这种犯罪行为而引起的结果。它是由行为（作为或不作为）作为的方式方法行为对象，行为的结果以及犯罪活动赖以存在的特定时空条件等要素组成的。

（3）犯罪主体。即指实施了犯罪行为并依法应当承担刑事责任的人。根据我国刑法规定，达到法定责任年龄，且具有刑事责任能力的自然人才对自己的犯罪行为负刑事责任。单位作为犯罪主体实施的犯罪，是单位作为由自然人组成的有机整体的犯罪，承担刑事责任的是作为单位成员的自然人，因此也要具备责任年龄和责任能力的要件。

（4）犯罪主观方面。即行为人对自己的危害行为和结果所持有的一种故意或过失的心理状态。我国刑法规定，行为人只有在故意或过失地实施某种危害社会、违犯刑法的行为时，才负刑事责任。

行为人的行为只有同时具备上述四个要件，才构成犯罪，行为人才要承担刑事责任。

4. 追究刑事责任的原则

根据我国刑法的基本原则，对于实施犯罪行为的人追究刑事责任应当遵循下列原则：

（1）罪刑法定原则。其基本含义是“法无明文不定罪，法无明文不处罚”。具体是指犯罪的概念和种类，各种犯罪的构成要件和应当适用的量刑幅度等都必须由刑法明文规定，司法机关必须依法定罪量刑。

（2）罪刑相适应原则。其基本含义是“刑罚的轻重应当与犯罪分子所犯罪行和承担的刑事责任相适应”，具体是指犯罪的性质与该罪适用的刑罚相适应，罪行的轻重决定量刑的轻重，重罪重判，轻罪轻判，罪刑相称，罚当其罪。

（3）罪责自负，反对株连原则。其基本含义是指“一人犯罪一人当”。谁犯了罪，就追究谁的刑事责任。刑罚只能施于犯罪人，不能株连无辜者，包括没有参与犯罪的，或者是罪犯的亲友。

我国刑法的基本原则，或直接规定在条文上，或直接体现在刑法的有关规定中。明确这些原则，对于正确理解和执行刑法，具有十分重要的意义。

5. 刑事责任的形式

刑罚是实现刑事责任的基本方法，依照我国刑法的规定，我国刑罚分为主刑和附加刑两大类。主刑包括管制、拘役、有期徒刑、无期徒刑和死刑。附加刑包括罚金、剥夺政治权利和没收财产以及驱逐出境。

电力法律基本知识

一、电力法的概念与电力法律法规体系

1. 电力法的概念

电力法是调整人们在电力建设、生产、供应、使用及电力管理过程中所发生的社会关系的法律规范总称。电力法可分为广义与狭义两种含义。广义是指电力法律、法规、规章等一切与电力相关的规范性文件的总称。狭义仅指电力法典，在我国即《中华人民共和国电力法》(以下简称《电力法》)。

2. 电力法律法规体系

随着电力工业的发展，我国陆续颁布了许多有关电力行业的法规、规章，对电力工业的发展起到了巨大的保护与促进作用。改革开放后，电力法规与规章得以迅速发展。我国于1995年12月28日颁布了《电力法》，并以此为核心陆续颁布了7个规章及其他实施办法等有关的规范性文件。这样加上国务院关于电力工业管理方面的3个条例，逐步形成了适应市场经济需要的电力法律法规体系的基本框架，从而使我国电力工业随着体制改革的深入，真正开始走上了有法可依、依法治电的轨道。

3. 已颁布的主要的电力法律、法规和规章

其中属于法律的有：《中华人民共和国电力法》。

属于行政性法规的有：①《电力供应与使用条例》；②《电网调度管理条例》；③《电力设施保护条例》；

属于部门规章的有：①《电力设施保护条例实施细则》；②《供用电监督管理办法》；③《供电营业区划分及管理办法》；④《用电检查管理办法》；⑤《居民用户家用电器损坏处理办法》；⑥《供电营业规则》；⑦《电网调度管理条例实施办法》。

4. 将要颁布的一些电力法规、规程

《电力法》所调整的电力行业既是基础产业，又是公用性事业，对经济的发展和人民群众生活影响很大，涉及的范围也比较广。《电力法》只是对涉及电力工业的一些基本问题作了规范，总的讲还比较原则。因此，应当制定一些法规，对《电力法》中比较原则或需要进一步明确的内容作出具体规定。对此《电力法》在相关的章节中已明确要求国务院制定有关的实施办法，这是一种授权性规定。根据《电力法》的规定，国家电力公司已配合国务院法制办公室起草制定了以下几个行政法规并正按法定

程序上报审批中：①《电网调度管理条例》（修改稿）；②《电价管理条例》；③《农业与农村用电管理条例》。

除上述三个条例外，国务院还可以依据《电力法》的规定，根据需要制定一些相关的行政法规和实施细则，如电力基本建设、反窃电、人身触电伤亡等方面的规定。另外，国务院电力管理部门及各省、自治区、直辖市也可以依据《电力法》制定相应的法规或规章。

二、《电力法》的基本原则

1. 电力事业要适当超前发展的原则

适当超前发展是指从我国的现状出发，依据国民经济和社会发展的需要而适度超前发展。也就是说，要使电力发展速度适当高于国民经济发展速度，使电力工业在国民经济中先行。以解决或避免出现电力成为制约国民经济发展的“瓶颈”问题。这是总结了我国长期缺电的教训及吸取了国外一些发达国家的经验后而确定的原则。

2. 国家鼓励办电投资主体多元化，实行谁投资、谁受益原则

在计划经济模式下，我国电力工业只能由国家投资办电，不允许除国家投资主体以外的任何组织与个人进行投资。结果由于投资渠道单一，电力发展速度缓慢，远不能适应国民经济与人民生活发展的需要。随着改革开放，特别是转入市场经济后，国家鼓励投资主体多元化，投资来源多渠道，多条腿走路。这里不仅鼓励内资企业、个人进行投资，更以优惠政策鼓励外资企业和个人参与投资，实行谁投资、谁受益原则，以调动各方的积极性来加速我国电力工业的发展。

3. 电力设施受国家保护的原则

电力设施的保护涉及到电力建设、生产、供应、使用过程中能否安全有序地运转问题，关系重大，历来受到国家的高度重视。为了保护电力设施的安全，国务院在1987年就发布了《电力设施保护条例》。1998年又依据《电力法》对《电力设施保护条例》作了修改并重新颁布。随着经济体制改革的深入，各种新情况、新问题日益突出，各种破坏或损坏电力设施的恶性事件屡屡发生，严重威胁着电力的安全生产与运行，为了加大对电力设施的保护力度，《电力法》对电力设施的保护作出了严格规定，进一步明确和强化了有关行政部门在电力设施保护中的职责和任务。

4. 电力建设、生产中依法保护环境，防止公害的原则

随着社会的发展与进步，环境问题日益被人们所重视，我国为此也陆续颁布了许多法律法规。如《环境保护法》、《大气污染防治法》、《火电建设项目前期环境保护管理办法》等，都作出了保护环境的有关规定，在《电力法》中也特别强调：在电力建设、生产、供应和使用中应当依法保护环境，采用新技术，减少有害物质排放，防治

污染和其他公害，国家鼓励和支持利用可再生能源、清洁能源发电，共同保护我们的生存环境。

5. 电力企业应自主经营、自负盈亏、接受监督的原则

长期以来，电力企业已习惯于计划管理行政命令式的一套经营管理模式，这已不能适应形势的发展。随着我国市场经济体制的建立，电力企业同全国各行各业一样，也要面向市场，也要建立竞争性的电力市场而建立新型的现代企业制度，使电力企业真正成为独立的法人实体，自主经营、自负盈亏，这是电力企业走向市场的前提条件。同时政企分开后，电力企业还应自觉接受电力管理部门及政府各职能部门的监督管理。

6. 国家帮助少数民族地区、贫困地区发展电力的原则

我国是一个多民族的国家，由于历史和自然的因素等原因，有许多边远贫困地区及少数民族，在经济、文化等方面的发展上至今仍相对落后。而电力发展缓慢，也制约了当地经济的发展。国家在电力发展规划中贯彻帮助和扶持少数民族地区、贫困地区发展电力的原则，以能有效地促进当地经济的发展。

7. 国家鼓励在发展电力事业中采用先进科学技术和管理方法的原则

当前科技的飞速发展，正预示着知识经济时代的到来。电力工业发展也是如此。在发展电力事业中，低能耗高效率、无污染的发电设施，超高压、远距离的输电设施及可靠性好、自动化程度高、先进的科技与方法在电力工业中已比比皆是。为迅速赶超世界先进水平，国家鼓励在电力建设、生产、供应和使用过程中，采用更为先进的科学技术和管理方法。对在研究、开发中采用先进的科学技术和管理方法等方面作出显著成绩的单位和个人给予奖励，向科技要效益，向管理要效益，以走出一条高速发展我国电力事业的新路子。

三、《电力法》的适用范围

(1) 适用的地域效力，是中华人民共和国境内。

(2) 适用的对象，是从事电力建设、生产、供应和使用的活动。

(3) 对人的效力，是从事电力建设、生产、供应和使用的单位与个人。

(4) 适用的时间效力，是 1996 年 4 月 1 日以后的行为。《电力法》不具有溯及力。

四、电力管理部门与电力企业

长期以来，许多属政府管电的职能，都由电力主管部门和电力企业承担着。从中央到地方的各省、市（地）、县电力（供电）局，既是企业，又是政府的管电职能部

门。随着经济体制改革的深入，这种状况已不能适应市场经济的要求。转变政府职能，界定企业行为与政府行政管理行为，实行政企分开已成为深入电力体制改革的首要内容。《电力法》对此作出了明确的规定：国务院电力管理部门负责全国电力事业的监督管理，国务院有关部门在各自的职责范围内负责电力事业的监督管理。

《电力法》还特别强调县级以上地方人民政府经济综合主管部门是本行政区域内的电力管理部门，负责电力事业的监督管理。县级以上地方人民政府有关部门在各自的职责范围内负责电力事业的监督管理。

电力企业的法制化管理

一、电力企业法制化管理的概念

电力企业法制化管理应理解为“树立依法经营的指导思想，把建立和完善包括电力企业法律顾问制度在内的各项企业制度，与电力法律法规、规章有机地结合起来，使电力企业的管理制度成为量化、细化了的法律。把依法经营、依法管理深入到电力企业生产经营活动的全过程。严格规范经营行为，妥善处理各种法律关系，尽可能避免或减少各类经济纠纷，依法维护企业的合法权益，以使电力企业的经营活动处于协调、合法、高效的状态，达到提高企业经济效益的最终目的。”

二、电力企业法制化管理的基本内容

在我国深入经济体制改革，建立社会主义市场经济这个历史大背景下，结合电力工业体制改革的实际，电力企业法制化管理的内容至少应包括以下几个方面。

（一）依法设立、依法经营是电力企业法制化管理的根本要求

1. 依据《公司法》规范的改组和设立电力企业

随着我国电力市场改革的逐步深入，电力工业的发、输、配企业的剥离和相互独立已成为必然。我国的电力工业管理体制正面临着一个重大突破。作为建立竞争性电力市场的第一步，网厂分开，竞价上网，建立竞争性的电力批发市场正在有计划、有步骤地进行之中。在试点省份各发电厂正在改组为独立的法人实体，各输配电企业、电网管理企业都将逐渐成为独立的法人实体。在这样一场既轰轰烈烈又意义深远的大变革中，首先遇到的问题就是如何依法设立电力企业，或是如何对现有电力企业进行规范的公司化改组。

以发电企业为例，由于现有的发电企业已出现投资主体多元化，因此组建有限责任公司更能符合现状。规范的公司制改组通常的步骤是：①改组的准备与申请工作；

②对企业资产进行评估；③对企业资产和债权债务进行界定；④根据国家有关部门对资产评估报告的批复及有关规定，提出资产重组方案；⑤将改组领导小组及出资者提出的公司机构、出资协议和公司章程等报国家有关部门审批；⑥与所在电网商讨签订购销电协议和电网调度协议；⑦办理有限责任公司注册手续，以确定企业法人法律地位。

以上对现有发电企业的改组步骤是最基本的，也是法定的。假如我们在改组和设立中没有根据《公司法》的要求规范操作，那么该企业将先天不足，在今后依法维护自身权益等方面留下隐患。

2. 电力企业必须依法开展各项生产经营活动

电力行业是国民经济的基础产业，又具有公用事业的特点。这决定了它与众多的企事业单位和千家万户存在并不断产生着各种经济法律关系。

所谓依法经营，是指电力企业必须依据《电力法》及相关的法律法规，从事各项生产经营活动。比如，电力企业依据《电力法》的规定，与用户签订供用电合同并向用户提供合格的电能，做好售电服务工作；依据《电力供应与使用条例》，为新老用户做好业扩工作，及时回收电费；依据《电力法》做好新建与扩建电厂用地、安排变电设施用地、输电线路走廊和电缆通道的征地工作；依据《电力设施保护条例》做好各类电力设施的保护工作。严厉打击各种破坏电力设施的犯罪活动。除了这些，电力企业在生产经营活动中还必须执行其他有关的法律法规，自觉接受政府的监督。如税收、工商、环保、审计等职能部门的监督检查。

在法制较完善的社会中，可以毫不夸张的说，一个企业的任何经济行为都要受到法律的制约，稍有不慎轻则赔偿重则倒闭。因此，依法经营是电力企业法制化管理的最基本要求。

（二）建立和完善各类企业制度是法制化管理的基本保证

1. 建立和完善电力企业法律顾问制度

企业法律顾问制度是我国在新形势下，为建立市场经济体制，完成现代企业制度改革目标而确立的一项崭新的企业管理制度。国家经贸委颁布的《企业法律顾问管理办法》和国家经贸委、人事部、司法部的联合发文《企业法律顾问执业资格制度暂行规定》中对企业法律顾问的人员、工作职责、权利、义务及法律责任等方面作出了明确的规定，这就使企业内部专职法律顾问能在生产经营的全过程为企业提供全方位的法律服务。使企业在市场经济条件下，其合法利益得到充分、有效的保护。企业法律顾问制度是企业走向法治化管理的一项最重要最基本的企业制度。

2. 建立和完善企业合同管理制度

企业在生产经营管理和其他经济活动过程中形成的各种法律关系，往往是通过各种合同来体现的。这些合同的内容是否合法，条款有无遗漏，形式是否符合规定，要求文字是否准确、严谨，都直接关系到企业权益能否得到法律的保护，企业签订合同的经济目的能否实现。

因此，企业应从合同的起草、签订、履行直至合同存档的全过程建立一套规范的管理制度。同时还应有明确的责任制度和考核奖惩制度。近几年来，由于在经济合同的订立、履行及合同担保中的不慎，给企业带来巨大的经济损失，应引起我们各级领导的高度警觉和重视。所有已建立法律事务机构和配备法律顾问的企业，对一些涉及金额较大或较为复杂的合同必要时由法律顾问直接参与起草、谈判。对企业的担保行为必须要有一套严格的管理制度。一般情况下，电力企业不允许给电力企业以外的企业担保。特殊情况，确有担保必要的，应有明确的职权界线，即规定多少金额以上，必须经哪一级负责人批准才行，这要成为制度。加强合同管理，减少或避免各类经济纠纷是企业法制化管理的重要内容。

3. 依法制定企业的各类规章制度

企业规章制度是指企业针对生产、技术、经营等各项活动所制定的各种规则、章程、程序和办法的总称，是企业全体职工共同遵守的规定和准则。同时也是企业建立科学的决策体系，形成有效的激励和制约机制，实现企业管理现代化的重要手段和基本方法。企业规章制度具有合法性、权威性、规范性和强制性的特点。

正因为企业的规章制度具有如此重要的作用。所以在制定和执行时必须注意：①保证企业规章制度的内容合法，即企业规章制度中任何条款都不能与我国现行的法律法规或政策相抵触；②保证企业规章制度执行中的方法和手段合法；③企业规章制度应有利于执行国家法律法规，并能将国家法律法规在企业规章制度中具体化，以达到依法治企的目的。

三、电力企业法制化管理的根本目的

国家宏观管理体制转向市场经济之后，相应的规范市场主体、规范市场行为的法律法规已初具规模，并仍继续在逐步完善之中。以《电力法》为核心的，与电力企业、电力用户紧密相关的电力法律法规，已经形成一个基本框架。然而在具体贯彻执行中却有许多不尽如人意之处。当前困扰电力企业的几个主要问题是：①电力用户拖欠巨额电费；②电力设施屡屡遭受破坏；③窃电现象严重；④因触电伤亡而引发的赔偿诉讼案与日俱增，且要求赔偿数额越来越大；⑤因电力企业为他人经济担保而引发的巨额连带赔偿责任，使电力企业蒙受重大经济损失；⑥电力基本建设工程受阻等。

所有这些，都迫切地要求电力企业在努力做好各项防范措施的基础上，运用法律手段，通过诉讼与非诉讼的途径，来维护电力企业的合法权益。当前，加强对电力法律法规的宣传，加强与各地法院、公安等司法部门的联系和沟通，是电力企业的各级领导和法律工作者的一项紧迫任务。随着电力体制改革的深入，原电力企业中行政管理职能将移交给各地政府的经贸委；电力企业作为一个享有平等民事权利的主体，在查窃电、追缴电费，打击各种破坏电力设施的违法行为，以及在电力基本建设的活动中会遇到许多过去政企合一时未遇到的新情况、新问题。我们必须学会拿起法律武器来维护自身权益。在市场经济中，多元利益主体之间矛盾处理的准绳只能是法律。

电力企业的法制化管理具有其明确的要求和丰富的内涵。电力企业要在市场经济中求生存求发展，就必须从企业设定、组建之日起，处处、事事依法办事，依法经营，依法管理。依法建立各项企业制度，依法妥善处理各类法律关系。只有这样才能保证电力企业生产经营活动的正常开展，维护企业的合法权益。因此，保证和提高电力企业的经济效益，真正实现“人民电业为人民”的宗旨，是电力企业的法制化管理的根本目的。

法律宣传与普及工作

一、法制宣传教育的内涵和特点

1. 法制宣传教育的内涵

我国法制宣传教育工作是国家在全体公民中开展的通过学习法律知识提高公民法律意识和法制观念，促进各行各业依法治理的活动。法制宣传教育的内涵包括三个方面的内容：

（1）我国法制宣传教育是国家直接组织和安排的一项活动。

（2）法制宣传教育以法律知识为学习内容，着重提高公民的法律意识和法制观念。

（3）法制宣传教育的最终目的是促进各行各业的依法治理，要坚持法制宣传教育与法制实践相结合，与经济建设和社会发展的实际相结合。

法制宣传教育是我国加强社会主义法制建设的基础工作，是一项长期的战略性任务。自 1986 年以来，我国已经完成了两个五年普法规划，取得了显著成效：法律知识广泛普及；公民的社会主义民主和法制意识明显提高；执法和法律监督工作得到进一步加强。全国一些地区和行业开展了依法治理活动，推动了我国民主法制建设的进程，维护了社会稳定，促进了经济建设和社会各项事业的发展。

2. 法制宣传教育的特点

（1）有高层次的决策和指导。党和政府高度重视法制宣传教育，三次全国性的法制宣传教育规划均由中共中央和国务院予以转发。全国人大常委会通过相应的决议，对开展法制宣传教育工作提出具体要求，为圆满完成规划确定的阶段性任务奠定了基础。

（2）有组织有计划地开展。为了顺利实施法制宣传教育规划，中央、地方和各部门分别建立了普法领导机构和办事机构。全国普法办公室设在中央宣传部和司法部，由司法部负责普法日常事务。各基层单位根据要求也成立了普法领导小组和普法办公室。在全国普法规划的基础上各地区各部门各单位结合工作制订了本地区本部门本单位的普法规划和具体措施，做到了有组织、有规划、有落实。

（3）法制宣传教育的内容丰富，参加学习的人员广泛。“一五”普法是以宪法为中心学习“十法六条”，了解法律的基本知识；“二五”普法重点学习各种专业性法律，提高专业人员的法律意识；“三五”普法将有关社会主义市场经济的法律、法规作为学习重点，促进社会主义市场经济体制的建立和完善。

（4）法制宣传教育与法制实践活动紧密结合。法制宣传教育工作既有学习法律的任务。同时更要在运用上下功夫，把法制宣传教育与法制实践活动紧密地结合起来。

二、“三五”普法的目标和要求

“三五”普法是第三个五年法制宣传教育规划的简称，实施期间1996～2000年。1996年是宣传发动阶段，主要任务是制定规划，编写教材，培训骨干。1997～1999年具体实施普法计划，2000年总结验收。

1. “三五”普法的目标

“三五”普法的总体目标是通过在全体公民中继续深入进行以宪法、基本法律和社会主义市场经济法律为主要内容的宣传教育，进一步增强公民的法制意识和法制观念，不断提高各级干部依法办事、依法管理的水平和能力，促进依法治国，努力建设社会主义法治国家。

确定这样的目标，反映了时代的特点和我国社会发展的客观需要。第一，虽然通过两个五年的普法教育，人们的法律意识有所提高，但法制观念淡薄，无视法律权威的现象还存在，需要进一步增强法制观念。第二，我国正处在社会主义初级阶段，利益主体多元化需要法律的规范、引导和调整，更需要各级干部严格依法办事，不断提高依法办事的能力和水平。第三，依法治国，建设社会主义法治国家是我国社会发展目标，法治社会需要法律有至高无上的权威，也要求全体公民有较高的法律素质。

2. “三五”普法的要求

实现“三五”普法目标，完成相应的任务，需要提高认识、解放思想、转变观念、更新思路，要在以下几个方面进一步落实：

（1）突出重点。首先，要抓住重点教育对象。一是县处级以上领导干部，二是司法人员和行政执法人员，三是企业经营管理人员，四是青少年。其次，要突出宣传普及的重点内容。要在继续学好宪法和其他基本法律知识的基础上，重点学好社会主义市场经济法律，为市场经济的健康发展提供法制方面的基础和保障。

（2）抓好基础工作要进一步健全和完善普法、依法治理。领导机构和办事机构，把这项工作作为社会主义精神文明和民主法制建设的重要组成部分，真正摆到重要议事日程上来。同时要抓好队伍的素质，使其能够随着法制建设的发展而不断得到提高。

（3）建立普法责任制，将各项任务进行分解。首先在思想观念上明确法制教育是一项长期的任务。其次，制定阶段性目标，坚持针对具体事项、突出的问题开展普法活动，使普法工作紧密联系实际取得实效。

三、电力法律法规的宣传教育

随着1996年4月1日《电力法》施行及一些配套法规、规章的相继颁布与施行，初步形成了有中国特色的电力法律法规体系。这对保护电力投资者、经营者和使用者的合法权益，规范电力市场的交易行为，保证国民经济和社会的发展具有重要的现实意义。但要达到这一系列目标的前提条件是要对《电力法》及相关法律、法规开展大力宣传，使人们了解和熟悉它们。

在国家电力公司的统一组织下，各省、地、县大都成立了以局主要领导为组长的宣传贯彻领导小组。通过举办各种类型的培训班、各种讲座、“电力法”知识竞赛、对处级以上领导及机关工作人员进行《电力法》知识考试等多种形式，从上到下在全国电力系统内开展了广泛深入的《电力法》知识培训教育活动。

同时，积极主动地对各级地方政府及有关部门，对电力用户开展《电力法》的宣传工作。如邀请大型电力用户座谈召开有地方政府主要领导及政府各职能部门负责人、主要新闻单位参加的《电力法》宣传贯彻新闻发布会。由政府主要领导讲话，要求社会各部门、各企业都要严格依法办事，自觉遵守《电力法》。有的还充分利用地方的广播、电视台、报纸等新闻媒介，大力宣传电力法律法规，营造了一个良好的宣传电力法律法规的氛围。通过这些宣传活动，使人们懂得《电力法》不仅仅与电力系统有关，与每个公民，甚至整个社会都息息相关，人人都必须遵守电力法律法规。

中华人民共和国民法通则

第一章　基　本　原　则

第一条　为了保障公民、法人的合法的民事权益，正确调整民事关系，适应社会主义现代化建设事业发展的需要，根据宪法和我国实际情况，总结民事活动的实践经验，制定本法。

第二条 中华人民共和国民法调整平等主体的公民之间、法人之间、公民和法人之间的财产关系和人身关系。

第三条 当事人在民事活动中的地位平等。

第四条 民事活动应当遵循自愿、公平、等价有偿、诚实信用的原则。

第五条 公民、法人的合法的民事权益受法律保护，任何组织和个人不得侵犯。

第六条 民事活动必须遵守法律，法律没有规定的，应当遵守国家政策。

第七条 民事活动应当尊重社会公德，不得损害社会公共利益，破坏国家经济计划，扰乱社会经济秩序。

第八条 在中华人民共和国领域内的民事活动，适用中华人民共和国法律，法律另有规定的除外。

本法关于公民的规定，适用于在中华人民共和国领域内的外国人、无国籍人，法律另有规定的除外。

第二章 公民（自然人）

第一节 民事权利能力和民事行为能力

第九条 公民从出生时起到死亡时止，具有民事权利能力，依法享有民事权利，承担民事义务。

第十条 公民的民事权利能力一律平等。

第十一条 十八周岁以上的公民是成年人，具有完全民事行为能力，可以独立进行民事活动，是完全民事行为能力人。

十六周岁以上不满十八周岁的公民，以自己的劳动收入为主要生活来源的，视为完全民事行为能力人。

第十二条 十周岁以上的未成年人是限制民事行为能力人，可以进行与他的年龄、智力相适应的民事活动；其他民事活动由他的法定代理人代理，或者征得他的法定代理人的同意。

不满十周岁的未成年人是无民事行为能力人，由他的法定代理人代理民事活动。

第十三条 不能辨认自己行为的精神病人是无民事行为能力人，由他的法定代理人代理民事活动。

不能完全辨认自己行为的精神病人是限制民事行为能力人，可以进行与他的精神健康状况相适应的民事活动；其他民事活动由他的法定代理人代理，或者征得他的法定代理人的同意。

第十四条 无民事行为能力人、限制民事行为能力人的监护人是他的法定代理人。

第十五条 公民以他的户籍所在地的居住地为住所，经常居住地与住所不一致的，经常居住地视为住所。

第二节 监 护

第十六条 未成年人的父母是未成年人的监护人。

未成年人的父母已经死亡或者没有监护能力的，由下列人员中有监护能力的人担任监护人：

（一）祖父母、外祖父母；

（二）兄、姐；

（三）关系密切的其他亲属、朋友愿意承担监护责任，经未成年人的父、母的所在单位或者未成年人住所地的居民委员会、村民委员会同意的。

对担任监护人有争议的，由未成年人的父、母的所在单位或者未成年人住所地的居民委员会、村民委员会在近亲属中指定。对指定不服提起诉讼的，由人民法院裁决。

没有第一款、第二款规定的监护人的，由未成年人的父、母的所在单位或者未成年人住所地的居民委员会、村民委员会或者民政部门担任监护人。

第十七条 无民事行为能力或者限制民事行为能力的精神病人，由下列人员担任监护人：

（一）配偶；

（二）父母；

（三）成年子女；

（四）其他近亲属；

（五）关系密切的其他亲属、朋友愿意承担监护责任，经精神病人的所在单位或者住所地的居民委员会、村民委员会同意的。

对担任监护人有争议的，由精神病人的所在单位或者住所地的居民委员会、村民委员会在近亲属中指定。对指定不服提起诉讼的，由人民法院裁决。

没有第一款规定的监护人的，由精神病人的所在单位或者住所地的居民委员会、村民委员会或者民政部门担任监护人。

第十八条 监护人应当履行监护职责，保护被监护人的人身、财产及其他合法权益，除为被监护人的利益外，不得处理被监护人的财产。

监护人依法履行监护的权利，受法律保护。

监护人不履行监护职责或者侵害被监护人的合法权益的，应当承担责任；给被监护人造成财产损失的，应当赔偿损失。人民法院可以根据有关人员或者有关单位的申请，撤销监护人的资格。

第十九条 精神病人的利害关系人，可以向人民法院申请宣告精神病人为无民事行为能力人或者限制民事行为能力人。

被人民法院宣告为无民事行为能力人或者限制民事行为能力人的，根据他健康恢复的状况，经本人或者利害关系人申请，人民法院可以宣告他为限制民事行为能力人或者完全民事行为能力人。

第三节 宣告失踪和宣告死亡

第二十条 公民下落不明满二年的，利害关系人可以向人民法院申请宣告他为失踪人。

战争期间下落不明的，下落不明的时间从战争结束之日起计算。

第二十一条 失踪人的财产由他的配偶、父母、成年子女或者关系密切的其他亲属、朋友代管。代管有争议的，没有以上规定的人或者以上规定的人无能力代管的，由人民法院指定的人代管。

失踪人所欠税款、债务和应付的其他费用，由代管人从失踪人的财产中支付。

第二十二条 被宣告失踪的人重新出现或者确知他的下落，经本人或者利害关系人申请，人民法院应当撤销对他的失踪宣告。

第二十三条 公民有下列情形之一的，利害关系人可以向人民法院申请宣告他死亡：

（一）下落不明满四年的；

（二）因意外事故下落不明，从事故发生之日起满二年的。

战争期间下落不明的，下落不明的时间从战争结束之日起计算。

第二十四条 被宣告死亡的人重新出现或者确知他没有死亡，经本人或者利害关系人申请，人民法院应当撤销对他的死亡宣告。

有民事行为能力人在被宣告死亡期间实施的民事法律行为有效。

第二十五条 被撤销死亡宣告的人有权请求返还财产。依照继承法取得他的财产的公民或者组织，应当返还原物；原物不存在的，给予适当补偿。

第四节 个体工商户、农村承包经营户

第二十六条 公民在法律允许的范围内，依法经核准登记，从事工商业经营的，为个体工商户。个体工商户可以起字号。

第二十七条 农村集体经济组织的成员，在法律允许的范围内，按照承包合同规定从事商品经营的，为农村承包经营户。

第二十八条 个体工商户、农村承包经营户的合法权益，受法律保护。

第二十九条 个体工商户、农村承包经营户的债务，个人经营的，以个人财产承担；家庭经营的，以家庭财产承担。

第五节 个 人 合 伙

第三十条 个人合伙是指两个以上公民按照协议，各自提供资金、实物、技术等，合伙经营、共同劳动。

第三十一条 合伙人应当对出资数额、盈余分配、债务承担、入伙、退伙、合伙终止等事项，订立书面协议。

第三十二条 合伙人投入的财产，由合伙人统一管理和使用。

合伙经营积累的财产，归合伙人共有。

第三十三条 个人合伙可以起字号，依法经核准登记，在核准登记的经营范围内从事经营。

第三十四条 个人合伙的经营活动，由合伙人共同决定，合伙人有执行和监督的权利。

合伙人可以推举负责人。合伙负责人和其他人员的经营活动，由全体合伙人承担民事责任。

第三十五条 合伙的债务，由合伙人按照出资比例或者协议的约定，以各自合伙人对合伙的债务承担连带责任，法律另有规定的除外。偿还合伙债务超过自己应当承担数额的合伙人，有权向其他合伙人追偿。

第三章 法 人

第一节 一 般 规 定

第三十六条 法人是具有民事权利能力和民事行为能力，依法独立享有民事权利和承担民事义务的组织。

法人的民事权利能力和民事行为能力，从法人成立时产生，到法人终止时消灭。

第三十七条 法人应当具备下列条件：

（一）依法成立；

（二）有必要的财产或者经费；

（三）有自己的名称、组织机构和场所；

（四）能够独立承担民事责任。

第三十八条 依照法律或者法人组织章程规定，代表法人行使职权的负责人，是法人的法定代表人。

第三十九条 法人以它的主要办事机构所在地为住所。

第四十条 法人终止，应当依法进行清算，停止清算范围外的活动。

第二节 企业法人

第四十一条 全民所有制企业、集体所有制企业有符合国家规定的资金数额，有组织章程、组织机构和场所，能够独立承担民事责任，经主管机关核准登记，取得法人资格。

在中华人民共和国领域内设立的中外合资经营企业、中外合作经营企业和外资企业，具备法人条件的，依法经工商行政管理机关核准登记，取得中国法人资格。

第四十二条 企业法人应当在核准登记的经营范围内从事经营。

第四十三条 企业法人对它的法定代表人和其他工作人员的经营活动，承担民事责任。

第四十四条 企业法人分立、合并或者有其他重要事项变更，应当向登记机关办理登记并公告。

企业法人分立、合并，它的权利和义务由变更后的法人享有和承担。

第四十五条 企业法人由于下列原因之一终止：

（一）依法被撤销；

（二）解散；

（三）依法宣告破产；

（四）其他原因。

第四十六条 企业法人终止，应当向登记机关办理注销登记并公告。

第四十七条 企业法人解散，应当成立清算组织，进行清算。企业法人被撤销、被宣告破产的，应当由主管机关或者人民法院组织有关机关和有关人员成立清算组织，进行清算。

第四十八条 全民所有制企业法人以国家授予它经营管理的财产承担民事责任。集体所有制企业法人以企业所有的财产承担民事责任。中外合资经营企业法人、中外合作经营企业法人和外资企业法人以企业所有的财产承担民事责任，法律另有规定的除外。

第四十九条 企业法人有下列情形之一的，除法人承担责任外，对法定代表人可以给予行政处分、罚款，构成犯罪的，依法追究刑事责任：

（一）超出登记机关核准登记的经营范围从事非法经营的；

（二）向登记机关、税务机关隐瞒真实情况、弄虚作假的；

（三）抽逃资金、隐匿财产逃避债务的；

（四）解散、被撤销、被宣告破产后，擅自处理财产的；

（五）变更、终止时不及时申请办理登记和公告，使利害关系人遭受重大损失的；

（六）从事法律禁止的其他活动，损害国家利益或者社会公共利益的。

第三节　机关、事业单位和社会团体法人

第五十条　有独立经费的机关从成立之日起，具有法人资格。

具备法人条件的事业单位、社会团体，依法不需要办理法人登记的，从成立之日起，具有法人资格；依法需要办理法人登记的，经核准登记，取得法人资格。

第四节　联　　营

第五十一条　企业之间或者企业、事业单位之间联营，组成新的经济实体，独立承担民事责任、具备法人条件的，经主管机关核准登记，取得法人资格。

第五十二条　企业之间或者企业、事业单位之间联营，共同经营、不具备法人条件的，由联营各方按照出资比例或者协议的约定，以各自所有的或者经营管理的财产承担民事责任。依照法律的规定或者协议的约定负连带责任的，承担连带责任。

第五十三条　企业之间或者企业、事业单位之间联营，按照合同的约定各自独立经营的，它的权利和义务由合同约定，各自承担民事责任。

第四章　民事法律行为和代理

第一节　民 事 法 律 行 为

第五十四条　民事法律行为是公民或者法人设立、变更、终止民事权利和民事义务的合法行为。

第五十五条　民事法律行为应当具备下列条件：

（一）行为人具有相应的民事行为能力；

（二）意思表示真实；

（三）不违反法律或者社会公共利益。

第五十六条　民事法律行为可以采取书面形式、口头形式或者其他形式。法律规定用特定形式的，应当依照法律规定。

第五十七条　民事法律行为从成立时起具有法律约束力。行为人非依法律规定或者取得对方同意，不得擅自变更或者解除。

第五十八条　下列民事行为无效：

（一）无民事行为能力人实施的；

（二）限制民事行为能力人依法不能独立实施的；

（三）一方以欺诈、胁迫的手段或者乘人之危，使对方在违背真实意思的情况下所为的；

（四）恶意串通，损害国家、集体或者第三人利益的；

（五）违反法律或者社会公共利益的；

（六）经济合同违反国家指令性计划的；

（七）以合法形式掩盖非法目的的。

无效的民事行为，从行为开始起就没有法律约束力。

第五十九条 下列民事行为，一方有权请求人民法院或者仲裁机关予以变更或者撤销：

（一）行为人对行为内容有重大误解的；

（二）显失公平的。

被撤销的民事行为从行为开始起无效。

第六十条 民事行为部分无效，不影响其他部分的效力的，其他部分仍然有效。

第六十一条 民事行为被确认为无效或者被撤销后，当事人因该行为取得的财产，应当返还给受损失的一方。有过错的一方应当赔偿对方因此所受的损失，双方都有过错的，应当各自承担相应的责任。

双方恶意串通，实施民事行为损害国家的、集体的或者第三人的利益的，应当追缴双方取得的财产，收归国家、集体所有或者返还第三人。

第六十二条 民事法律行为可以附条件，附条件的民事法律行为在符合所附条件时生效。

第二节 代　　理

第六十三条 公民、法人可以通过代理人实施民事法律行为。

代理人在代理权限内，以被代理人的名义实施民事法律行为。被代理人对代理人的代理行为，承担民事责任。

依照法律规定或者按照双方当事人约定，应当由本人实施的民事法律行为，不得代理。

第六十四条 代理包括委托代理、法定代理和指定代理。

委托代理按照被代理人的委托行使代理权，法定代理人依照法律的规定行使代理权，指定代理人按照人民法院或者指定单位的指定行使代理权。

第六十五条 民事法律行为的委托代理，可以用书面形式，也可以用口头形式。法律规定用书面形式的，应当用书面形式。

书面委托代理的授权委托书应当载明代理人的姓名或者名称、代理事项、权限和期间，并由委托人签名或者盖章。

委托书授权不明的，被代理人应当向第三人承担民事责任，代理人负连带责任。

第六十六条 没有代理权、超越代理权或者代理权终止后的行为，只有经过被代理人的追认，被代理人才承担民事责任。未经追认的行为，由行为人承担民事责任。

本人知道他人以本人名义实施民事行为而不作否认表示的，视为同意。

代理人不履行职责而给被代理人造成损害的，应当承担民事责任。

代理人和第三人串通，损害被代理人的利益的，由代理人和第三人负连带责任。

第三人知道行为人没有代理权、超越代理权或者代理权已终止还与行为人实施民事行为给他人造成损害的，由第三人和行为人负连带责任。

第六十七条 代理人知道被委托代理的事项违法仍然进行代理活动的，或者被代理人知道代理人的代理行为违法不表示反对的，由被代理人和代理人负连带责任。

第六十八条 委托代理人为被代理人的利益需要转托他人代理的，应当事先取得被代理人的同意。事先没有取得被代理人同意的，应当在事后及时告诉被代理人，如果被代理人不同意，由代理人对自己所转托的人的行为负民事责任，但在紧急情况下，为了保护被代理人的利益而转托他人代理的除外。

第六十九条 有下列情形之一的，委托代理终止：

（一）代理期间届满或者代理事务完成；

（二）被代理人取消委托或者代理人辞去委托；

（三）代理人死亡；

（四）代理人丧失民事行为能力；

（五）作为被代理人或者代理人的法人终止。

第七十条 有下列情形之一的，法定代理或者指定代理终止：

（一）被代理人取得或者恢复民事行为能力；

（二）被代理人或者代理人死亡；

（三）代理人丧失民事行为能力；

（四）指定代理的人民法院或者指定单位取消指定；

（五）由其他原因引起的被代理人和代理人之间的监护关系消灭。

第五章 民 事 权 利

第一节 财产所有权和与财产所有权有关的财产权

第七十一条 财产所有权是指所有人依法对自己的财产享有占有、使用、收益和处分的权利。

第七十二条 财产所有权的取得，不得违反法律规定。

按照合同或者其他合法方式取得财产的，财产所有权从财产交付时起转移，法律另有规定或者当事人另有约定的除外。

第七十三条 国家财产属于全民所有。

国家财产神圣不可侵犯，禁止任何组织或者个人侵占、哄抢、私分、截留、破坏。

第七十四条 劳动群众集体组织的财产属于劳动群众集体所有，包括：

（一）法律规定为集体所有的土地和森林、山岭、草原、荒地、滩涂等；

（二）集体经济组织的财产；

（三）集体所有的建筑物、水库、农田水利设施和教育、科学、文化、卫生、体育等设施；

（四）集体所有的其他财产。

集体所有的土地依照法律属于村农民集体所有，由村农业生产合作社等农业集体经济组织或者村民委员会经营、管理。已经属于乡（镇）农民集体经济组织所有的，可以属于乡（镇）农民集体所有。

集体所有的财产受法律保护，禁止任何组织或者个人侵占、哄抢、私分、破坏或者非法查封、扣押、冻结、没收。

第七十五条 公民的个人财产，包括公民的合法收入、房屋、储蓄、生活用品、文物、图书资料、林木、牲畜和法律允许公民所有的生产资料以及其他合法财产。

公民的合法财产受法律保护，禁止任何组织或者个人侵占、哄抢、破坏或者非法查封、扣押、冻结、没收。

第七十六条 公民依法享有财产继承权。

第七十七条　社会团体包括宗教团体的合法财产受法律保护。

第七十八条　财产可以由两个以上的公民、法人共有。

共有分为按份共有和共同共有。按份共有人按照各自的份额，对共有财产分享权利，分担义务。共同共有人对共有财产享有权利，承担义务。

按份共有财产的每个共有人有权要求将自己的份额分出或者转让。但在出售时，其他共有人在同等条件下，有优先购买的权利。

第七十九条　所有人不明的埋藏物、隐藏物，归国家所有。接收单位应当对上缴的单位或者个人，给予表扬或者物质奖励。

拾得遗失物、漂流物或者失散的饲养动物，应当归还失主，因此而支出的费用由失主偿还。

第八十条　国家所有的土地，可以依法由全民所有制单位使用，也可以依法确定由集体所有制单位使用，国家保护它的使用、收益的权利；使用单位有管理、保护、合理利用的义务。

公民、集体依法对集体所有的或者国家所有由集体使用的土地的承包经营权，受法律保护。承包双方的权利和义务，依照法律由承包合同规定。

土地不得买卖、出租、抵押或者以其他形式非法转让。

第八十一条　国家所有的森林、山岭、草原、荒地、滩涂、水面等自然资源，可以依法由全民所有制单位使用，也可以依法确定由集体所有制单位使用，国家保护它的使用、收益的权利；使用单位有管理、保护、合理利用的义务。

国家所有的矿藏，可以依法由全民所有制单位和集体所有制单位开采，也可以依法由公民采挖。国家保护合法的采矿权。

公民、集体依法对集体所有的或者国家所有由集体使用的森林、山岭、草原、荒地、滩涂、水面的承包经营权，受法律保护。承包双方的权利和义务，依照法律由承包合同规定。

国家所有的矿藏、水流，国家所有的和法律规定属于集体所有的林地、山岭、草原、荒地、滩涂不得买卖、出租、抵押或者以其他形式非法转让。

第八十二条　全民所有制企业对国家授予它经营管理的财产依法享有经营权，受法律保护。

第八十三条　不动产的相邻各方，应当按照有利生产、方便生活、团结互助、公平合理的精神，正确处理截水、排水、通行、通风、采光等方面的相邻关系。给相邻方造成妨碍或者损失的，应当停止侵害，排除妨碍，赔偿损失。

第二节　债　　权

第八十四条　债是按照合同的约定或者依照法律的规定，在当事人之间产生的特定的权利和义务关系，享有权利的人是债权人，负有义务的人是债务人。

债权人有权要求债务人按照合同的约定或者依照法律的规定履行义务。

第八十五条　合同是当事人之间设立、变更、终止民事关系的协议。依法成立的合同，受法律保护。

第八十六条　债权人为二人以上的，按照确定的份额分享权利。债务人为二人以上的，按照确定的份额分担义务。

第八十七条　债权人或者债务人一方人数为二人以上的，依照法律的规定或者当事人的约定，享有连带权利的每个债权人，都有权要求债务人履行义务；负有连带义务的每个债务人，都负有清偿全部债务的义务，履行了义务的人，有权要求其他负有连带义务的人偿付他应当承担的份额。

第八十八条 合同的当事人应当按照合同的约定，全部履行自己的义务。

合同中有关质量、期限、地点或者价款约定不明确，按照合同有关条款内容不能确定，当事人又不能通过协商达成协议的，适用下列规定：

（一）质量要求不明确的，按照国家质量标准履行，没有国家质量标准的，按照通常标准履行。

（二）履行期限不明确的，债务人可以随时向债权人履行义务，债权人也可以随时要求债务人履行义务，但应当给对方必要的准备时间。

（三）履行地点不明确，给付货币的，在接受给付一方的所在地履行，其他标的在履行义务一方的所在地履行。

（四）价款约定不明确的，按照国家规定的价格履行；没有国家规定价格的，参照市场价格或者同类物品的价格或者同类劳务的报酬标准履行。

合同对专利申请权没有约定的，完成发明创造的当事人享有申请权。

合同对科技成果的使用权没有约定的，当事人都有使用的权利。

第八十九条 依照法律的规定或者按照当事人的约定，可以采用下列方式担保债务的履行：

（一）保证人向债权人保证债务人履行债务，债务人不履行债务的，按照约定由保证人履行或者承担连带责任；保证人履行债务后，有权向债务人追偿。

（二）债务人或者第三人可以提供一定的财产作为抵押物。债务人不履行债务的，债权人有权依照法律的规定以抵押物折价或者以变卖抵押物的价款优先得到偿还。

（三）当事人一方在法律规定的范围内可以向对方给付定金。债务人履行债务后，定金应当抵作价款或者收回。给付定金的一方不履行债务的，无权要求返还定金；接受定金的一方不履行债务的，应当双倍返还定金。

（四）按照合同约定一方占有对方的财产，对方不按照合同给付应付款项超过约定期限的，占有人有权留置该财产，依照法律的规定以留置财产折价或者以变卖该财产的价款优先得到偿还。

第九十条 合法的借贷关系受法律保护。

第九十一条 合同一方将合同的权利、义务全部或者部分转让给第三人的，应当取得合同另一方的同意，并不得牟利。依照法律规定应当由国家批准的合同，需经原批准机关批准。但是，法律另有规定或者原合同另有约定的除外。

第九十二条 没有合法根据，取得不当利益，造成他人损失的，应当将取得的不当利益返还受损失的人。

第九十三条 没有法定的或者约定的义务，为避免他人利益受损失进行管理或者服务的，有权要求受益人偿付由此而支付的必要费用。

第三节 知 识 产 权

第九十四条 公民、法人享有著作权（版权），依法有署名、发表、出版、获得报酬等权利。

第九十五条 公民、法人依法取得的专利权受法律保护。

第九十六条 法人、个体工商户、个人合伙依法取得的商标专用权受法律保护。

第九十七条 公民对自己的发现享有发现权。发现人有权申请领取发现证书、奖金或者其他奖励。

公民对自己的发明或者其他科技成果，有权申请领取荣誉证书、奖金或者其他奖励。

第四节 人 身 权

第九十八条 公民享有生命健康权。

第九十九条 公民享有姓名权，有权决定、使用和依照规定改变自己的姓名，禁止他人干涉、盗用、假冒。

法人、个体工商户、个人合伙享有名称权。企业法人、个体工商户、个人合伙有权使用、依法转让自己的名称。

第一百条 公民享有肖像权，未经本人同意，不得以营利为目的使用公民的肖像。

第一百零一条 公民、法人享有名誉权，公民的人格尊严受法律保护，禁止用侮辱、诽谤等方式损害公民、法人的名誉。

第一百零二条 公民、法人享有荣誉权，禁止非法剥夺公民、法人的荣誉称号。

第一百零三条 公民享有婚姻自主权，禁止买卖、包办婚姻和其他干涉婚姻自由的行为。

第一百零四条 婚姻、家庭、老人、母亲和儿童受法律保护。

残疾人的合法权益受法律保护。

第一百零五条 妇女享有同男子平等的民事权利。

第六章 民 事 责 任

第一节 一 般 规 定

第一百零六条 公民、法人违反合同或者不履行其他义务的，应当承担民事责任。

公民、法人由于过错侵害国家的、集体的财产，侵害他人财产、人身的，应当承担民事责任。

没有过错，但法律规定应当承担民事责任的，应当承担民事责任。

第一百零七条 因不可抗力不能履行合同或者造成他人损害的，不承担民事责任，法律另有规定的除外。

第一百零八条 债务应当清偿。暂时无力偿还的，经债权人同意或者人民法院裁决，可以由债务人分期偿还。有能力偿还拒不偿还的，由人民法院判决强制偿还。

第一百零九条 因防止、制止国家的、集体的财产或者他人的财产、人身遭受侵害而使自己受到损害的，由侵害人承担赔偿责任，受益人也可以给予适当的补偿。

第一百一十条 对承担民事责任的公民、法人需要追究行政责任的，应当追究行政责任；构成犯罪的，对公民、法人的法定代表人应当依法追究刑事责任。

第二节 违反合同的民事责任

第一百一十一条 当事人一方不履行合同义务或者履行合同义务不符合约定条件的，另一方有权要求履行或者采取补救措施，并有权要求赔偿损失。

第一百一十二条 当事人一方违反合同的赔偿责任，应当相当于另一方因此所受到的损失。

当事人可以在合同中约定，一方违反合同时，向另一方支付一定数额的违约金；也可以在合同中约定对于违反合同而产生的损失赔偿额的计算方法。

第一百一十三条 当事人双方都违反合同的，应当分别承担各自应负的民事责任。

第一百一十四条 当事人一方因另一方违反合同受到损失的，应当及时采取措施防止损失的扩大；没有及时采取措施致使损失扩大的，无权就扩大的损失要求赔偿。

第一百一十五条 合同的变更或者解除，不影响当事人要求赔偿损失的权利。

第一百一十六条 当事人一方由于上级机关的原因，不能履行合同义务的，应当按照合同约定向另一方赔偿损失或者采取其他补救措施，再由上级机关对它因此受到的损失负责处理。

第三节 侵权的民事责任

第一百一十七条 侵占国家的、集体的财产或者他人财产的，应当返还财产，不能返还财产的，应当折价赔偿。

损坏国家的、集体的财产或者他人财产的，应当恢复原状或者折价赔偿。

受害人因此遭受其他重大损失的，侵害人并应当赔偿损失。

第一百一十八条 公民、法人的著作权（版权）、专利权、商标专用权、发现权、发明权和其他科技成果权受到剽窃、篡改、假冒等侵害的，有权要求停止侵害，消除影响，赔偿损失。

第一百一十九条 侵害公民身体造成伤害的，应当赔偿医疗费、因误工减少的收入、残废者生活补助费等费用；造成死亡的，并应当支付丧葬费、死者生前扶养的人必要的生活费等费用。

第一百二十条 公民的姓名权、肖像权、名誉权、荣誉权受到侵害的，有权要求停止侵害，恢复名誉，消除影响，赔礼道歉，并可以要求赔偿损失。

法人的名称权、名誉权、荣誉权受到侵害的，适用前款规定。

第一百二十一条 国家机关或者国家机关工作人员在执行职务中，侵犯公民、法人的合法权益造成损害的，应当承担民事责任。

第一百二十二条 因产品质量不合格造成他人财产、人身损害的，产品制造者、销售者应当依法承担民事责任。运输者、仓储者对此负有责任的，产品制造者、销售者有权要求赔偿损失。

第一百二十三条 从事高空、高压、易燃、易爆、剧毒、放射性、高速运输工具等对周围环境有高度危险的作业造成他人损害的，应当承担民事责任；如果能够证明损害是由受害人故意造成的，不承担民事责任。

第一百二十四条 违反国家保护环境防止污染的规定，污染环境造成他人损害的，应当依法承担民事责任。

第一百二十五条 在公共场所、道旁或者通道上挖坑、修缮安装地下设施等，没有设置明显标志和采取安全措施造成他人损害的，施工人应当承担民事责任。

第一百二十六条 建筑物或者其他设施以及建筑物上的搁置物、悬挂物发生倒塌、脱落、坠落造成他人损害的，它的所有人或者管理人应当承担民事责任，但能够证明自己没有过错的除外。

第一百二十七条 饲养的动物造成他人损害的，动物饲养人或者管理人应当承担民事责任；由于受害人的过错造成损害的，动物饲养人或者管理人不承担民事责任；由于第三人的过错造成损害的，第三人应当承担民事责任。

第一百二十八条 因正当防卫造成损害的，不承担民事责任。正当防卫超过必要的限度，造成不应有的损害的，应当承担适当的民事责任。

第一百二十九条 因紧急避险造成损害的，由引起险情发生的人承担民事责任。如果危险是由自然原因引起的，紧急避险人不承担民事责任或者承担适当的民事责任。因紧急避险采取措施不当或者超过必要的限度，造成不应有的损害的，紧急避险人应当承担适当的民事责任。

第一百三十条　二人以上共同侵权造成他人损害的，应当承担连带责任。

第一百三十一条　受害人对于损害的发生也有过错的，可以减轻侵害人的民事责任。

第一百三十二条　当事人对造成损害都没有过错的，可以根据实际情况，由当事人分担民事责任。

第一百三十三条　无民事行为能力人、限制民事行为能力人造成他人损害的，由监护人承担民事责任。监护人尽了监护责任的，可以适当减轻他的民事责任。

有财产的无民事行为能力人、限制民事行为能力人造成他人损害的，从本人财产中支付赔偿费用。不足部分，由监护人适当赔偿，但单位担任监护人的除外。

第四节　承担民事责任的方式

第一百三十四条　承担民事责任的方式主要有：

（一）停止侵害；

（二）排除妨碍；

（三）消除危险；

（四）返还财产；

（五）恢复原状；

（六）修理、重作、更换；

（七）赔偿损失；

（八）支付违约金；

（九）消除影响、恢复名誉；

（十）赔礼道歉。

以上承担民事责任的方式，可以单独适用，也可以合并适用。

人民法院审理民事案件，除适用上述规定外，还可以予以训诫、责令具结悔过、收缴进行非法活动的财物和非法所得，并可以依照法律规定处以罚款、拘留。

第七章　诉　讼　时　效

第一百三十五条　向人民法院请求保护民事权利的诉讼时效期间为二年，法律另有规定的除外。

第一百三十六条　下列的诉讼时效期间为一年：

（一）身体受到伤害要求赔偿的；

（二）出售质量不合格的商品未声明的；

（三）延付或者拒付租金的；

（四）寄存财物被丢失或者损毁的。

第一百三十七条　诉讼时效期间从知道或者应当知道权利被侵害时起计算。但是，从权利被侵害之日起超过二十年的，人民法院不予保护。有特殊情况的，人民法院可以延长诉讼时效期间。

第一百三十八条　超过诉讼时效期间，当事人自愿履行的，不受诉讼时效限制。

第一百三十九条 在诉讼时效期间的最后六个月内，因不可抗力或者其他障碍不能行使请求权的，诉讼时效中止。从中止时效的原因消除之日起，诉讼时效期间继续计算。

第一百四十条 诉讼时效因提起诉讼、当事人一方提出要求或者同意履行义务而中断。从中断时起，诉讼时效期间重新计算。

第一百四十一条 法律对诉讼时效另有规定的，依照法律规定。

第八章　涉外民事关系的法律适用

第一百四十二条 涉外民事关系的法律适用，依照本章的规定确定。

中华人民共和国缔结或者参加的国际条约同中华人民共和国的民事法律有不同规定的，适用国际条约的规定，但中华人民共和国声明保留的条款除外。

中华人民共和国法律和中华人民共和国缔结或者参加的国际条约没有规定的，可以适用国际惯例。

第一百四十三条 中华人民共和国公民定居国外的，他的民事行为能力可以适用定居国法律。

第一百四十四条 不动产的所有权，适用不动产所在地法律。

第一百四十五条 涉外合同的当事人可以选择处理合同争议所适用的法律，法律另有规定的除外。

涉外合同的当事人没有选择的，适用与合同有最密切联系的国家的法律。

第一百四十六条 侵权行为的损害赔偿，适用侵权行为地法律。当事人双方国籍相同或者在同一国家有住所的，也可以适用当事人本国法律或者住所地法律。

中华人民共和国法律不认为在中华人民共和国领域外发生的行为是侵权行为的，不作为侵权行为处理。

第一百四十七条 中华人民共和国公民和外国人结婚适用婚姻缔结地法律，离婚适用受理案件的法院所在地法律。

第一百四十八条 扶养适用与被扶养人有最密切联系的国家的法律。

第一百四十九条 遗产的法定继承，动产适用被继承人死亡时住所地法律，不动产适用不动产所在地法律。

第一百五十条 依照本章规定适用外国法律或者国际惯例的，不得违背中华人民共和国的社会公共利益。

第九章　附　　则

第一百五十一条 民族自治地方的人民代表大会可以根据本法规定的原则，结合当地民族的特点，制定变通的或者补充的单行条例或者规定。自治区人民代表大会制定的，依照法律规定报全国人民代表大会常务委员会批准或者备案；自治州、自治县人民代表大会制定的，报省、自治区人民代表大会常务委员会批准。

第一百五十二条 本法生效以前，经省、自治区、直辖市以上主管机关批准开办的全民所有制企业，已经向工商行政管理机关登记的，可以不再办理法人登记，即具有法人资格。

第一百五十三条 本法所称的“不可抗力”，是指不能预见、不能避免并不能克服的客观情况。

第一百五十四条 民法所称的期间按照公历年、月、日、小时计算。

规定按照小时计算期间的，从规定时开始计算。规定按照日、月、年计算期间的，开始的当天不算入，从下一天开始计算。

期间的最后一天是星期日或者其他法定休假日的，以休假日的次日为期间的最后一天。

期间的最后一天的截止时间为二十四点。有业务时间的，到停止业务活动的时间截止。

第一百五十五条 民法所称的“以上”、“以下”、“以内”、“届满”，包括本数；所称的“不满”、“以外”，不包括本数。

第一百五十六条 本法自 1987 年 1 月 1 日起施行。

中华人民共和国合同法

总 则

第一章 一 般 规 定

第一条 为了保护合同当事人的合法权益，维护社会经济秩序，促进社会主义现代化建设，制定本法。

第二条 本法所称合同是平等主体的自然人、法人、其他组织之间设立、变更、终止民事权利义务关系的协议。

婚姻、收养、监护等有关身份关系的协议，适用其他法律的规定。

第三条 合同当事人的法律地位平等，一方不得将自己的意志强加给另一方。

第四条 当事人依法享有自愿订立合同的权利，任何单位和个人不得非法干预。

第五条 当事人应当遵循公平原则确定各方的权利和义务。

第六条 当事人行使权利、履行义务应当遵循诚实信用原则。

第七条 当事人订立、履行合同，应当遵守法律、行政法规，尊重社会公德，不得扰乱社会经济秩序，损害社会公共利益。

第八条 依法成立的合同，对当事人具有法律约束力。当事人应当按照约定履行自己的义务，不得擅自变更或者解除合同。

依法成立的合同，受法律保护。

第二章 合 同 的 订 立

第九条 当事人订立合同，应当具有相应的民事权利能力和民事行为能力。当事人依法可以委托代理人订立合同。

第十条 当事人订立合同，有书面形式、口头形式和其他形式。

法律、行政法规规定采用书面形式的，应当采用书面形式。当事人约定采用书面形式的，应当采用书面形式。

第十一条 书面形式是指合同书、信件和数据电文（包括电报、电传、传真、电子数据交换和电子邮件）等可以有形地表现所载内容的形式。

第十二条 合同的内容由当事人约定，一般包括以下条款：

（一）当事人的名称或者姓名和住所；

（二）标的；

（三）数量；

（四）质量；

（五）价款或者报酬；

（六）履行期限、地点和方式；

（七）违约责任；

（八）解决争议的方法。

当事人可以参照各类合同的示范文本订立合同。

第十三条 当事人订立合同，采取要约、承诺方式。

第十四条 要约是希望和他人订立合同的意思表示，该意思表示应当符合下列规定：

（一）内容具体确定；

（二）表明经受要约人承诺，要约人即受该意思表示约束。

第十五条 要约邀请是希望他人向自己发出要约的意思表示。寄送的价目表、拍卖公告、招标公告、招股说明书、商业广告等为要约邀请。

商业广告的内容符合要约规定的，视为要约。

第十六条 要约到达受要约人时生效。

采用数据电文形式订立合同，收件人指定特定系统接收数据电文的，该数据电文进入该特定系统的时间，视为到达时间；未指定特定系统的，该数据电文进入收件人的任何系统的首次时间，视为到达时间。

第十七条 要约可以撤回。撤回要约的通知应当在要约到达受要约人之前或者与要约同时到达受要约人。

第十八条 要约可以撤销。撤销要约的通知应当在受要约人发出承诺通知之前到达受要约人。

第十九条 有下列情形之一的，要约不得撤销：

（一）要约人确定了承诺期限或者以其他形式明示要约不可撤销；

（二）受要约人有理由认为要约是不可撤销的，并已经为履行合同作了准备工作。

第二十条 有下列情形之一的，要约失效：

（一）拒绝要约的通知到达要约人；

（二）要约人依法撤销要约；

（三）承诺期限届满，受要约人未作出承诺；

（四）受要约人对要约的内容作出实质性变更。

第二十一条 承诺是受要约人同意要约的意思表示。

第二十二条 承诺应当以通知的方式作出，但根据交易习惯或者要约表明可以通过行为作出承诺的除外。

第二十三条 承诺应当在要约确定的期限内到达要约人。

要约没有确定承诺期限的，承诺应当依照下列规定到达：

（一）要约以对话方式作出的，应当即时作出承诺，但当事人另有约定的除外；

（二）要约以非对话方式作出的，承诺应当在合理期限内到达。

第二十四条 要约以信件或者电报作出的，承诺期限自信件载明的日期或者电报交发之日开始计算。信件未载明日期的，自投寄该信件的邮戳日期开始计算。要约以电话、传真等快速通讯方式作出的，承诺期限自要约到达受要约人时开始计算。

第二十五条　承诺生效时合同成立。

第二十六条　承诺通知到达要约人时生效。承诺不需要通知的，根据交易习惯或者要约的要求作出承诺的行为时生效。

采用数据电文形式订立合同的，承诺到达的时间适用本法第十六条第二款的规定。

第二十七条　承诺可以撤回。撤回承诺的通知应当在承诺通知到达要约人之前或者与承诺通知同时到达要约人。

第二十八条　受要约人超过承诺期限发出承诺的，除要约人及时通知受要约人该承诺有效的以外，为新要约。

第二十九条　受要约人在承诺期限内发出承诺，按照通常情形能够及时到达要约人，但因其他原因承诺到达要约人时超过承诺期限的，除要约人及时通知受要约人因承诺超过期限不接受该承诺的以外，该承诺有效。

第三十条　承诺的内容应当与要约的内容一致。受要约人对要约的内容作出实质性变更的，为新要约。有关合同标的、数量、质量、价款或者报酬、履行期限、履行地点和方式、违约责任和解决争议方法等的变更，是对要约内容的实质性变更。

第三十一条　承诺对要约的内容作出非实质性变更的，除要约人及时表示反对或者要约表明承诺不得对要约的内容作出任何变更的以外，该承诺有效，合同的内容以承诺的内容为准。

第三十二条　当事人采用合同书形式订立合同的，自双方当事人签字或者盖章时合同成立。

第三十三条　当事人采用信件、数据电文等形式订立合同的，可以在合同成立之前要求签订确认书。签订确认书时合同成立。

第三十四条　承诺生效的地点为合同成立的地点。

采用数据电文形式订立合同的，收件人的主营业地为合同成立的地点；没有主营业地的，其经常居住地为合同成立的地点。当事人另有约定的，按照其约定。

第三十五条　当事人采用合同书形式订立合同的，双方当事人签字或者盖章的地点为合同成立的地点。

第三十六条　法律、行政法规规定或者当事人约定采用书面形式订立合同，当事人未采用书面形式但一方已经履行主要义务，对方接受的，该合同成立。

第三十七条　采用合同书形式订立合同，在签字或者盖章之前，当事人一方已经履行主要义务，对方接受的，该合同成立。

第三十八条　国家根据需要下达指令性任务或者国家订货任务的，有关法人、其他组织之间应当依照有关法律、行政法规规定的权利和义务订立合同。

第三十九条　采用格式条款订立合同的，提供格式条款的一方应当遵循公平原则确定当事人之间的权利和义务，并采取合理的方式提请对方注意免除或者限制其责任的条款，按照对方的要求，对该条款予以说明。

格式条款是当事人为了重复使用而预先拟定，并在订立合同时未与对方协商的条款。

第四十条　格式条款具有本法第五十二条和第五十三条规定情形的，或者提供格式条款一方免除其责任、加重对方责任、排除对方主要权利的，该条款无效。

第四十一条 对格式条款的理解发生争议的，应当按照通常理解予以解释。对格式条款有两种以上解释的，应当作出不利于提供格式条款一方的解释。格式条款和非格式条款不一致的，应当采用非格式条款。

第四十二条 当事人在订立合同过程中有下列情形之一，给对方造成损失的，应当承担损害赔偿责任：

（一）假借订立合同，恶意进行磋商；

（二）故意隐瞒与订立合同有关的重要事实或者提供虚假情况；

（三）有其他违背诚实信用原则的行为。

第四十三条 当事人在订立合同过程中知悉的商业秘密，无论合同是否成立，不得泄露或者不正当地使用。泄露或者不正当地使用该商业秘密给对方造成损失的，应当承担损害赔偿责任。

第三章 合同的效力

第四十四条 依法成立的合同，自成立时生效。

法律、行政法规规定应当办理批准、登记等手续生效的，依照其规定。

第四十五条 当事人对合同的效力可以约定附条件。附生效条件的合同，自条件成就时生效。附解除条件的合同，自条件成就时失效。

当事人为自己的利益不正当地阻止条件成就的，视为条件已成就；不正当地促成条件成就的，视为条件不成就。

第四十六条 当事人对合同的效力可以约定附期限。附生效期限的合同，自期限届至时生效。附终止期限的合同，自期限届满时失效。

第四十七条 限制民事行为能力人订立的合同，经法定代理人追认后，该合同有效，但纯获利益的合同或者与其年龄、智力、精神健康状况相适应而订立的合同，不必经法定代理人追认。

相对人可以催告法定代理人在一个月内予以追认。法定代理人未作表示的，视为拒绝追认。合同被追认之前，善意相对人有撤销的权利。撤销应当以通知的方式作出。

第四十八条 行为人没有代理权、超越代理权或者代理权终止后以被代理人名义订立的合同，未经被代理人追认，对被代理人不发生效力，由行为人承担责任。

相对人可以催告被代理人在一个月内予以追认。被代理人未作表示的，视为拒绝追认。合同被追认之前，善意相对人有撤销的权利。撤销应当以通知的方式作出。

第四十九条 行为人没有代理权、超越代理权或者代理权终止后以被代理人名义订立合同，相对人有理由相信行为人有代理权的，该代理行为有效。

第五十条 法人或者其他组织的法定代表人、负责人超越权限订立的合同，除相对人知道或者应当知道其超越权限的以外，该代表行为有效。

第五十一条 无处分权的人处分他人财产，经权利人追认或者无处分权的人订立合同后取得处分权的，该合同有效。

第五十二条 有下列情形之一的，合同无效：

（一）一方以欺诈、胁迫的手段订立合同，损害国家利益；

（二）恶意串通，损害国家、集体或者第三人利益；

（三）以合法形式掩盖非法目的；

（四）损害社会公共利益；

（五）违反法律、行政法规的强制性规定。

第五十三条　合同中的下列免责条款无效：

（一）造成对方人身伤害的；

（二）因故意或者重大过失造成对方财产损失的。

第五十四条　下列合同，当事人一方有权请求人民法院或者仲裁机构变更或者撤销：

（一）因重大误解订立的；

（二）在订立合同时显失公平的。

一方以欺诈、胁迫的手段或者乘人之危，使对方在违背真实意思的情况下订立的合同，受损害方有权请求人民法院或者仲裁机构变更或者撤销。

当事人请求变更的，人民法院或者仲裁机构不得撤销。

第五十五条　有下列情形之一的，撤销权消灭：

（一）具有撤销权的当事人自知道或者应当知道撤销事由之日起一年内没有行使撤销权；

（二）具有撤销权的当事人知道撤销事由后明确表示或者以自己的行为放弃撤销权。

第五十六条　无效的合同或者被撤销的合同自始没有法律约束力。合同部分无效，不影响其他部分效力的，其他部分仍然有效。

第五十七条　合同无效、被撤销或者终止的，不影响合同中独立存在的有关解决争议方法的条款的效力。

第五十八条　合同无效或者被撤销后，因该合同取得的财产，应当予以返还；不能返还或者没有必要返还的，应当折价补偿。有过错的一方应当赔偿对方因此所受到的损失，双方都有过错的，应当各自承担相应的责任。

第五十九条　当事人恶意串通，损害国家、集体或者第三人利益的，因此取得的财产收归国家所有或者返还集体、第三人。

第四章　合同的履行

第六十条　当事人应当按照约定全面履行自己的义务。

当事人应当遵循诚实信用原则，根据合同的性质、目的和交易习惯履行通知、协助、保密等义务。

第六十一条　合同生效后，当事人就质量、价款或者报酬、履行地点等内容没有约定或者约定不明确的，可以协议补充；不能达成补充协议的，按照合同有关条款或者交易习惯确定。

第六十二条　当事人就有关合同内容约定不明确，依照本法第六十一条的规定仍不能确定的，适用下列规定：

（一）质量要求不明确的，按照国家标准、行业标准履行；没有国家标准、行业标准的，按照通常标准或者符合合同目的的特定标准履行。

（二）价款或者报酬不明确的，按照订立合同时履行地的市场价格履行；依法应当执行政府定价或者政府指导价的，按照规定履行。

（三）履行地点不明确，给付货币的，在接受货币一方所在地履行；交付不动产的，在不动产所在地履行；其他标的，在履行义务一方所在地履行。

（四）履行期限不明确的，债务人可以随时履行，债权人也可以随时要求履行，但应当给对方必要的准备时间。

（五）履行方式不明确的，按照有利于实现合同目的的方式履行。

（六）履行费用的负担不明确的，由履行义务一方负担。

第六十三条 执行政府定价或者政府指导价的，在合同约定的交付期限内政府价格调整时，按照交付时的价格计价。逾期交付标的物的，遇价格上涨时，按照原价格执行；价格下降时，按照新价格执行。逾期提取标的物或者逾期付款的，遇价格上涨时，按照新价格执行；价格下降时，按照原价格执行。

第六十四条 当事人约定由债务人向第三人履行债务的，债务人未向第三人履行债务或者履行债务不符合约定，应当向债权人承担违约责任。

第六十五条 当事人约定由第三人向债权人履行债务的，第三人不履行债务或者履行债务不符合约定，债务人应当向债权人承担违约责任。

第六十六条 当事人互负债务，没有先后履行顺序的，应当同时履行。一方在对方履行之前有权拒绝其履行要求。一方在对方履行债务不符合约定时，有权拒绝其相应的履行要求。

第六十七条 当事人互负债务，有先后履行顺序，先履行一方未履行的，后履行一方有权拒绝其履行要求。先履行一方履行债务不符合约定的，后履行一方有权拒绝其相应的履行要求。

第六十八条 应当先履行债务的当事人，有确切证据证明对方有下列情形之一的，可以中止履行：

（一）经营状况严重恶化；

（二）转移财产、抽逃资金，以逃避债务；

（三）丧失商业信誉；

（四）有丧失或者可能丧失履行债务能力的其他情形。

当事人没有确切证据中止履行的，应当承担违约责任。

第六十九条 当事人依照本法第六十八条的规定中止履行的，应当及时通知对方。对方提供适当担保时，应当恢复履行。中止履行后，对方在合理期限内未恢复履行能力并且未提供适当担保的，中止履行的一方可以解除合同。

第七十条 债权人分立、合并或者变更住所没有通知债务人，致使履行债务发生困难的，债务人可以中止履行或者将标的物提存。

第七十一条 债权人可以拒绝债务人提前履行债务，但提前履行不损害债权人利益的除外。

债务人提前履行债务给债权人增加的费用，由债务人负担。

第七十二条 债权人可以拒绝债务人部分履行债务，但部分履行不损害债权人利益的除外。

债务人部分履行债务给债权人增加的费用，由债务人负担。

第七十三条 因债务人怠于行使其到期债权，对债权人造成损害的，债权人可以向人民法院请求以自己的名义代位行使债务人的债权，但该债权专属于债务人自身的除外。

代位权的行使范围以债权人的债权为限。债权人行使代位权的必要费用，由债务人负担。

第七十四条 因债务人放弃其到期债权或者无偿转让财产，对债权人造成损害的，债权人可以请求人民法院撤销债务人的行为。债务人以明显不合理的低价转让财产，对债权人造成损害，并且受让人知道该情形的，债权人也可以请求人民法院撤销债务人的行为。

撤销权的行使范围以债权人的债权为限。债权人行使撤销权的必要费用，由债务人负担。

第七十五条　撤销权自债权人知道或者应当知道撤销事由之日起一年内行使。自债务人的行为发生之日起五年内没有行使撤销权的，该撤销权消灭。

第七十六条　合同生效后，当事人不得因姓名、名称的变更或者法定代表人、负责人、承办人的变动而不履行合同义务。

第五章　合同的变更和转让

第七十七条　当事人协商一致，可以变更合同。

法律、行政法规规定变更合同应当办理批准、登记等手续的，依照其规定。

第七十八条　当事人对合同变更的内容约定不明确的，推定为未变更。

第七十九条　债权人可以将合同的权利全部或者部分转让给第三人，但有下列情形之一的除外：

（一）根据合同性质不得转让；

（二）按照当事人约定不得转让；

（三）依照法律规定不得转让。

第八十条　债权人转让权利的，应当通知债务人。未经通知，该转让对债务人不发生效力。

债权人转让权利的通知不得撤销，但经受让人同意的除外。

第八十一条　债权人转让权利的，受让人取得与债权有关的从权利，但该从权利专属于债权人自身的除外。

第八十二条　债务人接到债权转让通知后，债务人对让与人的抗辩，可以向受让人主张。

第八十三条　债务人接到债权转让通知时，债务人对让与人享有债权，并且债务人的债权先于转让的债权到期或者同时到期的，债务人可以向受让人主张抵销。

第八十四条　债务人将合同的义务全部或者部分转移给第三人的，应当经债权人同意。

第八十五条　债务人转移义务的，新债务人可以主张原债务人对债权人的抗辩。

第八十六条　债务人转移义务的，新债务人应当承担与主债务有关的从债务，但该从债务专属于原债务人自身的除外。

第八十七条　法律、行政法规规定转让权利或者转移义务应当办理批准、登记等手续的，依照其规定。

第八十八条　当事人一方经对方同意，可以将自己在合同中的权利和义务一并转让给第三人。

第八十九条　权利和义务一并转让的，适用本法第七十九条、第八十一条至第八十三条、第八十五条至第八十七条的规定。

第九十条　当事人订立合同后合并的，由合并后的法人或者其他组织行使合同权利，履行合同义务。当事人订立合同后分立的，除债权人和债务人另有约定的以外，由分立的法人或者其他组织对合同的权利和义务享有连带债权，承担连带债务。

第六章　合同的权利义务终止

第九十一条　有下列情形之一的，合同的权利义务终止：

（一）债务已经按照约定履行；

（二）合同解除；

（三）债务相互抵销；

（四）债务人依法将标的物提存；

（五）债权人免除债务；

（六）债权债务同归于一人；

（七）法律规定或者当事人约定终止的其他情形。

第九十二条 合同的权利义务终止后，当事人应当遵循诚实信用原则，根据交易习惯履行通知、协助、保密等义务。

第九十三条 当事人协商一致，可以解除合同。

当事人可以约定一方解除合同的条件。解除合同的条件成就时，解除权人可以解除合同。

第九十四条 有下列情形之一的，当事人可以解除合同：

（一）因不可抗力致使不能实现合同目的；

（二）在履行期限届满之前，当事人一方明确表示或者以自己的行为表明不履行主要债务；

（三）当事人一方迟延履行主要债务，经催告后在合理期限内仍未履行；

（四）当事人一方迟延履行债务或者有其他违约行为致使不能实现合同目的；

（五）法律规定的其他情形。

第九十五条 法律规定或者当事人约定解除权行使期限，期限届满当事人不行使的，该权利消灭。

法律没有规定或者当事人没有约定解除权行使期限，经对方催告后在合理期限内不行使的，该权利消灭。

第九十六条 当事人一方依照本法第九十三条第二款、第九十四条的规定主张解除合同的，应当通知对方。合同自通知到达对方时解除。对方有异议的，可以请求人民法院或者仲裁机构确认解除合同的效力。

法律、行政法规规定解除合同应当办理批准、登记等手续的，依照其规定。

第九十七条 合同解除后，尚未履行的，终止履行；已经履行的，根据履行情况和合同性质，当事人可以要求恢复原状、采取其他补救措施，并有权要求赔偿损失。

第九十八条 合同的权利义务终止，不影响合同中结算和清理条款的效力。

第九十九条 当事人互负到期债务，该债务的标的物种类、品质相同的，任何一方可以将自己的债务与对方的债务抵销，但依照法律规定或者按照合同性质不得抵销的除外。

当事人主张抵销的，应当通知对方。通知自到达对方时生效。抵销不得附条件或者附期限。

第一百条 当事人互负债务，标的物种类、品质不相同的，经双方协商一致，也可以抵销。

第一百零一条 有下列情形之一，难以履行债务的，债务人可以将标的物提存：

（一）债权人无正当理由拒绝受领；

（二）债权人下落不明；

（三）债权人死亡未确定继承人或者丧失民事行为能力未确定监护人；

（四）法律规定的其他情形。

标的物不适于提存或者提存费用过高的，债务人依法可以拍卖或者变卖标的物，提存所得的价款。

第一百零二条　标的物提存后，除债权人下落不明的以外，债务人应当及时通知债权人或者债权人的继承人、监护人。

第一百零三条　标的物提存后，毁损、灭失的风险由债权人承担。提存期间，标的物的孳息归债权人所有。提存费用由债权人负担。

第一百零四条　债权人可以随时领取提存物，但债权人对债务人负有到期债务的，在债权人未履行债务或者提供担保之前，提存部门根据债务人的要求应当拒绝其领取提存物。

债权人领取提存物的权利，自提存之日起五年内不行使而消灭，提存物扣除提存费用后归国家所有。

第一百零五条　债权人免除债务人部分或者全部债务的，合同的权利义务部分或者全部终止。

第一百零六条　债权和债务同归于一人的，合同的权利义务终止，但涉及第三人利益的除外。

第七章　违　约　责　任

第一百零七条　当事人一方不履行合同义务或者履行合同义务不符合约定的，应当承担继续履行、采取补救措施或者赔偿损失等违约责任。

第一百零八条　当事人一方明确表示或者以自己的行为表明不履行合同义务的，对方可以在履行期限届满之前要求其承担违约责任。

第一百零九条　当事人一方未支付价款或者报酬的，对方可以要求其支付价款或者报酬。

第一百一十条　当事人一方不履行非金钱债务或者履行非金钱债务不符合约定的，对方可以要求履行，但有下列情形之一的除外：

（一）法律上或者事实上不能履行；

（二）债务的标的不适于强制履行或者履行费用过高；

（三）债权人在合理期限内未要求履行。

第一百一十一条　质量不符合约定的，应当按照当事人的约定承担违约责任。对违约责任没有约定或者约定不明确，依照本法第六十一条的规定仍不能确定的，受损害方根据标的的性质以及损失的大小，可以合理选择要求对方承担修理、更换、重作、退货、减少价款或者报酬等违约责任。

第一百一十二条　当事人一方不履行合同义务或者履行合同义务不符合约定的，在履行义务或者采取补救措施后，对方还有其他损失的，应当赔偿损失。

第一百一十三条　当事人一方不履行合同义务或者履行合同义务不符合约定，给对方造成损失的，损失赔偿额应当相当于因违约所造成的损失，包括合同履行后可以获得的利益，但不得超过违反合同一方订立合同时预见到或者应当预见到的因违反合同可能造成的损失。

经营者对消费者提供商品或者服务有欺诈行为的，依照《中华人民共和国消费者权益保护法》的规定承担损害赔偿责任。

第一百一十四条　当事人可以约定一方违约时应当根据违约情况向对方支付一定数额的违约金，也可以约定因违约产生的损失赔偿额的计算方法。

约定的违约金低于造成的损失的，当事人可以请求人民法院或者仲裁机构予以增加；约定的违约金过分高于造成的损失的，当事人可以请求人民法院或者仲裁机构予以适当减少。

当事人就迟延履行约定违约金的，违约方支付违约金后，还应当履行债务。

第一百一十五条　当事人可以依照《中华人民共和国担保法》约定一方向对方给付定金作为债

权的担保。债务人履行债务后，定金应当抵作价款或者收回。给付定金的一方不履行约定的债务的，无权要求返还定金；收受定金的一方不履行约定的债务的，应当双倍返还定金。

第一百一十六条 当事人既约定违约金，又约定定金的，一方违约时，对方可以选择适用违约金或者定金条款。

第一百一十七条 因不可抗力不能履行合同的，根据不可抗力的影响，部分或者全部免除责任，但法律另有规定的除外。当事人迟延履行后发生不可抗力的，不能免除责任。

本法所称不可抗力，是指不能预见、不能避免并不能克服的客观情况。

第一百一十八条 当事人一方因不可抗力不能履行合同的，应当及时通知对方，以减轻可能给对方造成的损失，并应当在合理期限内提供证明。

第一百一十九条 当事人一方违约后，对方应当采取适当措施防止损失的扩大；没有采取适当措施致使损失扩大的，不得就扩大的损失要求赔偿。

当事人因防止损失扩大而支出的合理费用，由违约方承担。

第一百二十条 当事人双方都违反合同的，应当各自承担相应的责任。

第一百二十一条 当事人一方因第三人的原因造成违约的，应当向对方承担违约责任。当事人一方和第三人之间的纠纷，依照法律规定或者按照约定解决。

第一百二十二条 因当事人一方的违约行为，侵害对方人身、财产权益的，受损害方有权选择依照本法要求其承担违约责任或者依照其他法律要求其承担侵权责任。

第八章 其他规定

第一百二十三条 其他法律对合同另有规定的，依照其规定。

第一百二十四条 本法分则或者其他法律没有明文规定的合同，适用本法总则的规定，并可以参照本法分则或者其他法律最相类似的规定。

第一百二十五条 当事人对合同条款的理解有争议的，应当按照合同所使用的词句、合同的有关条款、合同的目的、交易习惯以及诚实信用原则，确定该条款的真实意思。

合同文本采用两种以上文字订立并约定具有同等效力的，对各文本使用的词句推定具有相同含义。各文本使用的词句不一致的，应当根据合同的目的予以解释。

第一百二十六条 涉外合同的当事人可以选择处理合同争议所适用的法律，但法律另有规定的除外。涉外合同的当事人没有选择的，适用与合同有最密切联系的国家的法律。

在中华人民共和国境内履行的中外合资经营企业合同、中外合作经营企业合同、中外合作勘探开发自然资源合同，适用中华人民共和国法律。

第一百二十七条 工商行政管理部门和其他有关行政主管部门在各自的职权范围内，依照法律、行政法规的规定，对利用合同危害国家利益、社会公共利益的违法行为，负责监督处理；构成犯罪的，依法追究刑事责任。

第一百二十八条 当事人可以通过和解或者调解解决合同争议。

当事人不愿和解、调解或者和解、调解不成的，可以根据仲裁协议向仲裁机构申请仲裁。涉外合同的当事人可以根据仲裁协议向中国仲裁机构或者其他仲裁机构申请仲裁。当事人没有订立仲裁协议或者仲裁协议无效的，可以向人民法院起诉。当事人应当履行发生法律效力的判决、仲裁裁决、调解书；拒不履行的，对方可以请求人民法院执行。

第一百二十九条 因国际货物买卖合同和技术进出口合同争议提起诉讼或者申请仲裁的期限为四年，自当事人知道或者应当知道其权利受到侵害之日起计算。因其他合同争议提起诉讼或者申请仲裁的期限，依照有关法律的规定。

分　　则

第九章 买 卖 合 同

第一百三十条 买卖合同是出卖人转移标的物的所有权于买受人，买受人支付价款的合同。

第一百三十一条 买卖合同的内容除依照本法第十二条的规定以外，还可以包括包装方式、检验标准和方法、结算方式、合同使用的文字及其效力等条款。

第一百三十二条 出卖的标的物，应当属于出卖人所有或者出卖人有权处分。

法律、行政法规禁止或者限制转让的标的物，依照其规定。

第一百三十三条 标的物的所有权自标的物交付时起转移，但法律另有规定或者当事人另有约定的除外。

第一百三十四条 当事人可以在买卖合同中约定买受人未履行支付价款或者其他义务的，标的物的所有权属于出卖人。

第一百三十五条 出卖人应当履行向买受人交付标的物或者交付提取标的物的单证，并转移标的物所有权的义务。

第一百三十六条 出卖人应当按照约定或者交易习惯向买受人交付提取标的物单证以外的有关单证和资料。

第一百三十七条 出卖具有知识产权的计算机软件等标的物的，除法律另有规定或者当事人另有约定的以外，该标的物的知识产权不属于买受人。

第一百三十八条 出卖人应当按照约定的期限交付标的物。约定交付期间的，出卖人可以在该交付期间内的任何时间交付。

第一百三十九条 当事人没有约定标的物的交付期限或者约定不明确的，适用本法第六十一条、第六十二条第四项的规定。

第一百四十条 标的物在订立合同之前已为买受人占有的，合同生效的时间为交付时间。

第一百四十一条 出卖人应当按照约定的地点交付标的物。

当事人没有约定交付地点或者约定不明确，依照本法第六十一条的规定仍不能确定的，适用下列规定：

（一）标的物需要运输的，出卖人应当将标的物交付给第一承运人以运交给买受人；

（二）标的物不需要运输，出卖人和买受人订立合同时知道标的物在某一地点的，出卖人应当在该地点交付标的物；不知道标的物在某一地点的，应当在出卖人订立合同时的营业地交付标的物。

第一百四十二条 标的物毁损、灭失的风险，在标的物交付之前由出卖人承担，交付之后由买受人承担，但法律另有规定或者当事人另有约定的除外。

第一百四十三条 因买受人的原因致使标的物不能按照约定的期限交付的，买受人应当自违反约定之日起承担标的物毁损、灭失的风险。

第一百四十四条 出卖人出卖交由承运人运输的在途标的物，除当事人另有约定的以外，毁损、灭失的风险自合同成立时起由买受人承担。

第一百四十五条 当事人没有约定交付地点或者约定不明确，依照本法第一百四十一条第二款第一项的规定标的物需要运输的，出卖人将标的物交付给第一承运人后，标的物毁损、灭失的风险由买受人承担。

第一百四十六条 出卖人按照约定或者依照本法第一百四十一条第二款第二项的规定将标的物置于交付地点，买受人违反约定没有收取的，标的物毁损、灭失的风险自违反约定之日起由买受人承担。

第一百四十七条 出卖人按照约定未交付有关标的物的单证和资料的，不影响标的物毁损、灭失风险的转移。

第一百四十八条 因标的物质量不符合质量要求，致使不能实现合同目的的，买受人可以拒绝接受标的物或者解除合同。买受人拒绝接受标的物或者解除合同的，标的物毁损、灭失的风险由出卖人承担。

第一百四十九条 标的物毁损、灭失的风险由买受人承担的，不影响因出卖人履行债务不符合约定，买受人要求其承担违约责任的权利。

第一百五十条 出卖人就交付的标的物，负有保证第三人不得向买受人主张任何权利的义务，但法律另有规定的除外。

第一百五十一条 买受人订立合同时知道或者应当知道第三人对买卖的标的物享有权利的，出卖人不承担本法第一百五十条规定的义务。

第一百五十二条 买受人有确切证据证明第三人可能就标的物主张权利的，可以中止支付相应的价款，但出卖人提供适当担保的除外。

第一百五十三条 出卖人应当按照约定的质量要求交付标的物。出卖人提供有关标的物质量说明的，交付的标的物应当符合该说明的质量要求。

第一百五十四条 当事人对标的物的质量要求没有约定或者约定不明确，依照本法第六十一条的规定仍不能确定的，适用本法第六十二条第一项的规定。

第一百五十五条 出卖人交付的标的物不符合质量要求的，买受人可以依照本法第一百一十一条的规定要求承担违约责任。

第一百五十六条 出卖人应当按照约定的包装方式交付标的物。对包装方式没有约定或者约定不明确，依照本法第六十一条的规定仍不能确定的，应当按照通用的方式包装，没有通用方式的，应当采取足以保护标的物的包装方式。

第一百五十七条 买受人收到标的物时应当在约定的检验期间内检验。没有约定检验期间的，应当及时检验。

第一百五十八条 当事人约定检验期间的，买受人应当在检验期间内将标的物的数量或者质量不符合约定的情形通知出卖人。买受人怠于通知的，视为标的物的数量或者质量符合约定。

当事人没有约定检验期间的，买受人应当在发现或者应当发现标的物的数量或者质量不符合约定的合理期间内通知出卖人。买受人在合理期间内未通知或者自标的物收到之日起两年内未通知出卖人的，视为标的物的数量或者质量符合约定，但对标的物有质量保证期的，适用质量保证期，不适用该两年的规定。

出卖人知道或者应当知道提供的标的物不符合约定的，买受人不受前两款规定的通知时间的限制。

第一百五十九条　买受人应当按照约定的数额支付价款。对价款没有约定或者约定不明确的，适用本法第六十一条、第六十二条第二项的规定。

第一百六十条　买受人应当按照约定的地点支付价款。对支付地点没有约定或者约定不明确，依照本法第六十一条的规定仍不能确定的，买受人应当在出卖人的营业地支付，但约定支付价款以交付标的物或者交付提取标的物单证为条件的，在交付标的物或者交付提取标的物单证的所在地支付。

第一百六十一条　买受人应当按照约定的时间支付价款。对支付时间没有约定或者约定不明确，依照本法第六十一条的规定仍不能确定的，买受人应当在收到标的物或者提取标的物单证的同时支付。

第一百六十二条　出卖人多交标的物的，买受人可以接收或者拒绝接收多交的部分。买受人接收多交部分的，按照合同的价格支付价款；买受人拒绝接收多交部分的，应当及时通知出卖人。

第一百六十三条　标的物在交付之前产生的孳息，归出卖人所有，交付之后产生的孳息，归买受人所有。

第一百六十四条　因标的物的主物不符合约定而解除合同的，解除合同的效力及于从物。因标的物的从物不符合约定被解除的，解除的效力不及于主物。

第一百六十五条　标的物为数物，其中一物不符合约定的，买受人可以就该物解除，但该物与他物分离使标的物的价值显受损害的，当事人可以就数物解除合同。

第一百六十六条　出卖人分批交付标的物的，出卖人对其中一批标的物不交付或者交付不符合约定，致使该批标的物不能实现合同目的的，买受人可以就该批标的物解除。

出卖人不交付其中一批标的物或者交付不符合约定，致使今后其他各批标的物的交付不能实现合同目的的，买受人可以就该批以及今后其他各批标的物解除。

买受人如果就其中一批标的物解除，该批标的物与其他各批标的物相互依存的，可以就已经交付和未交付的各批标的物解除。

第一百六十七条　分期付款的买受人未支付到期价款的金额达到全部价款的五分之一的，出卖人可以要求买受人支付全部价款或者解除合同。

出卖人解除合同的，可以向买受人要求支付该标的物的使用费。

第一百六十八条　凭样品买卖的当事人应当封存样品，并可以对样品质量予以说明。出卖人交付的标的物应当与样品及其说明的质量相同。

第一百六十九条　凭样品买卖的买受人不知道样品有隐蔽瑕疵的，即使交付的标的物与样品相同，出卖人交付的标的物的质量仍然应当符合同种物的通常标准。

第一百七十条　试用买卖的当事人可以约定标的物的试用期间。对试用期间没有约定或者约定不明确，依照本法第六十一条的规定仍不能确定的，由出卖人确定。

第一百七十一条　试用买卖的买受人在试用期内可以购买标的物，也可以拒绝购买。试用期间届满，买受人对是否购买标的物未作表示的，视为购买。

第一百七十二条　招标投标买卖的当事人的权利和义务以及招标投标程序等，依照有关法律、行政法规的规定。

第一百七十三条 拍卖的当事人的权利和义务以及拍卖程序等，依照有关法律、行政法规的规定。

第一百七十四条 法律对其他有偿合同有规定的，依照其规定；没有规定的，参照买卖合同的有关规定。

第一百七十五条 当事人约定易货交易，转移标的物的所有权的，参照买卖合同的有关规定。

第十章 供用电、水、气、热力合同

第一百七十六条 供用电合同是供电人向用电人供电，用电人支付电费的合同。

第一百七十七条 供用电合同的内容包括供电的方式、质量、时间，用电容量、地址、性质，计量方式，电价、电费的结算方式，供用电设施的维护责任等条款。

第一百七十八条 供用电合同的履行地点，按照当事人约定；当事人没有约定或者约定不明确的，供电设施的产权分界处为履行地点。

第一百七十九条 供电人应当按照国家规定的供电质量标准和约定安全供电。供电人未按照国家规定的供电质量标准和约定安全供电，造成用电人损失的，应当承担损害赔偿责任。

第一百八十条 供电人因供电设施计划检修、临时检修、依法限电或者用电人违法用电等原因，需要中断供电时，应当按照国家有关规定事先通知用电人。未事先通知用电人中断供电，造成用电人损失的，应当承担损害赔偿责任。

第一百八十一条 因自然灾害等原因断电，供电人应当按照国家有关规定及时抢修。未及时抢修，造成用电人损失的，应当承担损害赔偿责任。

第一百八十二条 用电人应当按照国家有关规定和当事人的约定及时交付电费。用电人逾期不交付电费的，应当按照约定支付违约金。经催告用电人在合理期限内仍不交付电费和违约金的，供电人可以按照国家规定的程序中止供电。

第一百八十三条 用电人应当按照国家有关规定和当事人的约定安全用电。用电人未按照国家有关规定和当事人的约定安全用电，造成供电人损失的，应当承担损害赔偿责任。

第一百八十四条 供用水、供用气、供用热力合同，参照供用电合同的有关规定。

第十一章 赠 与 合 同

第一百八十五条 赠与合同是赠与人将自己的财产无偿给予受赠人，受赠人表示接受赠与的合同。

第一百八十六条 赠与人在赠与财产的权利转移之前可以撤销赠与。

具有救灾、扶贫等社会公益、道德义务性质的赠与合同或者经过公证的赠与合同，不适用前款规定。

第一百八十七条 赠与的财产依法需要办理登记等手续的，应当办理有关手续。

第一百八十八条 具有救灾、扶贫等社会公益、道德义务性质的赠与合同或者经过公证的赠与合同，赠与人不交付赠与的财产的，受赠人可以要求交付。

第一百八十九条 因赠与人故意或者重大过失致使赠与的财产毁损、灭失的，赠与人应当承担损害赔偿责任。

第一百九十条 赠与可以附义务。

赠与附义务的，受赠人应当按照约定履行义务。

第一百九十一条　赠与的财产有瑕疵的，赠与人不承担责任。附义务的赠与，赠与的财产有瑕疵的，赠与人在附义务的限度内承担与出卖人相同的责任。

赠与人故意不告知瑕疵或者保证无瑕疵，造成受赠人损失的，应当承担损害赔偿责任。

第一百九十二条　受赠人有下列情形之一的，赠与人可以撤销赠与：

（一）严重侵害赠与人或者赠与人的近亲属；

（二）对赠与人有扶养义务而不履行；

（三）不履行赠与合同约定的义务。

赠与人的撤销权，自知道或者应当知道撤销原因之日起一年内行使。

第一百九十三条　因受赠人的违法行为致使赠与人死亡或者丧失民事行为能力的，赠与人的继承人或者法定代理人可以撤销赠与。

赠与人的继承人或者法定代理人的撤销权，自知道或者应当知道撤销原因之日起六个月内行使。

第一百九十四条　撤销权人撤销赠与的，可以向受赠人要求返还赠与的财产。

第一百九十五条　赠与人的经济状况显著恶化，严重影响其生产经营或者家庭生活的，可以不再履行赠与义务。

第十二章　借　款　合　同

第一百九十六条　借款合同是借款人向贷款人借款，到期返还借款并支付利息的合同。

第一百九十七条　借款合同采用书面形式，但自然人之间借款另有约定的除外。

借款合同的内容包括借款种类、币种、用途、数额、利率、期限和还款方式等条款。

第一百九十八条　订立借款合同，贷款人可以要求借款人提供担保。担保依照《中华人民共和国担保法》的规定。

第一百九十九条　订立借款合同，借款人应当按照贷款人的要求提供与借款有关的业务活动和财务状况的真实情况。

第二百条　借款的利息不得预先在本金中扣除。利息预先在本金中扣除的，应当按照实际借款数额返还借款并计算利息。

第二百零一条　贷款人未按照约定的日期、数额提供借款，造成借款人损失的，应当赔偿损失。

借款人未按照约定的日期、数额收取借款的，应当按照约定的日期、数额支付利息。

第二百零二条　贷款人按照约定可以检查、监督借款的使用情况。借款人应当按照约定向贷款人定期提供有关财务会计报表等资料。

第二百零三条　借款人未按照约定的借款用途使用借款的，贷款人可以停止发放借款、提前收回借款或者解除合同。

第二百零四条　办理贷款业务的金融机构贷款的利率，应当按照中国人民银行规定的贷款利率的上下限确定。

第二百零五条　借款人应当按照约定的期限支付利息。对支付利息的期限没有约定或者约定不明确，依照本法第六十一条的规定仍不能确定，借款期间不满一年的，应当在返还借款时一并支付；借款期间一年以上的，应当在每届满一年时支付，剩余期间不满一年的，应当在返还借款时一并支付。

第二百零六条 借款人应当按照约定的期限返还借款。对借款期限没有约定或者约定不明确，依照本法第六十一条的规定仍不能确定的，借款人可以随时返还；贷款人可以催告借款人在合理期限内返还。

第二百零七条 借款人未按照约定的期限返还借款的，应当按照约定或者国家有关规定支付逾期利息。

第二百零八条 借款人提前偿还借款的，除当事人另有约定的以外，应当按照实际借款的期间计算利息。

第二百零九条 借款人可以在还款期限届满之前向贷款人申请展期。贷款人同意的，可以展期。

第二百一十条 自然人之间的借款合同，自贷款人提供借款时生效。

第二百一十一条 自然人之间的借款合同对支付利息没有约定或者约定不明确的，视为不支付利息。

自然人之间的借款合同约定支付利息的，借款的利率不得违反国家有关限制借款利率的规定。

第十三章 租赁合同

第二百一十二条 租赁合同是出租人将租赁物交付承租人使用、收益，承租人支付租金的合同。

第二百一十三条 租赁合同的内容包括租赁物的名称、数量、用途、租赁期限、租金及其支付期限和方式、租赁物维修等条款。

第二百一十四条 租赁期限不得超过二十年。超过二十年的，超过部分无效。

租赁期间届满，当事人可以续订租赁合同，但约定的租赁期限自续订之日起不得超过二十年。

第二百一十五条 租赁期限六个月以上的，应当采用书面形式。当事人未采用书面形式的，视为不定期租赁。

第二百一十六条 出租人应当按照约定将租赁物交付承租人，并在租赁期间保持租赁物符合约定的用途。

第二百一十七条 承租人应当按照约定的方法使用租赁物。对租赁物的使用方法没有约定或者约定不明确，依照本法第六十一条的规定仍不能确定的，应当按照租赁物的性质使用。

第二百一十八条 承租人按照约定的方法或者租赁物的性质使用租赁物，致使租赁物受到损耗的，不承担损害赔偿责任。

第二百一十九条 承租人未按照约定的方法或者租赁物的性质使用租赁物，致使租赁物受到损失的，出租人可以解除合同并要求赔偿损失。

第二百二十条 出租人应当履行租赁物的维修义务，但当事人另有约定的除外。

第二百二十一条 承租人在租赁物需要维修时可以要求出租人在合理期限内维修。出租人未履行维修义务的，承租人可以自行维修，维修费用由出租人负担。因维修租赁物影响承租人使用的，应当相应减少租金或者延长租期。

第二百二十二条 承租人应当妥善保管租赁物，因保管不善造成租赁物毁损、灭失的，应当承担损害赔偿责任。

第二百二十三条 承租人经出租人同意，可以对租赁物进行改善或者增设他物。

承租人未经出租人同意，对租赁物进行改善或者增设他物的，出租人可以要求承租人恢复原状或者赔偿损失。

第二百二十四条 承租人经出租人同意，可以将租赁物转租给第三人。承租人转租的，承租人与出租人之间的租赁合同继续有效，第三人对租赁物造成损失的，承租人应当赔偿损失。

承租人未经出租人同意转租的，出租人可以解除合同。

第二百二十五条 在租赁期间因占有、使用租赁物获得的收益，归承租人所有，但当事人另有约定的除外。

第二百二十六条 承租人应当按照约定的期限支付租金。对支付期限没有约定或者约定不明确，依照本法第六十一条的规定仍不能确定，租赁期间不满一年的，应当在租赁期间届满时支付；租赁期间一年以上的，应当在每届满一年时支付，剩余期间不满一年的，应当在租赁期间届满时支付。

第二百二十七条 承租人无正当理由未支付或者迟延支付租金的，出租人可以要求承租人在合理期限内支付。承租人逾期不支付的，出租人可以解除合同。

第二百二十八条 因第三人主张权利，致使承租人不能对租赁物使用、收益的，承租人可以要求减少租金或者不支付租金。

第三人主张权利的，承租人应当及时通知出租人。

第二百二十九条 租赁物在租赁期间发生所有权变动的，不影响租赁合同的效力。

第二百三十条 出租人出卖租赁房屋的，应当在出卖之前的合理期限内通知承租人，承租人享有以同等条件优先购买的权利。

第二百三十一条 因不可归责于承租人的事由，致使租赁物部分或者全部毁损、灭失的，承租人可以要求减少租金或者不支付租金；因租赁物部分或者全部毁损、灭失，致使不能实现合同目的的，承租人可以解除合同。

第二百三十二条 当事人对租赁期限没有约定或者约定不明确，依照本法第六十一条的规定仍不能确定的，视为不定期租赁。当事人可以随时解除合同，但出租人解除合同应当在合理期限之前通知承租人。

第二百三十三条 租赁物危及承租人的安全或者健康的，即使承租人订立合同时明知该租赁物质量不合格，承租人仍然可以随时解除合同。

第二百三十四条 承租人在房屋租赁期间死亡的，与其生前共同居住的人可以按照原租赁合同租赁该房屋。

第二百三十五条 租赁期间届满，承租人应当返还租赁物。返还的租赁物应当符合按照约定或者租赁物的性质使用后的状态。

第二百三十六条 租赁期间届满，承租人继续使用租赁物，出租人没有提出异议的，原租赁合同继续有效，但租赁期限为不定期。

第十四章 融资租赁合同

第二百三十七条 融资租赁合同是出租人根据承租人对出卖人、租赁物的选择，向出卖人购买租赁物，提供给承租人使用，承租人支付租金的合同。

第二百三十八条 融资租赁合同的内容包括租赁物名称、数量、规格、技术性能、检验方法、租赁期限、租金构成及其支付期限和方式、币种、租赁期间届满租赁物的归属等条款。

融资租赁合同应当采用书面形式。

第二百三十九条 出租人根据承租人对出卖人、租赁物的选择订立的买卖合同，出卖人应当按照约定向承租人交付标的物，承租人享有与受领标的物有关的买受人的权利。

第二百四十条 出租人、出卖人、承租人可以约定，出卖人不履行买卖合同义务的，由承租人行使索赔的权利。承租人行使索赔权利的，出租人应当协助。

第二百四十一条 出租人根据承租人对出卖人、租赁物的选择订立的买卖合同，未经承租人同意，出租人不得变更与承租人有关的合同内容。

第二百四十二条 出租人享有租赁物的所有权。承租人破产的，租赁物不属于破产财产。

第二百四十三条 融资租赁合同的租金，除当事人另有约定的以外，应当根据购买租赁物的大部分或者全部成本以及出租人的合理利润确定。

第二百四十四条 租赁物不符合约定或者不符合使用目的的，出租人不承担责任，但承租人依赖出租人的技能确定租赁物或者出租人干预选择租赁物的除外。

第二百四十五条 出租人应当保证承租人对租赁物的占有和使用。

第二百四十六条 承租人占有租赁物期间，租赁物造成第三人的人身伤害或者财产损害的，出租人不承担责任。

第二百四十七条 承租人应当妥善保管、使用租赁物。

承租人应当履行占有租赁物期间的维修义务。

第二百四十八条 承租人应当按照约定支付租金。承租人经催告后在合理期限内仍不支付租金的，出租人可以要求支付全部租金；也可以解除合同，收回租赁物。

第二百四十九条 当事人约定租赁期间届满租赁物归承租人所有，承租人已经支付大部分租金，但无力支付剩余租金，出租人因此解除合同收回租赁物的，收回的租赁物的价值超过承租人欠付的租金以及其他费用的，承租人可以要求部分返还。

第二百五十条 出租人和承租人可以约定租赁期间届满租赁物的归属。对租赁物的归属没有约定或者约定不明确，依照本法第六十一条的规定仍不能确定的，租赁物的所有权归出租人。

第十五章　承　揽　合　同

第二百五十一条 承揽合同是承揽人按照定作人的要求完成工作，交付工作成果，定作人给付报酬的合同。

承揽包括加工、定作、修理、复制、测试、检验等工作。

第二百五十二条 承揽合同的内容包括承揽的标的、数量、质量、报酬、承揽方式、材料的提供、履行期限、验收标准和方法等条款。

第二百五十三条 承揽人应当以自己的设备、技术和劳力，完成主要工作，但当事人另有约定的除外。

承揽人将其承揽的主要工作交由第三人完成的，应当就该第三人完成的工作成果向定作人负责；未经定作人同意的，定作人也可以解除合同。

第二百五十四条　承揽人可以将其承揽的辅助工作交由第三人完成。承揽人将其承揽的辅助工作交由第三人完成的，应当就该第三人完成的工作成果向定作人负责。

第二百五十五条　承揽人提供材料的，承揽人应当按照约定选用材料，并接受定作人检验。

第二百五十六条　定作人提供材料的，定作人应当按照约定提供材料。承揽人对定作人提供的材料，应当及时检验，发现不符合约定时，应当及时通知定作人更换、补齐或者采取其他补救措施。

承揽人不得擅自更换定作人提供的材料，不得更换不需要修理的零部件。

第二百五十七条　承揽人发现定作人提供的图纸或者技术要求不合理的，应当及时通知定作人。因定作人怠于答复等原因造成承揽人损失的，应当赔偿损失。

第二百五十八条　定作人中途变更承揽工作的要求，造成承揽人损失的，应当赔偿损失。

第二百五十九条　承揽工作需要定作人协助的，定作人有协助的义务。定作人不履行协助义务致使承揽工作不能完成的，承揽人可以催告定作人在合理期限内履行义务，并可以顺延履行期限；定作人逾期不履行的，承揽人可以解除合同。

第二百六十条　承揽人在工作期间，应当接受定作人必要的监督检验。定作人不得因监督检验妨碍承揽人的正常工作。

第二百六十一条　承揽人完成工作的，应当向定作人交付工作成果，并提交必要的技术资料和有关质量证明。定作人应当验收该工作成果。

第二百六十二条　承揽人交付的工作成果不符合质量要求的，定作人可以要求承揽人承担修理、重作、减少报酬、赔偿损失等违约责任。

第二百六十三条　定作人应当按照约定的期限支付报酬。对支付报酬的期限没有约定或者约定不明确，依照本法第六十一条的规定仍不能确定的，定作人应当在承揽人交付工作成果时支付；工作成果部分交付的，定作人应当相应支付。

第二百六十四条　定作人未向承揽人支付报酬或者材料费等价款的，承揽人对完成的工作成果享有留置权，但当事人另有约定的除外。

第二百六十五条　承揽人应当妥善保管定作人提供的材料以及完成的工作成果，因保管不善造成毁损、灭失的，应当承担损害赔偿责任。

第二百六十六条　承揽人应当按照定作人的要求保守秘密，未经定作人许可，不得留存复制品或者技术资料。

第二百六十七条　共同承揽人对定作人承担连带责任，但当事人另有约定的除外。

第二百六十八条　定作人可以随时解除承揽合同，造成承揽人损失的，应当赔偿损失。

第十六章　建 设 工 程 合 同

第二百六十九条　建设工程合同是承包人进行工程建设，发包人支付价款的合同。

建设工程合同包括工程勘察、设计、施工合同。

第二百七十条　建设工程合同应当采用书面形式。

第二百七十一条　建设工程的招标投标活动，应当依照有关法律的规定公开、公平、公正进行。

第二百七十二条　发包人可以与总承包人订立建设工程合同，也可以分别与勘察人、设计人、施工人订立勘察、设计、施工承包合同。发包人不得将应当由一个承包人完成的建设工程肢解成若干部分发包给几个承包人。

总承包人或者勘察、设计、施工承包人经发包人同意，可以将自己承包的部分工作交由第三人完成。第三人就其完成的工作成果与总承包人或者勘察、设计、施工承包人向发包人承担连带责任。承包人不得将其承包的全部建设工程转包给第三人或者将其承包的全部建设工程肢解以后以分包的名义分别转包给第三人。

禁止承包人将工程分包给不具备相应资质条件的单位。禁止分包单位将其承包的工程再分包。建设工程主体结构的施工必须由承包人自行完成。

第二百七十三条 国家重大建设工程合同，应当按照国家规定的程序和国家批准的投资计划、可行性研究报告等文件订立。

第二百七十四条 勘察、设计合同的内容包括提交有关基础资料和文件（包括概预算）的期限、质量要求、费用以及其他协作条件等条款。

第二百七十五条 施工合同的内容包括工程范围、建设工期、中间交工工程的开工和竣工时间、工程质量、工程造价、技术资料交付时间、材料和设备供应责任、拨款和结算、竣工验收、质量保修范围和质量保证期、双方相互协作等条款。

第二百七十六条 建设工程实行监理的，发包人应当与监理人采用书面形式订立委托监理合同。发包人与监理人的权利和义务以及法律责任，应当依照本法委托合同以及其他有关法律、行政法规的规定。

第二百七十七条 发包人在不妨碍承包人正常作业的情况下，可以随时对作业进度、质量进行检查。

第二百七十八条 隐蔽工程在隐蔽以前，承包人应当通知发包人检查。发包人没有及时检查的，承包人可以顺延工程日期，并有权要求赔偿停工、窝工等损失。

第二百七十九条 建设工程竣工后，发包人应当根据施工图纸及说明书、国家颁发的施工验收规范和质量检验标准及时进行验收。验收合格的，发包人应当按照约定支付价款，并接收该建设工程。建设工程竣工经验收合格后，方可交付使用；未经验收或者验收不合格的，不得交付使用。

第二百八十条 勘察、设计的质量不符合要求或者未按照期限提交勘察、设计文件拖延工期，造成发包人损失的，勘察人、设计人应当继续完善勘察、设计，减收或者免收勘察、设计费并赔偿损失。

第二百八十一条 因施工人的原因致使建设工程质量不符合约定的，发包人有权要求施工人在合理期限内无偿修理或者返工、改建。经过修理或者返工、改建后，造成逾期交付的，施工人应当承担违约责任。

第二百八十二条 因承包人的原因致使建设工程在合理使用期限内造成人身和财产损害的，承包人应当承担损害赔偿责任。

第二百八十三条 发包人未按照约定的时间和要求提供原材料、设备、场地、资金、技术资料的，承包人可以顺延工程日期，并有权要求赔偿停工、窝工等损失。

第二百八十四条 因发包人的原因致使工程中途停建、缓建的，发包人应当采取措施弥补或者减少损失，赔偿承包人因此造成的停工、窝工、倒运、机械设备调迁、材料和构件积压等损失和实际费用。

第二百八十五条　因发包人变更计划，提供的资料不准确，或者未按照期限提供必需的勘察、设计工作条件而造成勘察、设计的返工、停工或者修改设计，发包人应当按照勘察人、设计人实际消耗的工作量增付费用。

第二百八十六条　发包人未按照约定支付价款的，承包人可以催告发包人在合理期限内支付价款。发包人逾期不支付的，除按照建设工程的性质不宜折价、拍卖的以外，承包人可以与发包人协议将该工程折价，也可以申请人民法院将该工程依法拍卖。建设工程的价款就该工程折价或者拍卖的价款优先受偿。

第二百八十七条　本章没有规定的，适用承揽合同的有关规定。

第十七章　运　输　合　同

第一节　一　般　规　定

第二百八十八条　运输合同是承运人将旅客或者货物从起运地点运输到约定地点，旅客、托运人或者收货人支付票款或者运输费用的合同。

第二百八十九条　从事公共运输的承运人不得拒绝旅客、托运人通常、合理的运输要求。

第二百九十条　承运人应当在约定期间或者合理期间内将旅客、货物安全运输到约定地点。

第二百九十一条　承运人应当按照约定的或者通常的运输路线将旅客、货物运输到约定地点。

第二百九十二条　旅客、托运人或者收货人应当支付票款或者运输费用。承运人未按照约定路线或者通常路线运输增加票款或者运输费用的，旅客、托运人或者收货人可以拒绝支付增加部分的票款或者运输费用。

第二节　客　运　合　同

第二百九十三条　客运合同自承运人向旅客交付客票时成立，但当事人另有约定或者另有交易习惯的除外。

第二百九十四条　旅客应当持有效客票乘运。旅客无票乘运、超程乘运、越级乘运或者持失效客票乘运的，应当补交票款，承运人可以按照规定加收票款。旅客不交付票款的，承运人可以拒绝运输。

第二百九十五条　旅客因自己的原因不能按照客票记载的时间乘坐的，应当在约定的时间内办理退票或者变更手续。逾期办理的，承运人可以不退票款，并不再承担运输义务。

第二百九十六条　旅客在运输中应当按照约定的限量携带行李。超过限量携带行李的，应当办理托运手续。

第二百九十七条　旅客不得随身携带或者在行李中夹带易燃、易爆、有毒、有腐蚀性、有放射性以及有可能危及运输工具上人身和财产安全的危险物品或者其他违禁物品。

旅客违反前款规定的，承运人可以将违禁物品卸下、销毁或者送交有关部门。旅客坚持携带或者夹带违禁物品的，承运人应当拒绝运输。

第二百九十八条　承运人应当向旅客及时告知有关不能正常运输的重要事由和安全运输应当注意的事项。

第二百九十九条　承运人应当按照客票载明的时间和班次运输旅客。承运人迟延运输的，应当根据旅客的要求安排改乘其他班次或者退票。

第三百条 承运人擅自变更运输工具而降低服务标准的，应当根据旅客的要求退票或者减收票款；提高服务标准的，不应当加收票款。

第三百零一条 承运人在运输过程中，应当尽力救助患有急病、分娩、遇险的旅客。

第三百零二条 承运人应当对运输过程中旅客的伤亡承担损害赔偿责任，但伤亡是旅客自身健康原因造成的或者承运人证明伤亡是旅客故意、重大过失造成的除外。

前款规定适用于按照规定免票、持优待票或者经承运人许可搭乘的无票旅客。

第三百零三条 在运输过程中旅客自带物品毁损、灭失，承运人有过错的，应当承担损害赔偿责任。

旅客托运的行李毁损、灭失的，适用货物运输的有关规定。

第三节 货运合同

第三百零四条 托运人办理货物运输，应当向承运人准确表明收货人的名称或者姓名或者凭指示的收货人，货物的名称、性质、重量、数量，收货地点等有关货物运输的必要情况。

因托运人申报不实或者遗漏重要情况，造成承运人损失的，托运人应当承担损害赔偿责任。

第三百零五条 货物运输需要办理审批、检验等手续的，托运人应当将办理完有关手续的文件提交承运人。

第三百零六条 托运人应当按照约定的方式包装货物。对包装方式没有约定或者约定不明确的，适用本法第一百五十六条的规定。

托运人违反前款规定的，承运人可以拒绝运输。

第三百零七条 托运人托运易燃、易爆、有毒、有腐蚀性、有放射性等危险物品的，应当按照国家有关危险物品运输的规定对危险物品妥善包装，作出危险物标志和标签，并将有关危险物品的名称、性质和防范措施的书面材料提交承运人。

托运人违反前款规定的，承运人可以拒绝运输，也可以采取相应措施以避免损失的发生，因此产生的费用由托运人承担。

第三百零八条 在承运人将货物交付收货人之前，托运人可以要求承运人中止运输、返还货物、变更到达地或者将货物交给其他收货人，但应当赔偿承运人因此受到的损失。

第三百零九条 货物运输到达后，承运人知道收货人的，应当及时通知收货人，收货人应当及时提货。收货人逾期提货的，应当向承运人支付保管费等费用。

第三百一十条 收货人提货时应当按照约定的期限检验货物。对检验货物的期限没有约定或者约定不明确，依照本法第六十一条的规定仍不能确定的，应当在合理期限内检验货物。收货人在约定的期限或者合理期限内对货物的数量、毁损等未提出异议的，视为承运人已经按照运输单证的记载交付的初步证据。

第三百一十一条 承运人对运输过程中货物的毁损、灭失承担损害赔偿责任，但承运人证明货物的毁损、灭失是因不可抗力、货物本身的自然性质或者合理损耗以及托运人、收货人的过错造成的，不承担损害赔偿责任。

第三百一十二条 货物的毁损、灭失的赔偿额，当事人有约定的，按照其约定；没有约定或者约定不明确，依照本法第六十一条的规定仍不能确定的，按照交付或者应当交付时货物到达地的市场价格计算。法律、行政法规对赔偿额的计算方法和赔偿限额另有规定的，依照其规定。

第三百一十三条 两个以上承运人以同一运输方式联运的，与托运人订立合同的承运人应当对全程运输承担责任。损失发生在某一运输区段的，与托运人订立合同的承运人和该区段的承运人承担连带责任。

第三百一十四条 货物在运输过程中因不可抗力灭失，未收取运费的，承运人不得要求支付运费；已收取运费的，托运人可以要求返还。

第三百一十五条 托运人或者收货人不支付运费、保管费以及其他运输费用的，承运人对相应的运输货物享有留置权，但当事人另有约定的除外。

第三百一十六条 收货人不明或者收货人无正当理由拒绝受领货物的，依照本法第一百零一条的规定，承运人可以提存货物。

第四节 多式联运合同

第三百一十七条 多式联运经营人负责履行或者组织履行多式联运合同，对全程运输享有承运人的权利，承担承运人的义务。

第三百一十八条 多式联运经营人可以与参加多式联运的各区段承运人就多式联运合同的各区段运输约定相互之间的责任，但该约定不影响多式联运经营人对全程运输承担的义务。

第三百一十九条 多式联运经营人收到托运人交付的货物时，应当签发多式联运单据。按照托运人的要求，多式联运单据可以是可转让单据，也可以是不可转让单据。

第三百二十条 因托运人托运货物时的过错造成多式联运经营人损失的，即使托运人已经转让多式联运单据，托运人仍然应当承担损害赔偿责任。

第三百二十一条 货物的毁损、灭失发生于多式联运的某一运输区段的，多式联运经营人的赔偿责任和责任限额，适用调整该区段运输方式的有关法律规定。货物毁损、灭失发生的运输区段不能确定的，依照本章规定承担损害赔偿责任。

第十八章 技术合同

第一节 一般规定

第三百二十二条 技术合同是当事人就技术开发、转让、咨询或者服务订立的确立相互之间权利和义务的合同。

第三百二十三条 订立技术合同，应当有利于科学技术的进步，加速科学技术成果的转化、应用和推广。

第三百二十四条 技术合同的内容由当事人约定，一般包括以下条款：

（一）项目名称；

（二）标的的内容、范围和要求；

（三）履行的计划、进度、期限、地点、地域和方式；

（四）技术情报和资料的保密；

（五）风险责任的承担；

（六）技术成果的归属和收益的分成办法；

（七）验收标准和方法；

（八）价款、报酬或者使用费及其支付方式；

（九）违约金或者损失赔偿的计算方法；

（十）解决争议的方法；

（十一）名词和术语的解释。

与履行合同有关的技术背景资料、可行性论证和技术评价报告、项目任务书和计划书、技术标准、技术规范、原始设计和工艺文件，以及其他技术文档，按照当事人的约定可以作为合同的组成部分。

技术合同涉及专利的，应当注明发明创造的名称、专利申请人和专利权人、申请日期、申请号、专利号以及专利权的有效期限。

第三百二十五条 技术合同价款、报酬或者使用费的支付方式由当事人约定，可以采取一次总算、一次总付或者一次总算、分期支付，也可以采取提成支付或者提成支付附加预付入门费的方式。

约定提成支付的，可以按照产品价格、实施专利和使用技术秘密后新增的产值、利润或者产品销售额的一定比例提成，也可以按照约定的其他方式计算。提成支付的比例可以采取固定比例、逐年递增比例或者逐年递减比例。

约定提成支付的，当事人应当在合同中约定查阅有关会计账目的办法。

第三百二十六条 职务技术成果的使用权、转让权属于法人或者其他组织的，法人或者其他组织可以就该项职务技术成果订立技术合同。法人或者其他组织应当从使用和转让该项职务技术成果所取得的收益中提取一定比例，对完成该项职务技术成果的个人给予奖励或者报酬。法人或者其他组织订立技术合同转让职务技术成果时，职务技术成果的完成人享有以同等条件优先受让的权利。

职务技术成果是执行法人或者其他组织的工作任务，或者主要是利用法人或者其他组织的物质技术条件所完成的技术成果。

第三百二十七条 非职务技术成果的使用权、转让权属于完成技术成果的个人，完成技术成果的个人可以就该项非职务技术成果订立技术合同。

第三百二十八条 完成技术成果的个人有在有关技术成果文件上写明自己是技术成果完成者的权利和取得荣誉证书、奖励的权利。

第三百二十九条 非法垄断技术、妨碍技术进步或者侵害他人技术成果的技术合同无效。

第二节 技术开发合同

第三百三十条 技术开发合同是指当事人之间就新技术、新产品、新工艺或者新材料及其系统的研究开发所订立的合同。

技术开发合同包括委托开发合同和合作开发合同。

技术开发合同应当采用书面形式。

当事人之间就具有产业应用价值的科技成果实施转化订立的合同，参照技术开发合同的规定。

第三百三十一条 委托开发合同的委托人应当按照约定支付研究开发经费和报酬；提供技术资料、原始数据；完成协作事项；接受研究开发成果。

第三百三十二条 委托开发合同的研究开发人应当按照约定制定和实施研究开发计划；合理使

用研究开发经费；按期完成研究开发工作，交付研究开发成果，提供有关的技术资料和必要的技术指导，帮助委托人掌握研究开发成果。

第三百三十三条 委托人违反约定造成研究开发工作停滞、延误或者失败的，应当承担违约责任。

第三百三十四条 研究开发人违反约定造成研究开发工作停滞、延误或者失败的，应当承担违约责任。

第三百三十五条 合作开发合同的当事人应当按照约定进行投资，包括以技术进行投资；分工参与研究开发工作；协作配合研究开发工作。

第三百三十六条 合作开发合同的当事人违反约定造成研究开发工作停滞、延误或者失败的，应当承担违约责任。

第三百三十七条 因作为技术开发合同标的的技术已经由他人公开，致使技术开发合同的履行没有意义的，当事人可以解除合同。

第三百三十八条 在技术开发合同履行过程中，因出现无法克服的技术困难，致使研究开发失败或者部分失败的，该风险责任由当事人约定。没有约定或者约定不明确，依照本法第六十一条的规定仍不能确定的，风险责任由当事人合理分担。

当事人一方发现前款规定的可能致使研究开发失败或者部分失败的情形时，应当及时通知另一方并采取适当措施减少损失。没有及时通知并采取适当措施，致使损失扩大的，应当就扩大的损失承担责任。

第三百三十九条 委托开发完成的发明创造，除当事人另有约定的以外，申请专利的权利属于研究开发人。研究开发人取得专利权的，委托人可以免费实施该专利。

研究开发人转让专利申请权的，委托人享有以同等条件优先受让的权利。

第三百四十条 合作开发完成的发明创造，除当事人另有约定的以外，申请专利的权利属于合作开发的当事人共有。当事人一方转让其共有的专利申请权的，其他各方享有以同等条件优先受让的权利。

合作开发的当事人一方声明放弃其共有的专利申请权的，可以由另一方单独申请或者由其他各方共同申请。申请人取得专利权的，放弃专利申请权的一方可以免费实施该专利。

合作开发的当事人一方不同意申请专利的，另一方或者其他各方不得申请专利。

第三百四十一条 委托开发或者合作开发完成的技术秘密成果的使用权、转让权以及利益的分配办法，由当事人约定。没有约定或者约定不明确，依照本法第六十一条的规定仍不能确定的，当事人均有使用和转让的权利，但委托开发的研究开发人不得在向委托人交付研究开发成果之前，将研究开发成果转让给第三人。

第三节 技术转让合同

第三百四十二条 技术转让合同包括专利权转让、专利申请权转让、技术秘密转让、专利实施许可合同。

技术转让合同应当采用书面形式。

第三百四十三条 技术转让合同可以约定让与人和受让人实施专利或者使用技术秘密的范围，但不得限制技术竞争和技术发展。

第三百四十四条 专利实施许可合同只在该专利权的存续期间内有效。专利权有效期限届满或者专利权被宣布无效的，专利权人不得就该专利与他人订立专利实施许可合同。

第三百四十五条 专利实施许可合同的让与人应当按照约定许可受让人实施专利，交付实施专利有关的技术资料，提供必要的技术指导。

第三百四十六条 专利实施许可合同的受让人应当按照约定实施专利，不得许可约定以外的第三人实施该专利；并按照约定支付使用费。

第三百四十七条 技术秘密转让合同的让与人应当按照约定提供技术资料，进行技术指导，保证技术的实用性、可靠性，承担保密义务。

第三百四十八条 技术秘密转让合同的受让人应当按照约定使用技术，支付使用费，承担保密义务。

第三百四十九条 技术转让合同的让与人应当保证自己是所提供的技术的合法拥有者，并保证所提供的技术完整、无误、有效，能够达到约定的目标。

第三百五十条 技术转让合同的受让人应当按照约定的范围和期限，对让与人提供的技术中尚未公开的秘密部分，承担保密义务。

第三百五十一条 让与人未按照约定转让技术的，应当返还部分或者全部使用费，并应当承担违约责任；实施专利或者使用技术秘密超越约定的范围的，违反约定擅自许可第三人实施该项专利或者使用该项技术秘密的，应当停止违约行为，承担违约责任；违反约定的保密义务的，应当承担违约责任。

第三百五十二条 受让人未按照约定支付使用费的，应当补交使用费并按照约定支付违约金；不补交使用费或者支付违约金的，应当停止实施专利或者使用技术秘密，交还技术资料，承担违约责任；实施专利或者使用技术秘密超越约定的范围的，未经让与人同意擅自许可第三人实施该专利或者使用该技术秘密的，应当停止违约行为，承担违约责任；违反约定的保密义务的，应当承担违约责任。

第三百五十三条 受让人按照约定实施专利、使用技术秘密侵害他人合法权益的，由让与人承担责任，但当事人另有约定的除外。

第三百五十四条 当事人可以按照互利的原则，在技术转让合同中约定实施专利、使用技术秘密后续改进的技术成果的分享办法。没有约定或者约定不明确，依照本法第六十一条的规定仍不能确定的，一方后续改进的技术成果，其他各方无权分享。

第三百五十五条 法律、行政法规对技术进出口合同或者专利、专利申请合同另有规定的，依照其规定。

第四节 技术咨询合同和技术服务合同

第三百五十六条 技术咨询合同包括就特定技术项目提供可行性论证、技术预测、专题技术调查、分析评价报告等合同。

技术服务合同是指当事人一方以技术知识为另一方解决特定技术问题所订立的合同，不包括建设工程合同和承揽合同。

第三百五十七条 技术咨询合同的委托人应当按照约定阐明咨询的问题，提供技术背景材料及有关技术资料、数据；接受受托人的工作成果，支付报酬。

第三百五十八条 技术咨询合同的受托人应当按照约定的期限完成咨询报告或者解答问题；提出的咨询报告应当达到约定的要求。

第三百五十九条 技术咨询合同的委托人未按照约定提供必要的资料和数据，影响工作进度和质量，不接受或者逾期接受工作成果的，支付的报酬不得追回，未支付的报酬应当支付。

技术咨询合同的受托人未按期提出咨询报告或者提出的咨询报告不符合约定的，应当承担减收或者免收报酬等违约责任。

技术咨询合同的委托人按照受托人符合约定要求的咨询报告和意见作出决策所造成的损失，由委托人承担，但当事人另有约定的除外。

第三百六十条 技术服务合同的委托人应当按照约定提供工作条件，完成配合事项；接受工作成果并支付报酬。

第三百六十一条 技术服务合同的受托人应当按照约定完成服务项目，解决技术问题，保证工作质量，并传授解决技术问题的知识。

第三百六十二条 技术服务合同的委托人不履行合同义务或者履行合同义务不符合约定，影响工作进度和质量，不接受或者逾期接受工作成果的，支付的报酬不得追回，未支付的报酬应当支付。

技术服务合同的受托人未按照合同约定完成服务工作的，应当承担免收报酬等违约责任。

第三百六十三条 在技术咨询合同、技术服务合同履行过程中，受托人利用委托人提供的技术资料和工作条件完成的新的技术成果，属于受托人。委托人利用受托人的工作成果完成的新的技术成果，属于委托人。当事人另有约定的，按照其约定。

第三百六十四条 法律、行政法规对技术中介合同、技术培训合同另有规定的，依照其规定。

第十九章 保 管 合 同

第三百六十五条 保管合同是保管人保管寄存人交付的保管物，并返还该物的合同。

第三百六十六条 寄存人应当按照约定向保管人支付保管费。

当事人对保管费没有约定或者约定不明确，依照本法第六十一条的规定仍不能确定的，保管是无偿的。

第三百六十七条 保管合同自保管物交付时成立，但当事人另有约定的除外。

第三百六十八条 寄存人向保管人交付保管物的，保管人应当给付保管凭证，但另有交易习惯的除外。

第三百六十九条 保管人应当妥善保管保管物。

当事人可以约定保管场所或者方法。除紧急情况或者为了维护寄存人利益的以外，不得擅自改变保管场所或者方法。

第三百七十条 寄存人交付的保管物有瑕疵或者按照保管物的性质需要采取特殊保管措施的，寄存人应当将有关情况告知保管人。寄存人未告知，致使保管物受损失的，保管人不承担损害赔偿责任；保管人因此受损失的，除保管人知道或者应当知道并且未采取补救措施的以外，寄存人应当承担损害赔偿责任。

第三百七十一条 保管人不得将保管物转交第三人保管，但当事人另有约定的除外。

保管人违反前款规定，将保管物转交第三人保管，对保管物造成损失的，应当承担损害赔偿责任。

第三百七十二条 保管人不得使用或者许可第三人使用保管物，但当事人另有约定的除外。

第三百七十三条 第三人对保管物主张权利的，除依法对保管物采取保全或者执行的以外，保管人应当履行向寄存人返还保管物的义务。

第三人对保管人提起诉讼或者对保管物申请扣押的，保管人应当及时通知寄存人。

第三百七十四条 保管期间，因保管人保管不善造成保管物毁损、灭失的，保管人应当承担损害赔偿责任，但保管是无偿的，保管人证明自己没有重大过失的，不承担损害赔偿责任。

第三百七十五条 寄存人寄存货币、有价证券或者其他贵重物品的，应当向保管人声明，由保管人验收或者封存。寄存人未声明的，该物品毁损、灭失后，保管人可以按照一般物品予以赔偿。

第三百七十六条 寄存人可以随时领取保管物。

当事人对保管期间没有约定或者约定不明确的，保管人可以随时要求寄存人领取保管物；约定保管期间的，保管人无特别事由，不得要求寄存人提前领取保管物。

第三百七十七条 保管期间届满或者寄存人提前领取保管物的，保管人应当将原物及其孳息归还寄存人。

第三百七十八条 保管人保管货币的，可以返还相同种类、数量的货币。保管其他可替代物的，可以按照约定返还相同种类、品质、数量的物品。

第三百七十九条 有偿的保管合同，寄存人应当按照约定的期限向保管人支付保管费。

当事人对支付期限没有约定或者约定不明确，依照本法第六十一条的规定仍不能确定的，应当在领取保管物的同时支付。

第三百八十条 寄存人未按照约定支付保管费以及其他费用的，保管人对保管物享有留置权，但当事人另有约定的除外。

第二十章 仓 储 合 同

第三百八十一条 仓储合同是保管人储存存货人交付的仓储物，存货人支付仓储费的合同。

第三百八十二条 仓储合同自成立时生效。

第三百八十三条 储存易燃、易爆、有毒、有腐蚀性、有放射性等危险物品或者易变质物品，存货人应当说明该物品的性质，提供有关资料。

存货人违反前款规定的，保管人可以拒收仓储物，也可以采取相应措施以避免损失的发生，因此产生的费用由存货人承担。

保管人储存易燃、易爆、有毒、有腐蚀性、有放射性等危险物品的，应当具备相应的保管条件。

第三百八十四条 保管人应当按照约定对入库仓储物进行验收。保管人验收时发现入库仓储物与约定不符合的，应当及时通知存货人。保管人验收后，发生仓储物的品种、数量、质量不符合约定的，保管人应当承担损害赔偿责任。

第三百八十五条 存货人交付仓储物的，保管人应当给付仓单。

第三百八十六条 保管人应当在仓单上签字或者盖章。仓单包括下列事项：

（一）存货人的名称或者姓名和住所；

（二）仓储物的品种、数量、质量、包装、件数和标记；

（三）仓储物的损耗标准；

（四）储存场所；

（五）储存期间；

（六）仓储费；

（七）仓储物已经办理保险的，其保险金额、期间以及保险人的名称；

（八）填发人、填发地和填发日期。

第三百八十七条 仓单是提取仓储物的凭证。存货人或者仓单持有人在仓单上背书并经保管人签字或者盖章的，可以转让提取仓储物的权利。

第三百八十八条 保管人根据存货人或者仓单持有人的要求，应当同意其检查仓储物或者提取样品。

第三百八十九条 保管人对入库仓储物发现有变质或者其他损坏的，应当及时通知存货人或者仓单持有人。

第三百九十条 保管人对入库仓储物发现有变质或者其他损坏，危及其他仓储物的安全和正常保管的，应当催告存货人或者仓单持有人作出必要的处置。因情况紧急，保管人可以作出必要的处置，但事后应当将该情况及时通知存货人或者仓单持有人。

第三百九十一条 当事人对储存期间没有约定或者约定不明确的，存货人或者仓单持有人可以随时提取仓储物，保管人也可以随时要求存货人或者仓单持有人提取仓储物，但应当给予必要的准备时间。

第三百九十二条 储存期间届满，存货人或者仓单持有人应当凭仓单提取仓储物。存货人或者仓单持有人逾期提取的，应当加收仓储费；提前提取的，不减收仓储费。

第三百九十三条 储存期间届满，存货人或者仓单持有人不提取仓储物的，保管人可以催告其在合理期限内提取，逾期不提取的，保管人可以提存仓储物。

第三百九十四条 储存期间，因保管人保管不善造成仓储物毁损、灭失的，保管人应当承担损害赔偿责任。因仓储物的性质、包装不符合约定或者超过有效储存期造成仓储物变质、损坏的，保管人不承担损害赔偿责任。

第三百九十五条 本章没有规定的，适用保管合同的有关规定。

第二十一章 委 托 合 同

第三百九十六条 委托合同是委托人和受托人约定，由受托人处理委托人事务的合同。

第三百九十七条 委托人可以特别委托受托人处理一项或者数项事务，也可以概括委托受托人处理一切事务。

第三百九十八条 委托人应当预付处理委托事务的费用。受托人为处理委托事务垫付的必要费用，委托人应当偿还该费用及其利息。

第三百九十九条 受托人应当按照委托人的指示处理委托事务。需要变更委托人指示的，应当经委托人同意；因情况紧急，难以和委托人取得联系的，受托人应当妥善处理委托事务，但事后应当将该情况及时报告委托人。

第四百条 受托人应当亲自处理委托事务。经委托人同意，受托人可以转委托。转委托经同意的，委托人可以就委托事务直接指示转委托的第三人，受托人仅就第三人的选任及其对第三人的指示承担责任。转委托未经同意的，受托人应当对转委托的第三人的行为承担责任，但在紧急情况下受托人为维护委托人的利益需要转委托的除外。

第四百零一条　受托人应当按照委托人的要求，报告委托事务的处理情况。委托合同终止时，受托人应当报告委托事务的结果。

第四百零二条　受托人以自己的名义，在委托人的授权范围内与第三人订立的合同，第三人在订立合同时知道受托人与委托人之间的代理关系的，该合同直接约束委托人和第三人，但有确切证据证明该合同只约束受托人和第三人的除外。

第四百零三条　受托人以自己的名义与第三人订立合同时，第三人不知道受托人与委托人之间的代理关系的，受托人因第三人的原因对委托人不履行义务，受托人应当向委托人披露第三人，委托人因此可以行使受托人对第三人的权利，但第三人与受托人订立合同时如果知道该委托人就不会订立合同的除外。

受托人因委托人的原因对第三人不履行义务，受托人应当向第三人披露委托人，第三人因此可以选择受托人或者委托人作为相对人主张其权利，但第三人不得变更选定的相对人。

委托人行使受托人对第三人的权利的，第三人可以向委托人主张其对受托人的抗辩。第三人选定委托人作为其相对人的，委托人可以向第三人主张其对受托人的抗辩以及受托人对第三人的抗辩。

第四百零四条　受托人处理委托事务取得的财产，应当转交给委托人。

第四百零五条　受托人完成委托事务的，委托人应当向其支付报酬。因不可归责于受托人的事由，委托合同解除或者委托事务不能完成的，委托人应当向受托人支付相应的报酬。当事人另有约定的，按照其约定。

第四百零六条　有偿的委托合同，因受托人的过错给委托人造成损失的，委托人可以要求赔偿损失。无偿的委托合同，因受托人的故意或者重大过失给委托人造成损失的，委托人可以要求赔偿损失。

受托人超越权限给委托人造成损失的，应当赔偿损失。

第四百零七条　受托人处理委托事务时，因不可归责于自己的事由受到损失的，可以向委托人要求赔偿损失。

第四百零八条　委托人经受托人同意，可以在受托人之外委托第三人处理委托事务。因此给受托人造成损失的，受托人可以向委托人要求赔偿损失。

第四百零九条　两个以上的受托人共同处理委托事务的，对委托人承担连带责任。

第四百一十条　委托人或者受托人可以随时解除委托合同。因解除合同给对方造成损失的，除不可归责于该当事人的事由以外，应当赔偿损失。

第四百一十一条　委托人或者受托人死亡、丧失民事行为能力或者破产的，委托合同终止，但当事人另有约定或者根据委托事务的性质不宜终止的除外。

第四百一十二条　因委托人死亡、丧失民事行为能力或者破产，致使委托合同终止将损害委托人利益的，在委托人的继承人、法定代理人或者清算组织承受委托事务之前，受托人应当继续处理委托事务。

第四百一十三条　因受托人死亡、丧失民事行为能力或者破产，致使委托合同终止的，受托人的继承人、法定代理人或者清算组织应当及时通知委托人。因委托合同终止将损害委托人利益的，在委托人作出善后处理之前，受托人的继承人、法定代理人或者清算组织应当采取必要措施。

第二十二章　行　纪　合　同

第四百一十四条　行纪合同是行纪人以自己的名义为委托人从事贸易活动，委托人支付报酬的合同。

第四百一十五条　行纪人处理委托事务支出的费用，由行纪人负担，但当事人另有约定的除外。

第四百一十六条　行纪人占有委托物的，应当妥善保管委托物。

第四百一十七条　委托物交付给行纪人时有瑕疵或者容易腐烂、变质的，经委托人同意，行纪人可以处分该物；和委托人不能及时取得联系的，行纪人可以合理处分。

第四百一十八条　行纪人低于委托人指定的价格卖出或者高于委托人指定的价格买入的，应当经委托人同意。未经委托人同意，行纪人补偿其差额的，该买卖对委托人发生效力。

行纪人高于委托人指定的价格卖出或者低于委托人指定的价格买入的，可以按照约定增加报酬。没有约定或者约定不明确，依照本法第六十一条的规定仍不能确定的，该利益属于委托人。

委托人对价格有特别指示的，行纪人不得违背该指示卖出或者买入。

第四百一十九条　行纪人卖出或者买入具有市场定价的商品，除委托人有相反的意思表示的以外，行纪人自己可以作为买受人或者出卖人。

行纪人有前款规定情形的，仍然可以要求委托人支付报酬。

第四百二十条　行纪人按照约定买入委托物，委托人应当及时受领。经行纪人催告，委托人无正当理由拒绝受领的，行纪人依照本法第一百零一条的规定可以提存委托物。

委托物不能卖出或者委托人撤回出卖，经行纪人催告，委托人不取回或者不处分该物的，行纪人依照本法第一百零一条的规定可以提存委托物。

第四百二十一条　行纪人与第三人订立合同的，行纪人对该合同直接享有权利、承担义务。

第三人不履行义务致使委托人受到损害的，行纪人应当承担损害赔偿责任，但行纪人与委托人另有约定的除外。

第四百二十二条　行纪人完成或者部分完成委托事务的，委托人应当向其支付相应的报酬。委托人逾期不支付报酬的，行纪人对委托物享有留置权，但当事人另有约定的除外。

第四百二十三条　本章没有规定的，适用委托合同的有关规定。

第二十三章　居　间　合　同

第四百二十四条　居间合同是居间人向委托人报告订立合同的机会或者提供订立合同的媒介服务，委托人支付报酬的合同。

第四百二十五条　居间人应当就有关订立合同的事项向委托人如实报告。

居间人故意隐瞒与订立合同有关的重要事实或者提供虚假情况，损害委托人利益的，不得要求支付报酬并应当承担损害赔偿责任。

第四百二十六条　居间人促成合同成立的，委托人应当按照约定支付报酬。对居间人的报酬没有约定或者约定不明确，依照本法第六十一条的规定仍不能确定的，根据居间人的劳务合理确定。因居间人提供订立合同的媒介服务而促成合同成立的，由该合同的当事人平均负担居间人的报酬。

居间人促成合同成立的，居间活动的费用，由居间人负担。

第四百二十七条 居间人未促成合同成立的，不得要求支付报酬，但可以要求委托人支付从事居间活动支出的必要费用。

附　　则

第四百二十八条 本法自1999年10月1日起施行，《中华人民共和国经济合同法》、《中华人民共和国涉外经济合同法》、《中华人民共和国技术合同法》同时废止。

中华人民共和国劳动法

第一章　总　　则

第一条 为了保护劳动者的合法权益，调整劳动关系，建立和维护适应社会主义市场经济的劳动制度，促进经济发展和社会进步，根据宪法，制定本法。

第二条 在中华人民共和国境内的企业、个体经济组织（以下统称用人单位）和与之形成劳动关系的劳动者，适用本法。

国家机关、事业组织、社会团体和与之建立劳动合同关系的劳动者，依照本法执行。

第三条 劳动者享有平等就业和选择职业的权利、取得劳动报酬的权利、休息休假的权利、获得劳动安全卫生保护的权利、接受职业技能培训的权利、享受社会保险和福利的权利、提请劳动争议处理的权利以及法律规定的其他劳动权利。劳动者应当完成劳动任务，提高职业技能，执行劳动安全卫生规程，遵守劳动纪律和职业道德。

第四条 用人单位应当依法建立和完善规章制度，保障劳动者享有劳动权利和履行劳动义务。

第五条 国家采取各种措施，促进劳动就业，发展职业教育，制定劳动标准，调节社会收入，完善社会保险，协调劳动关系，逐步提高劳动者的生活水平。

第六条 国家提倡劳动者参加社会义务劳动，开展劳动竞赛和合理化建议活动，鼓励和保护劳动者进行科学研究、技术革新和发明创造，表彰和奖励劳动模范和先进工作者。

第七条 劳动者有权依法参加和组织工会。工会代表和维护劳动者的合法权益，依法独立自主地开展活动。

第八条 劳动者依照法律规定，通过职工大会、职工代表大会或者其他形式，参与民主管理或者就保护劳动者合法权益与用人单位进行平等协商。

第九条 国务院劳动行政部门主管全国劳动工作。县级以上地方人民政府劳动行政部门主管本行政区域内的劳动工作。

第二章　促　进　就　业

第十条 国家通过促进经济和社会发展，创造就业条件，扩大就业机会。国家鼓励企业、事业组织、社会团体在法律、行政法规规定的范围内兴办产业或者拓展经营，增加就业。国家支持劳动者自愿组织起来就业和从事个体经营实现就业。

第十一条　地方各级人民政府应当采取措施，发展多种类型的职业介绍机构，提供就业服务。

第十二条　劳动者就业，不因民族、种族、性别、宗教信仰不同而受歧视。

第十三条　妇女享有与男子平等的就业权利。在录用职工时，除国家规定的不适合妇女的工种或者岗位外，不得以性别为由拒绝录用妇女或者提高对妇女的录用标准。

第十四条　残疾人、少数民族人员、退出现役的军人的就业，法律、法规有特别规定的，从其规定。

第十五条　禁止用人单位招用未满十六周岁的未成年人。

文艺、体育和特种工艺单位招用未满十六周岁的未成年人，必须依照国家有关规定，履行审批手续，并保障其接受义务教育的权利。

第三章　劳动合同和集体合同

第十六条　劳动合同是劳动者与用人单位确立劳动关系、明确双方权利和义务的协议。

建立劳动关系应当订立劳动合同。

第十七条　订立和变更劳动合同，应当遵循平等自愿、协商一致的原则，不得违反法律、行政法规的规定。劳动合同依法订立即具有法律约束力，当事人必须履行劳动合同规定的义务。

第十八条　下列劳动合同无效：

（一）违反法律、行政法规的劳动合同；

（二）采取欺诈、威胁等手段订立的劳动合同。

无效的劳动合同，从订立的时候起，就没有法律约束力。确认劳动合同部分无效的，如果不影响其余部分的效力，其余部分仍然有效。劳动合同的无效，由劳动争议仲裁委员会或者人民法院确认。

第十九条　劳动合同应当以书面形式订立，并具备以下条款：

（一）劳动合同期限；

（二）工作内容；

（三）劳动保护和劳动条件；

（四）劳动报酬；

（五）劳动纪律；

（六）劳动合同终止的条件；

（七）违反劳动合同的责任。

劳动合同除前款规定的必备条款外，当事人可以协商约定其他内容。

第二十条　劳动合同的期限分为有固定期限、无固定期限和以完成一定的工作为期限。劳动者在同一用人单位连续工作满十年以上，当事人双方同意续延劳动合同的，如果劳动者提出订立无固定期限的劳动合同，应当订立无固定期限的劳动合同。

第二十一条　劳动合同可以约定试用期。试用期最长不得超过六个月。

第二十二条　劳动合同当事人可以在劳动合同中约定保守用人单位商业秘密的有关事项。

第二十三条　劳动合同期满或者当事人约定的劳动合同终止条件出现，劳动合同即行终止。

第二十四条　经劳动合同当事人协商一致，劳动合同可以解除。

第二十五条　劳动者有下列情形之一的，用人单位可以解除劳动合同：

（一）在试用期间被证明不符合录用条件的；

（二）严重违反劳动纪律或者用人单位规章制度的；

（三）严重失职，营私舞弊，对用人单位利益造成重大损害的；

（四）被依法追究刑事责任的。

第二十六条 有下列情形之一的，用人单位可以解除劳动合同，但是应当提前三十日以书面形式通知劳动者本人：

（一）劳动者患病或者非因工负伤，医疗期满后，不能从事原工作也不能从事由用人单位另行安排的工作的；

（二）劳动者不能胜任工作，经过培训或者调整工作岗位，仍不能胜任工作的；

（三）劳动合同订立时所依据的客观情况发生重大变化，致使原劳动合同无法履行，经当事人协商不能就变更劳动合同达成协议的。

第二十七条 用人单位濒临破产进行法定整顿期间或者生产经营状况发生严重困难，确需裁减人员的，应当提前三十日向工会或者全体职工说明情况，听取工会或者职工的意见，经向劳动行政部门报告后，可以裁减人员。用人单位依据本条规定裁减人员，在六个月内录用人员的，应当优先录用被裁减的人员。

第二十八条 用人单位依据本法第二十四条、第二十六条、第二十七条的规定解除劳动合同的，应当依照国家有关规定给予经济补偿。

第二十九条 劳动者有下列情形之一的，用人单位不得依据本法第二十六条、第二十七条的规定解除劳动合同：

（一）患职业病或者因工负伤并被确认丧失或者部分丧失劳动能力的；

（二）患病或者负伤，在规定的医疗期内的；

（三）女职工在孕期、产期、哺乳期内的；

（四）法律、行政法规规定的其他情形。

第三十条 用人单位解除劳动合同，工会认为不适当的，有权提出意见。如果用人单位违反法律、法规或者劳动合同，工会有权要求重新处理；劳动者申请仲裁或者提起诉讼的，工会应当依法给予支持和帮助。

第三十一条 劳动者解除劳动合同，应当提前三十日以书面形式通知用人单位。

第三十二条 有下列情形之一的，劳动者可以随时通知用人单位解除劳动合同：

（一）在试用期内的；

（二）用人单位以暴力、威胁或者非法限制人身自由的手段强迫劳动的；

（三）用人单位未按照劳动合同约定支付劳动报酬或者提供劳动条件的。

第三十三条 企业职工一方与企业可以就劳动报酬、工作时间、休息休假、劳动安全卫生、保险福利等事项，签订集体合同。集体合同草案应当提交职工代表大会或者全体职工讨论通过。

集体合同由工会代表职工与企业签订；没有建立工会的企业，由职工推举的代表与企业签订。

第三十四条 集体合同签订后应当报送劳动行政部门；劳动行政部门自收到集体合同文本之日起十五日内未提出异议的，集体合同即行生效。

第三十五条 依法签订的集体合同对企业和企业全体职工具有约束力。职工个人与企业订立的劳动合同中劳动条件和劳动报酬等标准不得低于集体合同的规定。

第四章 工作时间和休息休假

第三十六条 国家实行劳动者每日工作时间不超过八小时、平均每周工作时间不超过四十四小时的工时制度。

第三十七条 对实行计件工作的劳动者，用人单位应当根据本法第三十六条规定的工时制度合理确定其劳动定额和计件报酬标准。

第三十八条 用人单位应当保证劳动者每周至少休息一日。

第三十九条 企业因生产特点不能实行本法第三十六条、第三十八条规定的，经劳动行政部门批准，可以实行其他工作和休息办法。

第四十条 用人单位在下列节日期间应当依法安排劳动者休假：

（一）元旦；

（二）春节；

（三）国际劳动节；

（四）国庆节；

（五）法律、法规规定的其他休假节日。

第四十一条 用人单位由于生产经营需要，经与工会和劳动者协商后可以延长工作时间，一般每日不得超过一小时；因特殊原因需要延长工作时间的，在保障劳动者身体健康的条件下延长工作时间每日不得超过三小时，但是每月不得超过三十六小时。

第四十二条 有下列情形之一的，延长工作时间不受本法第四十一条的限制：

（一）发生自然灾害、事故或者因其他原因，威胁劳动者生命健康和财产安全，需要紧急处理的；

（二）生产设备、交通运输线路、公共设施发生故障，影响生产和公众利益，必须及时抢修的；

（三）法律、行政法规规定的其他情形。

第四十三条 用人单位不得违反本法规定延长劳动者的工作时间。

第四十四条 有下列情形之一的，用人单位应当按照下列标准支付高于劳动者正常工作时间工资的工资报酬：

（一）安排劳动者延长工作时间的，支付不低于工资的百分之一百五十的工资报酬；

（二）休息日安排劳动者工作又不能安排补休的，支付不低于工资的百分之二百的工资报酬；

（三）法定休假日安排劳动者工作的，支付不低于工资的百分之三百的工资报酬。

第四十五条 国家实行带薪年休假制度。

劳动者连续工作一年以上的，享受带薪年休假。具体办法由国务院规定。

第五章 工 资

第四十六条 工资分配应当遵循按劳分配原则，实行同工同酬。工资水平在经济发展的基础上逐步提高。国家对工资总量实行宏观调控。

第四十七条 用人单位根据本单位的生产经营特点和经济效益，依法自主确定本单位的工资分配方式和工资水平。

第四十八条 国家实行最低工资保障制度。最低工资的具体标准由省、自治区、直辖市人民政府规定，报国务院备案。用人单位支付劳动者的工资不得低于当地最低工资标准。

第四十九条 确定和调整最低工资标准应当综合参考下列因素：

（一）劳动者本人及平均赡养人口的最低生活费用；

（二）社会平均工资水平；

（三）劳动生产率；

（四）就业状况；

（五）地区之间经济发展水平的差异。

第五十条 工资应当以货币形式按月支付给劳动者本人。不得克扣或者无故拖欠劳动者的工资。

第五十一条 劳动者在法定休假日和婚丧假期间以及依法参加社会活动期间，用人单位应当依法支付工资。

第六章 劳动安全卫生

第五十二条 用人单位必须建立、健全劳动安全卫生制度，严格执行国家劳动安全卫生规程和标准，对劳动者进行劳动安全卫生教育，防止劳动过程中的事故，减少职业危害。

第五十三条 劳动安全卫生设施必须符合国家规定的标准。

新建、改建、扩建工程的劳动安全卫生设施必须与主体工程同时设计、同时施工、同时投入生产和使用。

第五十四条 用人单位必须为劳动者提供符合国家规定的劳动安全卫生条件和必要的劳动防护用品，对从事有职业危害作业的劳动者应当定期进行健康检查。

第五十五条 从事特种作业的劳动者必须经过专门培训并取得特种作业资格。

第五十六条 劳动者在劳动过程中必须严格遵守安全操作规程。劳动者对用人单位管理人员违章指挥、强令冒险作业，有权拒绝执行；对危害生命安全和身体健康的行为，有权提出批评、检举和控告。

第五十七条 国家建立伤亡事故和职业病统计报告和处理制度。县级以上各级人民政府劳动行政部门、有关部门和用人单位应当依法对劳动者在劳动过程中发生的伤亡事故和劳动者的职业病状况，进行统计、报告和处理。

第七章 女职工和未成年工特殊保护

第五十八条 国家对女职工和未成年工实行特殊劳动保护。

未成年工是指年满十六周岁未满十八周岁的劳动者。

第五十九条 禁止安排女职工从事矿山井下、国家规定的第四级体力劳动强度的劳动和其他禁忌从事的劳动。

第六十条 不得安排女职工在经期从事高处、低温、冷水作业和国家规定的第三级体力劳动强度的劳动。

第六十一条 不得安排女职工在怀孕期间从事国家规定的第三级体力劳动强度的劳动和孕期禁忌从事的劳动。对怀孕七个月以上的女职工，不得安排其延长工作时间和夜班劳动。

第六十二条 女职工生育享受不少于九十天的产假。

第六十三条　不得安排女职工在哺乳未满一周岁的婴儿期间从事国家规定的第三级体力劳动强度的劳动和哺乳期禁忌从事的其他劳动，不得安排其延长工作时间和夜班劳动。

第六十四条　不得安排未成年工从事矿山井下、有毒有害、国家规定的第四级体力劳动强度的劳动和其他禁忌从事的劳动。

第六十五条　用人单位应当对未成年工定期进行健康检查。

第八章　职　业　培　训

第六十六条　国家通过各种途径，采取各种措施，发展职业培训事业，开发劳动者的职业技能，提高劳动者素质，增强劳动者的就业能力和工作能力。

第六十七条　各级人民政府应当把发展职业培训纳入社会经济发展的规划，鼓励和支持有条件的企业、事业组织、社会团体和个人进行各种形式的职业培训。

第六十八条　用人单位应当建立职业培训制度，按照国家规定提取和使用职业培训经费，根据本单位实际，有计划地对劳动者进行职业培训。从事技术工种的劳动者，上岗前必须经过培训。

第六十九条　国家确定职业分类，对规定的职业制定职业技能标准，实行职业资格证书制度，由经过政府批准的考核鉴定机构负责对劳动者实施职业技能考核鉴定。

第九章　社会保险和福利

第七十条　国家发展社会保险事业，建立社会保险制度，设立社会保险基金，使劳动者在年老、患病、工伤、失业、生育等情况下获得帮助和补偿。

第七十一条　社会保险水平应当与社会经济发展水平和社会承受能力相适应。

第七十二条　社会保险基金按照保险类型确定资金来源，逐步实行社会统筹。用人单位和劳动者必须依法参加社会保险，缴纳社会保险费。

第七十三条　劳动者在下列情形下，依法享受社会保险待遇：

（一）退休；

（二）患病、负伤；

（三）因工伤残或者患职业病；

（四）失业；

（五）生育。

劳动者死亡后，其遗属依法享受遗属津贴。劳动者享受社会保险待遇的条件和标准由法律、法规规定。劳动者享受的社会保险金必须按时足额支付。

第七十四条　社会保险基金经办机构依照法律规定收支、管理和运营社会保险基金，并负有使社会保险基金保值增值的责任。社会保险基金监督机构依照法律规定，对社会保险基金的收支、管理和运营实施监督。社会保险基金经办机构和社会保险基金监督机构的设立和职能由法律规定。任何组织和个人不得挪用社会保险基金。

第七十五条　国家鼓励用人单位根据本单位实际情况为劳动者建立补充保险。国家提倡劳动者个人进行储蓄性保险。

第七十六条　国家发展社会福利事业，兴建公共福利设施，为劳动者休息、休养和疗养提供条件。用人单位应当创造条件，改善集体福利，提高劳动者的福利待遇。

第十章　劳　动　争　议

第七十七条　用人单位与劳动者发生劳动争议，当事人可以依法申请调解、仲裁、提起诉讼，也可以协商解决。调解原则适用于仲裁和诉讼程序。

第七十八条　解决劳动争议，应当根据合法、公正、及时处理的原则，依法维护劳动争议当事人的合法权益。

第七十九条　劳动争议发生后，当事人可以向本单位劳动争议调解委员会申请调解；调解不成，当事人一方要求仲裁的，可以向劳动争议仲裁委员会申请仲裁。当事人一方也可以直接向劳动争议仲裁委员会申请仲裁。对仲裁裁决不服的，可以向人民法院提起诉讼。

第八十条　在用人单位内，可以设立劳动争议调解委员会。劳动争议调解委员会由职工代表、用人单位代表和工会代表组成。劳动争议调解委员会主任由工会代表担任。劳动争议经调解达成协议的，当事人应当履行。

第八十一条　劳动争议仲裁委员会由劳动行政部门代表、同级工会代表、用人单位方面的代表组成。劳动争议仲裁委员会主任由劳动行政部门代表担任。

第八十二条　提出仲裁要求的一方应当自劳动争议发生之日起六十日内向劳动争议仲裁委员会提出书面申请。仲裁裁决一般应在收到仲裁申请的六十日内作出。对仲裁裁决无异议的，当事人必须履行。

第八十三条　劳动争议当事人对仲裁裁决不服的，可以自收到仲裁裁决书之日起十五日内向人民法院提起诉讼。一方当事人在法定期限内不起诉又不履行仲裁裁决的，另一方当事人可以申请人民法院强制执行。

第八十四条　因签订集体合同发生争议，当事人协商解决不成的，当地人民政府劳动行政部门可以组织有关各方协调处理。因履行集体合同发生争议，当事人协商解决不成的，可以向劳动争议仲裁委员会申请仲裁；对仲裁裁决不服的，可以自收到仲裁裁决书之日起十五日内向人民法院提起诉讼。

第十一章　监　督　检　查

第八十五条　县级以上各级人民政府劳动行政部门依法对用人单位遵守劳动法律、法规的情况进行监督检查，对违反劳动法律、法规的行为有权制止，并责令改正。

第八十六条　县级以上各级人民政府劳动行政部门监督检查人员执行公务，有权进入用人单位了解执行劳动法律、法规的情况，查阅必要的资料，并对劳动场所进行检查。

县级以上各级人民政府劳动行政部门监督检查人员执行公务，必须出示证件，秉公执法并遵守有关规定。

第八十七条　县级以上各级人民政府有关部门在各自职责范围内，对用人单位遵守劳动法律、法规的情况进行监督。

第八十八条　各级工会依法维护劳动者的合法权益，对用人单位遵守劳动法律、法规的情况进行监督。任何组织和个人对于违反劳动法律、法规的行为有权检举和控告。

第十二章　法　律　责　任

第八十九条　用人单位制定的劳动规章制度违反法律、法规规定的，由劳动行政部门给予警告，责令改正；对劳动者造成损害的，应当承担赔偿责任。

第九十条 用人单位违反本法规定，延长劳动者工作时间的，由劳动行政部门给予警告，责令改正，并可以处以罚款。

第九十一条 用人单位有下列侵害劳动者合法权益情形之一的，由劳动行政部门责令支付劳动者的工资报酬、经济补偿，并可以责令支付赔偿金：

（一）克扣或者无故拖欠劳动者工资的；

（二）拒不支付劳动者延长工作时间工资报酬的；

（三）低于当地最低工资标准支付劳动者工资的；

（四）解除劳动合同后，未依照本法规定给予劳动者经济补偿的。

第九十二条 用人单位的劳动安全设施和劳动卫生条件不符合国家规定或者未向劳动者提供必要的劳动防护用品和劳动保护设施的，由劳动行政部门或者有关部门责令改正，可以处以罚款；情节严重的，提请县级以上人民政府决定责令停产整顿；对事故隐患不采取措施，致使发生重大事故，造成劳动者生命和财产损失的，对责任人员比照刑法第一百八十七条的规定追究刑事责任。

第九十三条 用人单位强令劳动者违章冒险作业，发生重大伤亡事故，造成严重后果的，对责任人员依法追究刑事责任。

第九十四条 用人单位非法招用未满十六周岁的未成年人的，由劳动行政部门责令改正，处以罚款；情节严重的，由工商行政管理部门吊销营业执照。

第九十五条 用人单位违反本法对女职工和未成年工的保护规定，侵害其合法权益的，由劳动行政部门责令改正，处以罚款；对女职工或者未成年工造成损害的，应当承担赔偿责任。

第九十六条 用人单位有下列行为之一，由公安机关对责任人员处以十五日以下拘留、罚款或者警告；构成犯罪的，对责任人员依法追究刑事责任：

（一）以暴力、威胁或者非法限制人身自由的手段强迫劳动的；

（二）侮辱、体罚、殴打、非法搜查和拘禁劳动者的。

第九十七条 由于用人单位的原因订立的无效合同，对劳动者造成损害的，应当承担赔偿责任。

第九十八条 用人单位违反本法规定的条件解除劳动合同或者故意拖延不订立劳动合同的，由劳动行政部门责令改正；对劳动者造成损害的，应当承担赔偿责任。

第九十九条 用人单位招用尚未解除劳动合同的劳动者，对原用人单位造成经济损失的，该用人单位应当依法承担连带赔偿责任。

第一百条 用人单位无故不缴纳社会保险费的，由劳动行政部门责令其限期缴纳，逾期不缴的，可以加收滞纳金。

第一百零一条 用人单位无理阻挠劳动行政部门、有关部门及其工作人员行使监督检查权，打击报复举报人员的，由劳动行政部门或者有关部门处以罚款；构成犯罪的，对责任人员依法追究刑事责任。

第一百零二条 劳动者违反本法规定的条件解除劳动合同或者违反劳动合同中约定的保密事项，对用人单位造成经济损失的，应当依法承担赔偿责任。

第一百零三条 劳动行政部门或者有关部门的工作人员滥用职权、玩忽职守、徇私舞弊，构成犯罪的，依法追究刑事责任；不构成犯罪的，给予行政处分。

第一百零四条 国家工作人员和社会保险基金经办机构的工作人员挪用社会保险基金，构成犯罪的，依法追究刑事责任。

第一百零五条 违反本法规定侵害劳动者合法权益，其他法律、法规已规定处罚的，依照该法律、行政法规的规定处罚。

第十三章 附 则

第一百零六条 省、自治区、直辖市人民政府根据本法和本地区的实际情况，规定劳动合同制度的实施步骤，报国务院备案。

第一百零七条 本法自1995年1月1日起施行。

中华人民共和国民事诉讼法

第一编 总 则

第一章 任务、适用范围和基本原则

第一条 中华人民共和国民事诉讼法以宪法为根据，结合我国民事审判工作的经验和实际情况制定。

第二条 中华人民共和国民事诉讼法的任务，是保护当事人行使诉讼权利，保证人民法院查明事实，分清是非，正确适用法律，及时审理民事案件，确认民事权利义务关系，制裁民事违法行为，保护当事人的合法权益，教育公民自觉遵守法律，维护社会秩序、经济秩序，保障社会主义建设事业顺利进行。

第三条 人民法院受理公民之间、法人之间、其他组织之间以及他们相互之间因财产关系和人身关系提起的民事诉讼，适用本法的规定。

第四条 凡在中华人民共和国领域内进行民事诉讼，必须遵守本法。

第五条 外国人、无国籍人、外国企业和组织在人民法院起诉、应诉，同中华人民共和国公民、法人和其他组织有同等的诉讼权利义务。

外国法院对中华人民共和国公民、法人和其他组织的民事诉讼权利加以限制的，中华人民共和国人民法院对该国公民、企业和组织的民事诉讼权利，实行对等原则。

第六条 民事案件的审判权由人民法院行使。

人民法院依照法律规定对民事案件独立进行审判，不受行政机关、社会团体和个人的干涉。

第七条 人民法院审理民事案件，必须以事实为根据，以法律为准绳。

第八条 民事诉讼当事人有平等的诉讼权利。人民法院审理民事案件，应当保障和便利当事人行使诉讼权利，对当事人在适用法律上一律平等。

第九条 人民法院审理民事案件，应当根据自愿和合法的原则进行调解；调解不成的，应当及时判决。

第十条 人民法院审理民事案件，依照法律规定实行合议、回避、公开审判和两审终审制度。

第十一条 各民族公民都有用本民族语言、文字进行民事诉讼的权利。

在少数民族聚居或者多民族共同居住的地区，人民法院应当用当地民族通用的语言、文字进行审理和发布法律文书。

人民法院应当对不通晓当地民族通用的语言、文字的诉讼参与人提供翻译。

第十二条 人民法院审理民事案件时，当事人有权进行辩论。

第十三条 当事人有权在法律规定的范围内处分自己的民事权利和诉讼权利。

第十四条 人民检察院有权对民事审判活动实行法律监督。

第十五条 机关、社会团体、企业事业单位对损害国家、集体或者个人民事权益的行为，可以支持受损害的单位或者个人向人民法院起诉。

第十六条 人民调解委员会是在基层人民政府和基层人民法院指导下，调解民间纠纷的群众性组织。

人民调解委员会依照法律规定，根据自愿原则进行调解。当事人对调解达成的协议应当履行；不愿调解、调解不成或者反悔的，可以向人民法院起诉。

人民调解委员会调解民间纠纷，如有违背法律的，人民法院应当予以纠正。

第十七条 民族自治地方的人民代表大会根据宪法和本法的原则，结合当地民族的具体情况，可以制定变通或者补充的规定。自治区的规定，报全国人民代表大会常务委员会批准。自治州、自治县的规定，报省或者自治区的人民代表大会常务委员会批准，并报全国人民代表大会常务委员会备案。

第二章 管　　辖

第一节 级 别 管 辖

第十八条 基层人民法院管辖第一审民事案件，但本法另有规定的除外。

第十九条 中级人民法院管辖下列第一审民事案件：

（一）重大涉外案件；

（二）在本辖区有重大影响的案件；

（三）最高人民法院确定由中级人民法院管辖的案件。

第二十条 高级人民法院管辖在本辖区有重大影响的第一审民事案件。

第二十一条 最高人民法院管辖下列第一审民事案件：

（一）在全国有重大影响的案件；

（二）认为应当由本院审理的案件。

第二节 地 域 管 辖

第二十二条 对公民提起的民事诉讼，由被告住所地人民法院管辖；被告住所地与经常居住地不一致的，由经常居住地人民法院管辖。

对法人或者其他组织提起的民事诉讼，由被告住所地人民法院管辖。

同一诉讼的几个被告住所地、经常居住地在两个以上人民法院辖区的，各该人民法院都有管辖权。

第二十三条 下列民事诉讼，由原告住所地人民法院管辖；原告住所地与经常居住地不一致的，由原告经常居住地人民法院管辖：

（一）对不在中华人民共和国领域内居住的人提起的有关身份关系的诉讼；

（二）对下落不明或者宣告失踪的人提起的有关身份关系的诉讼；

（三）对被劳动教养的人提起的诉讼；

（四）对被监禁的人提起的诉讼。

第二十四条 因合同纠纷提起的诉讼，由被告住所地或者合同履行地人民法院管辖。

第二十五条 同的双方当事人可以在书面合同中协议选择被告住所地、合同履行地、合同签订地、原告住所地、标的物所在地人民法院管辖，但不得违反本法对级别管辖和专属管辖的规定。

第二十六条 因保险合同纠纷提起的诉讼，由被告住所地或者保险标的物所在地人民法院管辖。

第二十七条 因票据纠纷提起的诉讼，由票据兑付地或者被告住所地人民法院管辖。

第二十八条 因铁路、公路、水上、航空运输和联合运输合同纠纷提起的诉讼，由运输始发地、目的地或者被告住所地人民法院管辖。

第二十九条 因侵权行为提起的诉讼，由侵权行为地或者被告住所地人民法院管辖。

第三十条 因铁路、公路、水上和航空事故请求损害赔偿提起的诉讼，由事故发生地或者车辆、船舶最先到达地、航空器最先降落地或者被告住所地人民法院管辖。

第三十一条 因船舶碰撞或者其他海事损害事故请求损害赔偿提起的诉讼，由碰撞发生地、碰撞船舶最先到达地、加害船舶被扣留地或者被告住所地人民法院管辖。

第三十二条 因海难救助费用提起的诉讼，由救助地或者被救助船舶最先到达地人民法院管辖。

第三十三条 因共同海损提起的诉讼，由船舶最先到达地、共同海损理算地或者航程终止地的人民法院管辖。

第三十四条 下列案件，由本条规定的人民法院专属管辖：

（一）因不动产纠纷提起的诉讼，由不动产所在地人民法院管辖；

（二）因港口作业中发生纠纷提起的诉讼，由港口所在地人民法院管辖；

（三）因继承遗产纠纷提起的诉讼，由被继承人死亡时住所地或者主要遗产所在地人民法院管辖。

第三十五条 两个以上人民法院都有管辖权的诉讼，原告可以向其中一个人民法院起诉；原告向两个以上有管辖权的人民法院起诉的，由最先立案的人民法院管辖。

第三节　移送管辖和指定管辖

第三十六条 人民法院发现受理的案件不属于本院管辖的，应当移送有管辖权的人民法院，受移送的人民法院应当受理。受移送的人民法院认为受移送的案件依照规定不属于本院管辖的，应当报请上级人民法院指定管辖，不得再自行移送。

第三十七条 有管辖权的人民法院由于特殊原因，不能行使管辖权的，由上级人民法院指定管辖。

人民法院之间因管辖权发生争议，由争议双方协商解决；协商解决不了的，报请它们的共同上级人民法院指定管辖。

第三十八条　人民法院受理案件后，当事人对管辖权有异议的，应当在提交答辩状期间提出。人民法院对当事人提出的异议，应当审查。异议成立的，裁定将案件移送有管辖权的人民法院；异议不成立的，裁定驳回。

第三十九条　上级人民法院有权审理下级人民法院管辖的第一审民事案件，也可以把本院管辖的第一审民事案件交下级人民法院审理。

下级人民法院对它所管辖的第一审民事案件，认为需要由上级人民法院审理的，可以报请上级人民法院审理。

第三章　审　判　组　织

第四十条　人民法院审理第一审民事案件，由审判员、陪审员共同组成合议庭或者由审判员组成合议庭。合议庭的成员人数，必须是单数。

陪审员在执行陪审职务时，与审判员有同等的权利义务。

第四十一条　人民法院审理第二审民事案件，由审判员组成合议庭。合议庭的成员人数，必须是单数。

发回重审的案件，原审人民法院应当按照第一审程序另行组成合议庭。

审理再审案件，原来是第一审的，按照第一审程序另行组成合议庭；原来是第二审的或者是上级人民法院提审的，按照第二审程序另行组成合议庭。

第四十二条　合议庭的审判长由院长或者庭长指定审判员一人担任；院长或者庭长参加审判的，由院长或者庭长担任。

第四十三条　合议庭评议案件，实行少数服从多数的原则。评议应当制作笔录，由合议庭成员签名。评议中的不同意见，必须如实记入笔录。

第四十四条　审判人员应当依法秉公办案。

审判人员不得接受当事人及其诉讼代理人请客送礼。

审判人员有贪污受贿，徇私舞弊，枉法裁判行为的，应当追究法律责任；构成犯罪的，依法追究刑事责任。

第四章　回　　避

第四十五条　审判人员有下列情形之一的，必须回避，当事人有权用口头或者书面方式申请他们回避：

（一）是本案当事人或者当事人、诉讼代理人的近亲属；

（二）与本案有利害关系；

（三）与本案当事人有其他关系，可能影响对案件公正审理的。

前款规定，适用于书记员、翻译人员、鉴定人、勘验人。

第四十六条　当事人提出回避申请，应当说明理由，在案件开始审理时提出；回避事由在案件开始审理后知道的，也可以在法庭辩论终结前提出。

被申请回避的人员在人民法院作出是否回避的决定前，应当暂停参与本案的工作，但案件需要采取紧急措施的除外。

第四十七条 院长担任审判长时的回避，由审判委员会决定；审判人员的回避，由院长决定；其他人员的回避，由审判长决定。

第四十八条 人民法院对当事人提出的回避申请，应当在申请提出的三日内，以口头或者书面形式作出决定。申请人对决定不服的，可以在接到决定时申请复议一次。复议期间，被申请回避的人员，不停止参与本案的工作。人民法院对复议申请，应当在三日内作出复议决定，并通知复议申请人。

第五章 诉讼参加人

第一节 当事人

第四十九条 公民、法人和其他组织可以作为民事诉讼的当事人。

法人由其法定代表人进行诉讼。其他组织由其主要负责人进行诉讼。

第五十条 当事人有权委托代理人，提出回避申请，收集、提供证据，进行辩论，请求调解，提起上诉，申请执行。

当事人可以查阅本案有关材料，并可以复制本案有关材料和法律文书。查阅、复制本案有关材料的范围和办法由最高人民法院规定。当事人必须依法行使诉讼权利，遵守诉讼秩序，履行发生法律效力的判决书、裁定书和调解书。

第五十一条 双方当事人可以自行和解。

第五十二条 原告可以放弃或者变更诉讼请求。被告可以承认或者反驳诉讼请求，有权提起反诉。

第五十三条 当事人一方或者双方为二人以上，其诉讼标的是共同的，或者诉讼标的是同一种类、人民法院认为可以合并审理并经当事人同意的，为共同诉讼。

共同诉讼的一方当事人对诉讼标的有共同权利义务的，其中一人的诉讼行为经其他共同诉讼人承认，对其他共同诉讼的发生效力；对诉讼标的没有共同权利义务的，其中一人的诉讼行为对其他共同诉讼人不发生效力。

第五十四条 当事人一方人数众多的共同诉讼，可以由当事人推选代表人进行诉讼。代表人的诉讼行为对其所代表的当事人发生效力，但代表人变更、放弃诉讼请求或者承认对方当事人的诉讼请求，进行和解，必须经被代表的当事人同意。

第五十五条 诉讼标的是同一种类、当事人一方人数众多在起诉时人数尚未确定的，人民法院可以发出公告，说明案件情况和诉讼请求，通知权利人在一定期间向人民法院登记。

向人民法院登记的权利人可以推选代表人进行诉讼；推选不出代表人的，人民法院可以与参加登记的权利人商定代表人。

代表人的诉讼行为对其所代表的当事人发生效力，但代表人变更、放弃诉讼请求或者承认对方当事人的诉讼请求，进行和解，必须经被代表的当事人同意。

人民法院作出的判决、裁定，对参加登记的全体权利人发生效力。未参加登记的权利人在诉讼时效期间提起诉讼的，适用该判决、裁定。

第五十六条 对当事人双方的诉讼标的，第三人认为有独立请求权的，有权提起诉讼。

对当事人双方的诉讼标的，第三人虽然没有独立请求权，但案件处理结果同他有法律上的利害关系的，可以申请参加诉讼，或者由人民法院通知他参加诉讼。人民法院判决承担民事责任的第三人，有当事人的诉讼权利义务。

第二节　诉讼代理人

第五十七条　无诉讼行为能力人由他的监护人作为法定代理人代为诉讼。法定代理人之间互相推诿代理责任的，由人民法院指定其中一人代为诉讼。

第五十八条　当事人、法定代理人可以委托一至二人作为诉讼代理人。

律师、当事人的近亲属、有关的社会团体或者所在单位推荐的人、经人民法院许可的其他公民，都可以被委托为诉讼代理人。

第五十九条　委托他人代为诉讼，必须向人民法院提交由委托人签名或者盖章的授权委托书。

授权委托书必须记明委托事项和权限。诉讼代理人代为承认、放弃、变更诉讼请求，进行和解，提起反诉或者上诉，必须有委托人的特别授权。

侨居在国外的中华人民共和国公民从国外寄交或者托交的授权委托书，必须经中华人民共和国驻该国的使领馆证明；没有使领馆的，由与中华人民共和国有外交关系的第三国驻该国的使领馆证明，再转由中华人民共和国驻该第三国使领馆证明，或者由当地的爱国华侨团体证明。

第六十条　诉讼代理人的权限如果变更或者解除，当事人应当书面告知人民法院，并由人民法院通知对方当事人。

第六十一条　代理诉讼的律师和其他诉讼代理人有权调查收集证据，可以查阅本案有关材料。查阅本案有关材料的范围和办法由最高人民法院规定。

第六十二条　离婚案件有诉讼代理人的，本人除不能表达意志的以外，仍应出庭；确因特殊情况无法出庭的，必须向人民法院提交书面意见。

第六章　证　　据

第六十三条　证据有下列几种：

（一）书证；

（二）物证；

（三）视听资料；

（四）证人证言；

（五）当事人的陈述；

（六）鉴定结论；

（七）勘验笔录。

以上证据必须查证属实，才能作为认定事实的根据。

第六十四条　当事人对自己提出的主张，有责任提供证据。

当事人及其诉讼代理人因客观原因不能自行收集的证据，或者人民法院认为审理案件需要的证据，人民法院应当调查收集。

人民法院应当按照法定程序，全面地、客观地审查核实证据。

第六十五条　人民法院有权向有关单位和个人调查取证，有关单位和个人不得拒绝。

人民法院对有关单位和个人提出的证明文书，应当辨别真伪，审查确定其效力。

第六十六条 证据应当在法庭上出示，并由当事人互相质证。对涉及国家秘密、商业秘密和个人隐私的证据应当保密，需要在法庭出示的，不得在公开开庭时出示。

第六十七条 经过法定程序公证证明的法律行为、法律事实和文书，人民法院应当作为认定事实的根据。但有相反证据足以推翻公证证明的除外。

第六十八条 书证应当提交原件。物证应当提交原物。提交原件或者原物确有困难的，可以提交复制品、照片、副本、节录本。

提交外文书证，必须附有中文译本。

第六十九条 人民法院对视听资料，应当辨别真伪，并结合本案的其他证据，审查确定能否作为认定事实的根据。

第七十条 凡是知道案件情况的单位和个人，都有义务出庭作证。有关单位的负责人应当支持证人作证。证人确有困难不能出庭的，经人民法院许可，可以提交书面证言。

不能正确表达意志的人，不能作证。

第七十一条 人民法院对当事人的陈述，应当结合本案的其他证据，审查确定能否作为认定事实的根据。

当事人拒绝陈述的，不影响人民法院根据证据认定案件事实。

第七十二条 人民法院对专门性问题认为需要鉴定的，应当交由法定鉴定部门鉴定；没有法定鉴定部门的，由人民法院指定的鉴定部门鉴定。

鉴定部门及其指定的鉴定人有权了解进行鉴定所需要的案件材料，必要时可以询问当事人、证人。

鉴定部门和鉴定人应当提出书面鉴定结论，在鉴定书上签名或者盖章。鉴定人鉴定的，应当由鉴定人所在单位加盖印章，证明鉴定人身份。

第七十三条 勘验物证或者现场，勘验人必须出示人民法院的证件，并邀请当地基层组织或者当事人所在单位派人参加。当事人或者当事人的成年家属应当到场，拒不到场的，不影响勘验的进行。

有关单位和个人根据人民法院的通知，有义务保护现场，协助勘验工作。勘验人应当将勘验情况和结果制作笔录，由勘验人、当事人和被邀参加人签名或者盖章。

第七十四条 在证据可能灭失或者以后难以取得的情况下，诉讼参加人可以向人民法院申请保全证据，人民法院也可以主动采取保全措施。

第七章 期间、送达

第一节 期　　间

第七十五条 期间包括法定期间和人民法院指定的期间。

期间以时、日、月、年计算。期间开始的时和日，不计算在期间内。

期间届满的最后一日是节假日的，以节假日后的第一日为期间届满的日期。

期间不包括在途时间，诉讼文书在期满前交邮的，不算过期。

第七十六条 当事人因不可抗拒的事由或者其他正当理由耽误期限的，在障碍消除后的十日内，可以申请顺延期限，是否准许，由人民法院决定。

第二节 送　　达

第七十七条 送达诉讼文书必须有送达回证，由受送达人在送达回证上记明收到日期，签名或者盖章。

受送达人在送达回证上的签收日期为送达日期。

第七十八条 送达诉讼文书，应当直接送交受送达人。受送达人是公民的，本人不在交他的同住成年家属签收；受送达人是法人或者其他组织的，应当由法人的法定代表人、其他组织的主要负责人或者该法人、组织负责收件的人签收；受送达人有诉讼代理人的，可以送交其代理人签收；受送达人已向人民法院指定代收人的，送交代收人签收。

受送达人的同住成年家属，法人或者其他组织的负责收件的人，诉讼代理人或者代收人在送达回证上签收的日期为送达日期。

第七十九条 受送达人或者他的同住成年家属拒绝接收诉讼文书的，送达人应当邀请有关基层组织或者所在单位的代表到场，说明情况，在送达回证上记明拒收事由和日期，由送达人、见证人签名或者盖章，把诉讼文书留在受送达人的住所，即视为送达。

第八十条 直接送达诉讼文书有困难的，可以委托其他人民法院代为送达，或者邮寄送达。邮寄送达的，以回执上注明的收件日期为送达日期。

第八十一条 受送达人是军人的，通过其所在部队团以上单位的政治机关转交。

第八十二条 受送达人是被监禁的，通过其所在监所或者劳动改造单位转交。

受送达人是被劳动教养的，通过其所在劳动教养单位转交。

第八十三条 代为转交的机关、单位收到诉讼文书后，必须立即交受送达人签收，以在送达回证上的签收日期，为送达日期。

第八十四条 受送达人下落不明，或者用本节规定的其他方式无法送达的，公告送达。自发出公告之日起，经过六十日，即视为送达。

公告送达，应当在案卷中记明原因和经过。

第八章 调　　解

第八十五条 人民法院审理民事案件，根据当事人自愿的原则，在事实清楚的基础上，分清是非，进行调解。

第八十六条 人民法院进行调解，可以由审判员一人主持，也可以由合议庭主持，并尽可能就地进行。

人民法院进行调解，可以用简便方式通知当事人、证人到庭。

第八十七条 人民法院进行调解，可以邀请有关单位和个人协助。被邀请的单位和个人，应当协助人民法院进行调解。

第八十八条 调解达成协议，必须双方自愿，不得强迫。调解协议的内容不得违反法律规定。

第八十九条 调解达成协议，人民法院应当制作调解书。调解书应当写明诉讼请求、案件的事实和调解结果。

调解书由审判人员、书记员署名，加盖人民法院印章，送达双方当事人。

调解书经双方当事人签收后，即具有法律效力。

第九十条 下列案件调解达成协议，人民法院可以不制作调解书：

（一）调解和好的离婚案件；

（二）调解维持收养关系的案件；

（三）能够即时履行的案件；

（四）其他不需要制作调解书的案件。

对不需要制作调解书的协议，应当记入笔录，由双方当事人、审判人员、书记员签名或者盖章后，即具有法律效力。

第九十一条 调解未达成协议或者调解书送达前一方反悔的，人民法院应当及时判决。

第九章 财产保全和先予执行

第九十二条 人民法院对于可能因当事人一方的行为或者其他原因，使判决不能执行或者难以执行的案件，可以根据对方当事人的申请，作出财产保全的裁定；当事人没有提出申请的，人民法院在必要时也可以裁定采取财产保全措施。

人民法院采取财产保全措施，可以责令申请人提供担保；申请人不提供担保的，驳回申请。

人民法院接受申请后，对情况紧急的，必须在四十八小时内作出裁定；裁定采取财产保全措施的，应当立即开始执行。

第九十三条 利害关系人因情况紧急，不立即申请财产保全将会使其合法权益受到难以弥补的损害的，可以在起诉前向人民法院申请采取财产保全措施。申请人应当提供担保，不提供担保的，驳回申请。

人民法院接受申请后，必须在四十八小时内作出裁定；裁定采取财产保全措施的，应当立即开始执行。

申请人在人民法院采取保全措施后十五日内不起诉的，人民法院应当解除财产保全。

第九十四条 财产保全限于请求的范围，或者与本案有关的财物。

财产保全采取查封、扣押、冻结或者法律规定的其他方法。

人民法院冻结财产后，应当立即通知被冻结财产的人。

财产已被查封、冻结的，不得重复查封、冻结。

第九十五条 被申请人提供担保的，人民法院应当解除财产保全。

第九十六条 申请有错误的，申请人应赔偿被申请人因财产保全所遭受的损失。

第九十七条 人民法院对下列案件，根据当事人的申请，可以裁定先予执行：

（一）追索赡养费、扶养费、抚育费、抚恤金、医疗费用的；

（二）追索劳动报酬的；

（三）因情况紧急需要先予执行的。

第九十八条 人民法院裁定先予执行的，应当符合下列条件：

（一）当事人之间权利义务关系明确，不先予执行将严重影响申请人的生活或者生产经营的；

（二）被申请人有履行能力。

人民法院可以责令申请人提供担保，申请人不提供担保的，驳回申请。申请人败诉的，应当赔偿被申请人因先予执行遭受的财产损失。

第九十九条 当事人对财产保全或者先予执行的裁定不服的，可以申请复议一次。复议期间不停止裁定的执行。

第十章 对妨害民事诉讼的强制措施

第一百条 人民法院对必须到庭的被告，经两次传票传唤，无正当理由拒不到庭的，可以拘传。

第一百零一条 诉讼参与人和其他人应当遵守法庭规则。

人民法院对违反法庭规则的人，可以予以训诫，责令退出法庭或者予以罚款、拘留。

人民法院对哄闹、冲击法庭、侮辱、诽谤、威胁、殴打审判人员，严重扰乱法庭秩序的人，依法追究刑事责任；情节较轻的，予以罚款、拘留。

第一百零二条 诉讼参与人或者其他人有下列行为之一的，人民法院可以根据情节轻重予以罚款、拘留；构成犯罪的，依法追究刑事责任：

（一）伪造、毁灭重要证据，妨碍人民法院审理案件的；

（二）以暴力、威胁、贿买方法阻止证人作证或者指使、贿买、胁迫他人作伪证的；

（三）隐藏、转移、变卖、毁损已被查封、扣押的财产，或者已被清点并责令其保管的财产，转移已被冻结的财产的；

（四）对司法工作人员、诉讼参加人、证人、翻译人员、鉴定人、勘验人、协助执行的人，进行侮辱、诽谤、诬陷、殴打或者打击报复的；

（五）以暴力、威胁或者其他方法阻碍司法工作人员执行职务的；

（六）拒不履行人民法院已经发生法律效力的判决、裁定的。

人民法院对有前款规定的行为之一的单位，可以对其主要负责人或者直接责任人员予以罚款、拘留；构成犯罪的，依法追究刑事责任。

第一百零三条 有义务协助调查、执行的单位有下列行为之一的，人民法院除责令其履行协助义务外，并可以予以罚款：

（一）有关单位拒绝或者妨碍人民法院调查取证的；

（二）银行、信用合作社和其他有储蓄业务的单位接到人民法院协助执行通知书后，拒不协助查询、冻结或者划拨存款的；

（三）有关单位接到人民法院协助执行通知书后，拒不协助扣留被执行人的收入、办理有关财产权证照转移手续、转交有关票证、证照或者其他财产的；

（四）其他拒绝协助执行的。

人民法院对有前款规定的行为之一的单位，可以对其主要负责人或者直接责任人员予以罚款；还可以向监察机关或者有关机关提出予以纪律处分的司法建议。

第一百零四条 对个人的罚款金额，为人民币一千元以下。对单位的罚款金额，为人民币一千元以上三万元以下。

拘留的期限，为十五日以下。

被拘留的人，由人民法院交公安机关看管。在拘留期间，被拘留人承认并改正错误的，人民法院可以决定提前解除拘留。

第一百零五条 拘传、罚款、拘留必须经院长批准。

拘传应当发拘传票。

罚款、拘留应当用决定书。对决定不服的，可以向上一级人民法院申请复议一次。复议期间不停止执行。

第一百零六条 采取对妨害民事诉讼的强制措施必须由人民法院决定。任何单位和个人采取非法拘禁他人或者非法私自扣押他人财产追索债务的，应当依法追究刑事责任，或者予以拘留、罚款。

第十一章 诉讼费用

第一百零七条 当事人进行民事诉讼，应当按照规定交纳案件受理费。财产案件除交纳案件受理费外，并按照规定交纳其他诉讼费用。

当事人交纳诉讼费用确有困难的，可以按照规定向人民法院申请缓交、减交或者免交。

收取诉讼费用的办法另行制定。

第二编 审判程序

第十二章 第一审普通程序

第一节 起诉和受理

第一百零八条 起诉必须符合下列条件：

（一）原告是与本案有直接利害关系的公民、法人和其他组织；

（二）有明确的被告；

（三）有具体的诉讼请求和事实、理由；

（四）属于人民法院受理民事诉讼的范围和受诉人民法院管辖。

第一百零九条 起诉应当向人民法院递交起诉状，并按照被告人数提出副本。

书写起诉状确有困难的，可以口头起诉，由人民法院记入笔录，并告知对方当事人。

第一百一十条 起诉状应当记明下列事项：

（一）当事人的姓名、性别、年龄、民族、职业、工作单位和住所，法人或者其他组织的名称、住所和法定代表人或者主要负责人的姓名、职务；

（二）诉讼请求和所根据的事实与理由；

（三）证据和证据来源，证人姓名和住所。

第一百一十一条 人民法院对符合本法第一百零八条的起诉，必须受理；对下列起诉，分别情形，予以处理：

（一）依照行政诉讼法的规定，属于行政诉讼受案范围的，告知原告提起行政诉讼；

（二）依照法律规定，双方当事人对合同纠纷自愿达成书面仲裁协议向仲裁机构申请仲裁、不得向人民法院起诉的，告知原告向仲裁机构申请仲裁；

（三）依照法律规定，应当由其他机关处理的争议，告知原告向有关机关申请解决；

（四）对不属于本院管辖的案件，告知原告向有管辖权的人民法院起诉；

（五）对判决、裁定已经发生法律效力的案件，当事人又起诉的，告知原告按照申诉处理，但人民法院准许撤诉的裁定除外；

（六）依照法律规定，在一定期限内不得起诉的案件，在不得起诉的期限内起诉的，不予受理；

（七）判决不准离婚和调解和好的离婚案件，判决、调解维持收养关系的案件，没有新情况、新理由，原告在六个月内又起诉的，不予受理。

第一百一十二条 人民法院收到起诉状或者口头起诉，经审查，认为符合起诉条件的，应当在七日内立案，并通知当事人；认为不符合起诉条件的，应当在七日内裁定不予受理；原告对裁定不服的，可以提起上诉。

第二节 审理前的准备

第一百一十三条 人民法院应当在立案之日起五日内将起诉状副本发送被告，被告在收到之日起十五日内提出答辩状。

被告提出答辩状的，人民法院应当在收到之日起五日内将答辩状副本发送原告。被告不提出答辩状的，不影响人民法院审理。

第一百一十四条 人民法院对决定受理的案件，应当在受理案件通知书和应诉通知书中向当事人告知有关的诉讼权利义务，或者口头告知。

第一百一十五条 合议庭组成人员确定后，应当在三日内告知当事人。

第一百一十六条 审判人员必须认真审核诉讼材料，调查收集必要的证据。

第一百一十七条 人民法院派出人员进行调查时，应当向被调查人出示证件。

调查笔录经被调查人校阅后，由被调查人、调查人签名或者盖章。

第一百一十八条 人民法院在必要时可以委托外地人民法院调查。

委托调查，必须提出明确的项目和要求。受委托人民法院可以主动补充调查。

受委托人民法院收到委托书后，应当在三十日内完成调查。因故不能完成的，应当在上述期限内函告委托人民法院。

第一百一十九条 必须共同进行诉讼的当事人没有参加诉讼的，人民法院应当通知其参加诉讼。

第三节 开庭审理

第一百二十条 人民法院审理民事案件，除涉及国家秘密、个人隐私或者法律另有规定的以外，应当公开进行。

离婚案件，涉及商业秘密的案件，当事人申请不公开审理的，可以不公开审理。

第一百二十一条 人民法院审理民事案件，根据需要进行巡回审理，就地办案。

第一百二十二条 人民法院审理民事案件，应当在开庭三日前通知当事人和其他诉讼参与人。公开审理的，应当公告当事人姓名、案由和开庭的时间、地点。

第一百二十三条 开庭审理前，书记员应当查明当事人和其他诉讼参与人是否到庭，宣布法庭纪律。

开庭审理时，由审判长核对当事人，宣布案由，宣布审判人员、书记员名单，告知当事人有关的诉讼权利义务，询问当事人是否提出回避申请。

第一百二十四条 法庭调查按照下列顺序进行：

（一）当事人陈述；

（二）告知证人的权利义务，证人作证，宣读未到庭的证人证言；

（三）出示书证、物证和视听资料；

（四）宣读鉴定结论；

（五）宣读勘验笔录。

第一百二十五条 当事人在法庭上可以提出新的证据。

当事人经法庭许可，可以向证人、鉴定人、勘验人发问。

当事人要求重新进行调查、鉴定或者勘验的，是否准许，由人民法院决定。

第一百二十六条 原告增加诉讼请求，被告提出反诉，第三人提出与本案有关的诉讼请求，可以合并审理。

第一百二十七条 法庭辩论按照下列顺序进行：

（一）原告及其诉讼代理人发言；

（二）被告及其诉讼代理人答辩；

（三）第三人及其诉讼代理人发言或者答辩；

（四）互相辩论。

法庭辩论终结，由审判长按照原告、被告、第三人的先后顺序征询各方最后意见。

第一百二十八条 法庭辩论终结，应当依法作出判决。判决前能够调解的，还可以进行调解，调解不成的，应当及时判决。

第一百二十九条 原告经传票传唤，无正当理由拒不到庭的，或者未经法庭许可中途退庭的，可以按撤诉处理；被告反诉的，可以缺席判决。

第一百三十条 被告经传票传唤，无正当理由拒不到庭的，或者未经法庭许可中途退庭的，可以缺席判决。

第一百三十一条 宣判前，原告申请撤诉的，是否准许，由人民法院裁定。

人民法院裁定不准许撤诉的，原告经传票传唤，无正当理由拒不到庭的，可以缺席判决。

第一百三十二条 有下列情形之一的，可以延期开庭审理：

（一）必须到庭的当事人和其他诉讼参与人有正当理由没有到庭的；

（二）当事人临时提出回避申请的；

（三）需要通知新的证人到庭，调取新的证据，重新鉴定、勘验，或者需要补充调查的；

（四）其他应当延期的情形。

第一百三十三条 书记员应当将法庭审理的全部活动记入笔录，由审判人员和书记员签名。

法庭笔录应当当庭宣读，也可以告知当事人和其他诉讼参与人当庭或者在五日内阅读。当事人和其他诉讼参与人认为对自己的陈述记录有遗漏或者差错的，有权申请补正。如果不予补正，应当将申请记录在案。

法庭笔录由当事人和其他诉讼参与人签名或者盖章。拒绝签名盖章的，记明情况附卷。

第一百三十四条 人民法院对公开审理或者不公开审理的案件，一律公开宣告判决。

当庭宣判的，应当在十日内发送判决书；定期宣判的，宣判后立即发给判决书。

宣告判决时，必须告知当事人上诉权利、上诉期限和上诉的法院。

宣告离婚判决，必须告知当事人在判决发生法律效力前不得另行结婚。

第一百三十五条 人民法院适用普通程序审理的案件，应当在立案之日起六个月内审结。有特殊情况需要延长的，由本院院长批准，可以延长六个月；还需要延长的，报请上级人民法院批准。

第四节 诉讼中止和终结

第一百三十六条 有下列情形之一的，中止诉讼：

（一）一方当事人死亡，需要等待继承人表明是否参加诉讼的；

（二）一方当事人丧失诉讼行为能力，尚未确定法定代理人的；

（三）作为一方当事人的法人或者其他组织终止，尚未确定权利义务承受人的；

（四）一方当事人因不可抗拒的事由，不能参加诉讼的；

（五）本案必须以另一案的审理结果为依据，而另一案尚未审结的；

（六）其他应当中止诉讼的情形。

中止诉讼的原因消除后，恢复诉讼。

第一百三十七条 有下列情形之一的，终结诉讼：

（一）原告死亡，没有继承人，或者继承人放弃诉讼权利的；

（二）被告死亡，没有遗产，也没有应当承担义务的人的；

（三）离婚案件一方当事人死亡的；

（四）追索赡养费、扶养费、抚育费以及解除收养关系案件的一方当事人死亡的。

第五节 判决和裁定

第一百三十八条 判决书应当写明：

（一）案由、诉讼请求、争议的事实和理由；

（二）判决认定的事实、理由和适用的法律依据；

（三）判决结果和诉讼费用的负担；

（四）上诉期间和上诉的法院。

判决书由审判人员、书记员署名，加盖人民法院印章。

第一百三十九条 人民法院审理案件，其中一部分事实已经清楚，可以就该部分先行判决。

第一百四十条 裁定适用于下列范围：

（一）不予受理；

（二）对管辖权有异议的；

（三）驳回起诉；

（四）财产保全和先予执行；

（五）准许或者不准许撤诉；

（六）中止或者终结诉讼；

（七）补正判决书中的笔误；

（八）中止或者终结执行；

（九）不予执行仲裁；

（十）不予执行公证机关赋予强制执行效力的债权文书；

（十一）其他需要裁定解决的事项。

对前款第（一）、（二）、（三）项裁定，可以上诉。

裁定书由审判人员、书记员署名，加盖人民法院印章。口头裁定的，记入笔录。

第一百四十一条 最高人民法院的判决、裁定，以及依法不准上诉或者超过上诉期没有上诉的判决、裁定，是发生法律效力的判决、裁定。

第十三章 简易程序

第一百四十二条 基层人民法院和它派出的法庭审理事实清楚、权利义务关系明确、争议不大的简单的民事案件，适用本章规定。

第一百四十三条 对简单的民事案件，原告可以口头起诉。

当事人双方可以同时到基层人民法院或者它派出的法庭，请求解决纠纷。基层人民法院或者它派出的法庭可以当即审理，也可以另定日期审理。

第一百四十四条 基层人民法院和它派出的法庭审理简单的民事案件，可以用简便方式随时传唤当事人、证人。

第一百四十五条 简单的民事案件由审判员一人独任审理，并不受本法第一百二十二条、第一百二十四条、第一百二十七条规定的限制。

第一百四十六条 人民法院适用简易程序审理案件，应当在立案之日起三个月内审结。

第十四章 第二审程序

第一百四十七条 当事人不服地方人民法院第一审判决的，有权在判决书送达之日起十五日内向上一级人民法院提起上诉。

当事人不服地方人民法院第一审裁定的，有权在裁定书送达之日起十日内向上一级人民法院提起上诉。

第一百四十八条 上诉应当递交上诉状。上诉状的内容，应当包括当事人的姓名，法人的名称及其法定代表人的姓名或者其他组织的名称及其主要负责人的姓名；原审人民法院名称、案件的编号和案由；上诉的请求和理由。

第一百四十九条 上诉状应当通过原审人民法院提出，并按照对方当事人或者代表人的人数提出副本。

当事人直接向第二审人民法院上诉的，第二审人民法院应当在五日内将上诉状移交原审人民法院。

第一百五十条 原审人民法院收到上诉状，应当在五日内将上诉状副本送达对方当事人，对方当事人在收到之日起十五日内提出答辩状。人民法院应当在收到答辩状之日起五日内将副本送达上诉人。对方当事人不提出答辩状的，不影响人民法院审理。

原审人民法院收到上诉状、答辩状，应当在五日内连同全部案卷和证据，报送第二审人民法院。

第一百五十一条 第二审人民法院应当对上诉请求的有关事实和适用法律进行审查。

第一百五十二条 第二审人民法院对上诉案件，应当组成合议庭，开庭审理。经过阅卷和调查，询问当事人，在事实核对清楚后，合议庭认为不需要开庭审理的，也可以径行判决、第二审人民法院审理上诉案件，可以在本院进行，也可以到案件发生地或者原审人民法院所在地进行。

第一百五十三条　第二审人民法院对上诉案件，经过审理，按照下列情形，分别处理。

（一）原判决认定事实清楚，适用法律正确的，判决驳回上诉，维持原判；

（二）原判决适用法律错误的，依法改判；

（三）原判决认定事实错误，或者原判决认定事实不清，证据不足，裁定撤销原判决，发回原审人民法院重审，或者查清事实后改判；

（四）原判决违反法定程序，可能影响案件正确判决的，裁定撤销原判决，发回原审人民法院重审。

当事人对重审案件的判决、裁定，可以上诉。

第一百五十四条　第二审人民法院对不服第一审人民法院裁定的上诉案件的处理，一律使用裁定。

第一百五十五条　第二审人民法院审理上诉案件，可以进行调解。调解达成协议，应当制作调解书，由审判人员、书记员署名，加盖人民法院印章。调解书送达后，原审人民法院的判决即视为撤销。

第一百五十六条　第二审人民法院判决宣告前，上诉人申请撤回上诉的，是否准许，由第二审人民法院裁定。

第一百五十七条　第二审人民法院审理上诉案件，除依照本章规定外，适用第一审普通程序。

第一百五十八条　第二审人民法院的判决、裁定，是终审的判决、裁定。

第一百五十九条　人民法院审理对判决的上诉案件，应当在第二审立案之日起三个月内审结。有特殊情况需要延长的，由本院院长批准。

人民法院审理对裁定的上诉案件，应当在第二审立案之日起三十日内作出终审裁定。

第十五章　特　别　程　序

第一节　一　般　规　定

第一百六十条　人民法院审理选民资格案件、宣告失踪或者宣告死亡案件、认定公民无民事行为能力或者限制民事行为能力案件和认定财产无主案件，适用本章规定。本章没有规定的，适用本法和其他法律的有关规定。

第一百六十一条　依照本章程序审理的案件，实行一审终审。选民资格案件或者重大、疑难的案件，由审判员组成合议庭审理；其他案件由审判员一人独任审理。

第一百六十二条　人民法院在依照本章程序审理案件的过程中，发现本案属于民事权益争议的，应当裁定终结特别程序，并告知利害关系人可以另行起诉。

第一百六十三条　人民法院适用特别程序审理的案件，应当在立案之日起三十日内或者公告期满后三十日内审结。有特殊情况需要延长的，由本院院长批准。但审理选民资格的案件除外。

第二节　选 民 资 格 案 件

第一百六十四条　公民不服选举委员会对选民资格的申诉所作的处理决定，可以在选举日的五日以前向选区所在地基层人民法院起诉。

第一百六十五条　人民法院受理选民资格案件后，必须在选举日前审结。

审理时，起诉人、选举委员会的代表和有关公民必须参加。

人民法院的判决书，应当在选举日前送达选举委员会和起诉人，并通知有关公民。

第三节　宣告失踪、宣告死亡案件

第一百六十六条　公民下落不明满二年，利害关系人申请宣告其失踪的，向下落不明人住所地基层人民法院提出。

申请书应当写明失踪的事实、时间和请求，并附有公安机关或者其他有关机关关于该公民下落不明的书面证明。

第一百六十七条　公民下落不明满四年，或者因意外事故下落不明满二年，或者因意外事故下落不明，经有关机关证明该公民不可能生存，利害关系人申请宣告其死亡的，向下落不明人住所地基层人民法院提出。

申请书应当写明下落不明的事实、时间和请求，并附有公安机关或者其他有关机关关于该公民下落不明的书面证明。

第一百六十八条　人民法院受理宣告失踪、宣告死亡案件后，应当发出寻找下落不明人的公告。宣告失踪的公告期间为三个月，宣告死亡的公告期间为一年。因意外事故下落不明，经有关机关证明该公民不可能生存的，宣告死亡的公告期间为三个月。

公告期间届满，人民法院应当根据被宣告失踪、宣告死亡的事实是否得到确认，作出宣告失踪、宣告死亡的判决或者驳回申请的判决。

第一百六十九条　被宣告失踪、宣告死亡的公民重新出现，经本人或者利害关系人申请，人民法院应当作出新判决，撤销原判决。

第四节　认定公民无民事行为能力、限制民事行为能力案件

第一百七十条　申请认定公民无民事行为能力或者限制民事行为能力，由其近亲属或者其他利害关系人向该公民住所地基层人民法院提出。

申请书应当写明该公民无民事行为能力或者限制民事行为能力的事实和根据。

第一百七十一条　人民法院受理申请后，必要时应当对被请求认定为无民事行为能力或者限制民事行为能力的公民进行鉴定。申请人已提供鉴定结论的，应当对鉴定结论进行审查。

第一百七十二条　人民法院审理认定公民无民事行为能力或者限制民事行为能力的案件，应当由该公民的近亲属为代理人，但申请人除外。近亲属互相推诿的，由人民法院指定其中一人为代理人。该公民健康情况许可的，还应当询问本人的意见。

人民法院经审理认定申请有事实根据的，判决该公民为无民事行为能力或者限制民事行为能力人；认定申请没有事实根据的，应当判决予以驳回。

第一百七十三条　人民法院根据被认定为无民事行为能力人、限制民事行为能力人或者他的监护人的申请。证实该公民无民事行为能力或者限制民事行为能力的原因已经消除的，应当作出新判决，撤销原判决。

第五节　认定财产无主案件

第一百七十四条　申请认定财产无主，由公民、法人或者其他组织向财产所在地基层人民法院

提出。

申请书应当写明财产的种类、数量以及要求认定财产无主的根据。

第一百七十五条　人民法院受理申请后，经审查核实，应当发出财产认领公告。公告满一年无人认领的，判决认定财产无主，收归国家或者集体所有。

第一百七十六条　判决认定财产无主后，原财产所有人或者继承人出现，在民法通则规定的诉讼时效期间可以对财产提出请求，人民法院审查属实后，应当作出新判决，撤销原判决。

第十六章　审判监督程序

第一百七十七条　各级人民法院院长对本院已经发生法律效力的判决、裁定，发现确有错误，认为需要再审的，应当提交审判委员会讨论决定。

最高人民法院对地方各级人民法院已经发生法律效力的判决、裁定，上级人民法院对下级人民法院已经发生法律效力的判决、裁定，发现确有错误的，有权提审或者指令下级人民法院再审。

第一百七十八条　当事人对已经发生法律效力的判决、裁定，认为有错误的，可以向原审人民法院或者上一级人民法院申请再审，但不停止判决、裁定的执行。

第一百七十九条　当事人的申请符合下列情形之一的，人民法院应当再审：

（一）有新的证据，足以推翻原判决、裁定的；

（二）原判决、裁定认定事实的主要证据不足的；

（三）原判决、裁定适用法律确有错误的；

（四）人民法院违反法定程序，可能影响案件正确判决、裁定的；

（五）审判人员在审理该案件时有贪污受贿，徇私舞弊，枉法裁判行为的。

人民法院对不符合前款规定的申请，予以驳回。

第一百八十条　当事人对已经发生法律效力的调解书，提出证据证明调解违反自愿原则或者调解协议的内容违反法律的，可以申请再审。经人民法院审查属实的，应当再审。

第一百八十一条　当事人对已经发生法律效力的解除婚姻关系的判决，不得申请再审。

第一百八十二条　当事人申请再审，应当在判决、裁定发生法律效力后二年内提出。

第一百八十三条　按照审判监督程序决定再审的案件，裁定中止原判决的执行。裁定由院长署名，加盖人民法院印章。

第一百八十四条　人民法院按照审判监督程序再审的案件，发生法律效力的判决、裁定是由第一审法院作出的，按照第一审程序审理，所作的判决、裁定，当事人可以上诉；发生法律效力的判决、裁定是由第二审法院作出的，按照第二审程序审理，所作的判决、裁定，是发生法律效力的判决、裁定；上级人民法院按照审判监督程序提审的，按照第二审程序审理，所作的判决、裁定是发生法律效力的判决、裁定。

人民法院审理再审案件，应当另行组成合议庭。

第一百八十五条　最高人民检察院对各级人民法院已经发生法律效力的判决、裁定，上级人民检察院对下级人民法院已经发生法律效力的判决、裁定，发现有下列情形之一的，应当按照审判监督程序提出抗诉：

（一）原判决、裁定认定事实的主要证据不足的；

（二）原判决、裁定适用法律确有错误的；

（三）人民法院违反法定程序，可能影响案件正确判决、裁定的；

（四）审判人员在审理该案件时有贪污受贿，徇私舞弊，枉法裁判行为的。

地方各级人民检察院对同级人民法院已经发生法律效力的判决、裁定，发现有前款规定情形之一的，应当提请上级人民检察院按照审判监督程序提出抗诉。

第一百八十六条 人民检察院提出抗诉的案件，人民法院应当再审。

第一百八十七条 人民检察院决定对人民法院的判决、裁定提出抗诉的，应当制作抗诉书。

第一百八十八条 人民检察院提出抗诉的案件，人民法院再审时，应当通知人民检察院派员出席法庭。

第十七章 督 促 程 序

第一百八十九条 债权人请求债务人给付金钱、有价证券，符合下列条件的，可以向有管辖权的基层人民法院申请支付令：

（一）债权人与债务人没有其他债务纠纷的；

（二）支付令能够送达债务人的。

申请书应当写明请求给付金钱或者有价证券的数量和所根据的事实、证据。

第一百九十条 债权人提出申请后，人民法院应当在五日内通知债权人是否受理。

第一百九十一条 人民法院受理申请后，经审查债权人提供的事实、证据，对债权债务关系明确、合法的，应当在受理之日起十五日内向债务人发出支付令；申请不成立的，裁定予以驳回。

债务人应当自收到支付令之日起十五日内清偿债务，或者向人民法院提出书面异议。

债务人在前款规定的期间不提出异议又不履行支付令的，债权人可以向人民法院申请执行。

第一百九十二条 人民法院收到债务人提出的书面异议后，应当裁定终结督促程序，支付令自行失效，债权人可以起诉。

第十八章 公 示 催 告 程 序

第一百九十三条 按照规定可以背书转让的票据持有人，因票据被盗、遗失或者灭失，可以向票据支付地的基层人民法院申请公示催告。依照法律规定可以申请公示催告的其他事项，适用本章规定。

申请人应当向人民法院递交申请书，写明票面金额、发票人、持票人、背书人等票据主要内容和申请的理由、事实。

第一百九十四条 人民法院决定受理申请，应当同时通知支付人停止支付，并在三日内发生公告，催促利害关系人申报权利。公示催告的期间，由人民法院根据情况决定，但不得少于六十日。

第一百九十五条 支付人收到人民法院停止支付的通知，应当停止支付，至公示催告程序终结。

公示催告期间，转让票据权利的行为无效。

第一百九十六条 利害关系人应当在公示催告期间向人民法院申报。

人民法院收到利害关系人的申报后，应当裁定终结公示催告程序，并通知申请人和支付人。

申请人或者申报人可以向人民法院起诉。

第一百九十七条　没有人申报的，人民法院应当根据申请人的申请，作出判决，宣告票据无效。判决应当公告，并通知支付人。自判决公告之日起，申请人有权向支付人请求支付。

第一百九十八条　利害关系人因正当理由不能在判决前向人民法院申报的，自知道或者应当知道判决公告之日起一年内，可以向作出判决的人民法院起诉。

第十九章　企业法人破产还债程序

第一百九十九条　企业法人因严重亏损，无力清偿到期债务，债权人可以向人民法院申请宣告债务人破产还债，债务人也可以向人民法院申请宣告破产还债。

第二百条　人民法院裁定宣告进入破产还债程序后，应当在十日内通知债务人和已知的债权人，并发出公告。

债权人应当在收到通知后三十日内，未收到通知的债权人应当自公告之日起三个月内，向人民法院申报债权。逾期未申报债权的，视为放弃债权。

债权人可以组成债权人会议，讨论通过破产财产的处理和分配方案或者和解协议。

第二百零一条　人民法院可以组织有关机关和有关人员成立清算组织。清算组织负责破产财产的保管、清理、估价、处理和分配。清算组织可以依法进行必要的民事活动。

清算组织对人民法院负责并报告工作。

第二百零二条　企业法人与债权人会议达成和解协议的，经人民法院认可后，由人民法院发布公告，中止破产还债程序。和解协议自公告之日起具有法律效力。

第二百零三条　已作为银行贷款等债权的抵押物或者其他担保物的财产，银行和其他债权人享有就该抵押物或者其他担保物优先受偿的权利。抵押物或者其他担保物的价款超过其所担保的债务数额的，超过部分属于破产还债的财产。

第二百零四条　破产财产优先拨付破产费用后，按照下列顺序清偿：

（一）破产企业所欠职工工资和劳动保险费用；

（二）破产企业所欠税款；

（三）破产债权。

破产财产不足清偿同一顺序的清偿要求的，按照比例分配。

第二百零五条　企业法人破产还债，由该企业法人住所地的人民法院管辖。

第二百零六条　全民所有制企业的破产还债程序适用中华人民共和国企业破产法的规定。

不是法人的企业、个体工商户、农村承包经营户、个人合伙，不适用本章规定。

第三编　执　行　程　序

第二十章　一　般　程　序

第二百零七条　发生法律效力的民事判决、裁定，以及刑事判决、裁定中的财产部分，由第一审人民法院执行。

法律规定由人民法院执行的其他法律文书，由被执行人住所地或者被执行的财产所在地人民法院执行。

第二百零八条　执行过程中，案外人对执行标的提出异议的，执行员应当按照法定程序进行审查。理由不成立的，予以驳回；理由成立的，由院长批准中止执行。如果发现判决、裁定确有错误，按照审判监督程序处理。

第二百零九条 执行工作由执行员进行。

采取强制执行措施时，执行员应当出示证件。执行完毕后，应当将执行情况制作笔录，由在场的有关人员签名或者盖章。

基层人民法院、中级人民法院根据需要，可以设立执行机构。执行机构的职责由最高人民法院规定。

第二百一十条 被执行人或者被执行的财产在外地的，可以委托当地人民法院代为执行。受委托人民法院收到委托函件后，必须在十五日内开始执行，不得拒绝。执行完毕后，应当将执行结果及时函复委托人民法院；在三十日内如果还未执行完毕，也应当将执行情况函告委托人民法院。

受委托人民法院自收到委托函件之日起十五日内不执行的，委托人民法院可以请求受委托人民法院的上级人民法院指令受委托人民法院执行。

第二百一十一条 在执行中，双方当事人自行和解达成协议的，执行员应当将协议内容记入笔录，由双方当事人签名或者盖章。

一方当事人不履行和解协议的，人民法院可以根据对方当事人的申请，恢复对原生效法律文书的执行。

第二百一十二条 在执行中，被执行人向人民法院提供担保，并经申请执行人同意的，人民法院可以决定暂缓执行及暂缓执行的期限。被执行人逾期仍不履行的，人民法院有权执行被执行人的担保财产或者担保人的财产。

第二百一十三条 作为被执行人的公民死亡的，以其遗产偿还债务。作为被执行人的法人或者其他组织终止的，由其权利义务承受人履行义务。

第二百一十四条 执行完毕后，据以执行的判决、裁定和其他法律文书确有错误，被人民法院撤销的，对已被执行的财产，人民法院应当作出裁定，责令取得财产的人返还；拒不返还的，强制执行。

第二百一十五条 人民法院制作的调解书的执行，适用本编的规定。

第二十一章 执行的申请和移送

第二百一十六条 发生法律效力的民事判决、裁定，当事人必须履行。一方拒绝履行的，对方当事人可以向人民法院申请执行，也可以由审判员移送执行员执行。

调解书和其他应当由人民法院执行的法律文书，当事人必须履行。一方拒绝履行的，对方当事人可以向人民法院申请执行。

第二百一十七条 对依法设立的仲裁机构的裁决，一方当事人不履行的，对方当事人可以向有管辖权的人民法院申请执行。受申请的人民法院应当执行。

被申请人提出证据证明仲裁裁决有下列情形之一的，经人民法院组成合议庭审查核实，裁定不予执行：

（一）当事人在合同中没有订有仲裁条款或者事后没有达成书面仲裁协议的；

（二）裁决的事项不属于仲裁协议的范围或者仲裁机构无权仲裁的；

（三）仲裁庭的组成或者仲裁的程序违反法定程序的；

（四）认定事实的主要证据不足的；

（五）适用法律确有错误的；

（六）仲裁员在仲裁该案时有贪污受贿、徇私舞弊、枉法裁决行为的。

人民法院认定执行该裁决违背社会公共利益的，裁定不予执行。

裁定书应当送达双方当事人的仲裁机构。

仲裁裁决被人民法院裁定不予执行的，当事人可以根据双方达成的书面仲裁协议重新申请仲裁，也可以向人民法院起诉。

第二百一十八条 对公证机关依法赋予强制执行效力的债权文书，一方当事人不履行的，对方当事人可以向有管辖权的人民法院申请执行，受申请的人民法院应当执行。

公证债权文书确有错误的，人民法院裁定不予执行，并将裁定书送达双方当事人和公证机关。

第二百一十九条 申请执行的期限，双方或者一方当事人是公民的为一年，双方是法人或者其他组织的为六个月。

前款规定的期限，从法律文书规定履行期间的最后一日起计算；法律文书规定分期履行的，从规定的每次履行期间的最后一日起计算。

第二百二十条 执行员接到申请执行书或者移交执行书，应当向被执行人发出执行通知，责令其在指定的期间履行，逾期不履行的，强制执行。

第二十二章 执 行 措 施

第二百二十一条 被执行人未按执行通知履行法律文书确定的义务，人民法院有权向银行、信用合作社和其他有储蓄业务的单位查询被执行人的存款情况，有权冻结、划拨被执行人的存款，但查询、冻结、划拨存款不得超出被执行人应当履行义务的范围。

人民法院决定冻结、划拨存款，应当作出裁定，并发出协助执行通知书，银行、信用合作社和其他有储蓄业务的单位必须办理。

第二百二十二条 被执行人未按执行通知履行法律文书确定的义务，人民法院有权扣留、提取被执行人应当履行义务部分的收入。但应当保留被执行人及其所扶养家属的生活必需费用。

人民法院扣留、提取收入时，应当作出裁定，并发出协助执行通知书，被执行人所在单位、银行、信用合作社和其他有储蓄业务的单位必须办理。

第二百二十三条 被执行人未按执行通知履行法律文书确定的义务，人民法院有权查封、扣押、冻结、拍卖、变卖被执行人应当履行义务部分的财产。但应当保留被执行人及其所扶养家属的生活必需品。

采取前款措施，人民法院应当作出裁定。

第二百二十四条 人民法院查封、扣押财产时，被执行人是公民的，应当通知被执行人或者他的成年家属到场；被执行人是法人或者其他组织的，应当通知其法定代表人或者主要负责人到场。拒不到场的，不影响执行。被执行人是公民的，其工作单位或者财产所在地的基层组织应当派人参加。

对被查封、扣押的财产，执行员必须造具清单，由在场人签名或者盖章后，交被执行人一份。被执行人是公民的，也可以交他的成年家属一份。

第二百二十五条 被查封的财产，执行员可以指定被执行人负责保管。因被执行人的过错造成的损失，由被执行人承担。

第二百二十六条 财产被查封、扣押后，执行员应当责令被执行人在指定期间履行法律文书确定的义务。被执行人逾期不履行的，人民法院可以按照规定交有关单位拍卖或者变卖被查封、扣押的财产。国家禁止自由买卖的物品，交有关单位按照国家规定的价格收购。

第二百二十七条 被执行人不履行法律文书确定的义务，并隐匿财产的，人民法院有权发出搜查令，对被执行人及其住所或者财产隐匿地进行搜查。

采取前款措施，由院长签发搜查令。

第二百二十八条 法律文书指定交付的财物或者票证，由执行员传唤双方当事人当面交付，或者由执行员转交，并由被交付人签收。

有关单位持有该项财物或者票证的，应当根据人民法院的协助执行通知书转交，并由被交付人签收。

有关公民持有该项财物或者票证的，人民法院通知其交出。拒不交出的，强制执行。

第二百二十九条 强制迁出房屋或者强制退出土地，由院长签发公告，责令被执行人在指定期间履行。被执行人逾期不履行的，由执行员强制执行。

强制执行时，被执行人是公民的，应当通知被执行人或者他的成年家属到场；被执行人是法人或者其他组织的，应当通知其法定代表人或者主要负责人到场。拒不到场的，不影响执行。被执行人是公民的，其工作单位或者房屋、土地所在地的基层组织应当派人参加。执行员应当将强制执行情况记入笔录，由在场人签名或者盖章。

第二部分

电力法律法规

中华人民共和国电力法

第一章　总　　则

第一条　为了保障和促进电力事业的发展，维护电力投资者、经营者和使用者的合法权益，保障电力安全运行，制定本法。

第二条　本法适用于中华人民共和国境内的电力建设、生产、供应和使用活动。

第三条　电力事业应当适应国民经济和社会发展的需要，适当超前发展。国家鼓励、引导国内外的经济组织和个人依法投资开发电源，兴办电力生产企业。电力事业投资，实行谁投资、谁收益的原则。

第四条　电力设施受国家保护。禁止任何单位和个人危害电力设施安全或者非法侵占、使用电能。

第五条　电力建设、生产、供应和使用应当依法保护环境，采用新技术，减少有害物质排放，防治污染和其他公害。国家鼓励和支持利用可再生能源和清洁能源发电。

第六条　国务院电力管理部门负责全国电力事业的监督管理。国务院有关部门在各自的职责范围内负责电力事业的监督管理。县级以上地方人民政府经济综合主管部门是本行政区域内的电力管理部门，负责电力事业的监督管理。县级以上地方人民政府有关部门在各自的职责范围内负责电力事业的监督管理。

第七条　电力建设企业、电力生产企业、电网经营企业依法实行自主经营、自负盈亏，并接受电力管理部门的监督。

第八条　国家帮助和扶持少数民族地区、边远地区和贫困地区发展电力事业。

第九条　国家鼓励在电力建设、生产、供应和使用过程中，采用先进的科学技术和管理方法，对在研究、开发、采用先进的科学技术和管理方法等方面作出显著成绩的单位和个人给予奖励。

第二章　电　力　建　设

第十条　电力发展规划应当根据国民经济和社会发展的需要制定，并纳入国民经济和社会发展计划。电力发展规划，应当体现合理利用能源、电源与电网配套发展、提高经济效益和有利于环境保护的原则。

第十一条 城市电网的建设与改造规划，应当纳入城市总体规划。城市人民政府应当按照规划，安排变电设施用地、输电线路走廊和电缆通道。任何单位和个人不得非法占用变电设施用地、输电线路走廊和电缆通道。

第十二条 国家通过制定有关政策，支持、促进电力建设。地方人民政府应当根据电力发展规划，因地制宜，采取多种措施开发电源，发展电力建设。

第十三条 电力投资者对其投资形成的电力，享有法定权益。并网运行的，电力投资者有优先使用权；未并网的自备电厂，电力投资者自行支配使用。

第十四条 电力建设项目应当符合电力发展规划，符合国家电力产业政策。电力建设项目不得使用国家明令淘汰的电力设备和技术。

第十五条 输变电工程、调度通信自动化工程等电网配套工程和环境保护工程，应当与发电工程项目同时设计、同时建设、同时验收、同时投入使用。

第十六条 电力建设项目使用土地，应当依照有关法律、行政法规的规定办理；依法征用土地的，应当依法支付土地补偿费和安置补偿费，做好迁移居民的安置工作。电力建设应当贯彻切实保护耕地、节约利用土地的原则。地方人民政府对电力事业依法使用土地和迁移居民，应当予以支持和协助。

第十七条 地方人民政府应当支持电力企业为发电工程建设勘探水源和依法取水、用水。电力企业应当节约用水。

第三章 电力生产与电网管理

第十八条 电力生产与电网运行应当遵循安全、优质、经济的原则。电网运行应当连续、稳定，保证供电可靠性。

第十九条 电力企业应当加强安全生产管理，坚持安全第一、预防为主的方针，建立、健全安全生产责任制度。电力企业应当对电力设施定期进行检修和维护，保证其正常运行。

第二十条 发电燃料供应企业、运输企业和电力生产企业应当依照国务院有关规定或者合同约定供应、运输和接卸燃料。

第二十一条 电网运行实行统一调度、分级管理。任何单位和个人不得非法干预电网调度。

第二十二条 国家提倡电力生产企业与电网、电网与电网并网运行。具有独立法人资格的电力生产企业要求将生产的电力并网运行的，电网经营企业应当接受。并网运行必须符合国家标准或者电力行业标准。并网双方应当按照统一调度、分级管理和平等互利、协商一致的原则，签订并网协议，确定双方的权利和义务；并网双方达不成协议的，由省级以上电力管理部门协调决定。

第二十三条 电网调度管理办法，由国务院依照本法的规定制定。

第四章 电力供应与使用

第二十四条 国家对电力供应和使用，实行安全用电、节约用电、计划用电的管理原则。电力供应与使用办法由国务院依照本法的规定制定。

第二十五条 供电企业在批准的供电营业区内向用户供电。供电营业区的划分，应当考虑电网的结构和供电合理性等因素。一个供电营业区内只设立一个供电营业机构。省、自治区、直辖市范围内的供电营业区的设立、变更，由供电企业提出申请，经省、自治区、直辖市人民政府电力管理部门会同同级有关部门审查批准后，由省、自治区、直辖市人民政府电力管理部门发给《供电营业许可证》。跨省、自治区、直辖市的供电营业区的设立、变更，由国务院电力管理部门审查批准并发给《供电营业许可证》。供电营业机构持《供电营业许可证》向工商行政管理部门申请领取营业执照，方可营业。

第二十六条　供电营业区内的供电营业机构，对本营业区内的用户有按照国家规定供电的义务；不得违反国家规定对其营业区内申请用电的单位和个人拒绝供电。申请新装用电、临时用电、增加用电容量、变更用电和终止用电，应当依照规定的程序办理手续。供电企业应当在其营业场所公告用电的程序、制度和收费标准，并提供用户须知资料。

第二十七条　电力供应与使用双方应当根据平等自愿、协商一致的原则，按照国务院制定的电力供应与使用办法签订供用电合同，确定双方的权利和义务。

第二十八条　供电企业应当保证供给用户的供电质量符合国家标准。对公用供电设施引起的供电质量问题，应当及时处理。用户对供电质量有特殊要求的，供电企业应当根据其必要性和电网的可能，提供相应的电力。

第二十九条　供电企业在发电、供电系统正常的情况下，应当连续向用户供电，不得中断。因供电设施检修、依法限电或者用户违法用电等原因，需要中断供电时，供电企业应当按照国家有关规定事先通知用户。用户对供电企业中断供电有异议的，可以向电力管理部门投诉；受理投诉的电力管理部门应当依法处理。

第三十条　因抢险救灾需要紧急供电时，供电企业必须尽速安排供电，所需供电工程费用和应付电费依照国家有关规定执行。

第三十一条　用户应当安装用电计量装置。用户使用的电力电量，以计量检定机构依法认可的用电计量装置的记录为准。用户受电装置的设计、施工安装和运行管理，应当符合国家标准或者电力行业标准。

第三十二条　用户用电不得危害供电、用电安全和扰乱供电、用电秩序。对危害供电、用电安全和扰乱供电、用电秩序的，供电企业有权制止。

第三十三条　供电企业应当按照国家核准的电价和用电计量装置的记录，向用户计收电费。供电企业查电人员和抄表收费人员进入用户，进行用电安全检查或者抄表收费时，应当出示有关证件。用户应当按照国家核准的电价和用电计量装置的记录，按时交纳电费；对供电企业查电人员和抄表收费人员依法履行职责，应当提供方便。

第三十四条　供电企业和用户应当遵守国家有关规定，采取有效措施，做好安全用电、节约用电和计划用电工作。

第五章　电 价 与 电 费

第三十五条　本法所称电价，是指电力生产企业的上网电价、电网间的互供电价、电网销售电价。电价实行统一政策，统一定价原则，分级管理。

第三十六条　制定电价，应当合理补偿成本，合理确定收益，依法计入税金，坚持公平负担，促进电力建设。

第三十七条 上网电价实行同网同质同价。具体办法和实施步骤由国务院规定。电力生产企业有特殊情况需另行制定上网电价的，具体办法由国务院规定。

第三十八条 跨省、自治区、直辖市电网和省级电网内的上网电价，由电力生产企业和电网经营企业协商提出方案，报国务院物价行政主管部门核准。独立电网内的上网电价，由电力生产企业和电网经营企业协商提出方案，报有管理权的物价行政主管部门核准。地方投资的电力生产企业所生产的电力，属于在省内各地区形成独立电网的或者自发自用的，其电价可以由省、自治区、直辖市人民政府管理。

第三十九条 跨省、自治区、直辖市电网和独立电网之间、省级电网和独立电网之间的互供电价，由双方协商提出方案，报国务院物价行政主管部门或者其授权的部门核准。独立电网与独立电网之间的互供电价，由双方协商提出方案，报有管理权的物价行政主管部门核准。

第四十条 跨省、自治区、直辖市电网和省级电网的销售电价，由电网经营企业提出方案，报国务院物价行政主管部门或者其授权的部门核准。独立电网的销售电价，由电网经营企业提出方案，报有管理权的物价行政主管部门核准。

第四十一条 国家实行分类电价和分时电价。分类标准和分时办法由国务院确定。对同一电网内的同一电压等级、同一用电类别的用户，执行相同的电价标准。

第四十二条 用户用电增容收费标准，由国务院物价行政主管部门会同国务院电力管理部门制定。

第四十三条 任何单位不得超越电价管理权限制定电价。供电企业不得擅自变更电价。

第四十四条 禁止任何单位和个人在电费中加收其他费用；但是，法律、行政法规另有规定的，按照规定执行。地方集资办电在电费中加收费的，由省、自治区、直辖市人民政府依照国务院有关规定制定办法。禁止供电企业在收取电费时，代收其他费用。

第四十五条 电价的管理办法，由国务院依照本法的规定制定。

第六章 农村电力建设和农业用电

第四十六条 省、自治区、直辖市人民政府应当制定农村电气化发展规划，并将其纳入当地电力发展规划及国民经济和社会发展计划。

第四十七条 国家对农村电气化实行优惠政策，对少数民族地区、边远地区和贫困地区的农村电力建设给予重点扶持。

第四十八条 国家提倡农村开发水能资源，建设中、小型水电站，促进农村电气化。国家鼓励和支持农村利用太阳能、风能、地热能、生物质能和其他能源进行农村电源建设，增加农村电力供应。

第四十九条 县级以上地方人民政府及其经济综合主管部门在安排用电指标时，应当保证农业和农村用电的适当比例，优先保证农村排涝、抗旱和农业季节性生产用电。电力企业应当执行前款的用电安排，不得减少农业和农村用电指标。

第五十条 农业用电价格按照保本、微利的原则确定。农民生活用电与当地城镇居民生活用电应当逐步实行相同的电价。

第五十一条 农业和农村用电管理办法，由国务院依照本法的规定制定。

第七章　电力设施保护

第五十二条　任何单位和个人不得危害发电设施、变电设施和电力线路设施及其有关辅助设施。在电力设施周围进行爆破及其他可能危及电力设施安全的作业的，应当按照国务院有关电力设施保护的规定，经批准并采取确保电力设施安全的措施后，方可进行作业。

第五十三条　电力管理部门应当按照国务院有关电力设施保护的规定，对电力设施保护区设立标志。任何单位和个人不得在依法划定的电力设施保护区内修建可能危及电力设施安全的建筑物、构筑物，不得种植可能危及电力设施安全的植物，不得堆放可能危及电力设施安全的物品。在依法划定电力设施保护区前已经种植的植物妨碍电力设施安全的，应当修剪或者砍伐。

第五十四条　任何单位和个人需要在依法划定的电力设施保护区内进行可能危及电力设施安全的作业时，应当经电力管理部门批准并采取安全措施后，方可进行作业。

第五十五条　电力设施与公用工程、绿化工程和其他工程在新建、改建或者扩建中相互妨碍时，有关单位应当按照国家有关规定协商，达成协议后方可施工。

第八章　监　督　检　查

第五十六条　电力管理部门依法对电力企业和用户执行电力法律、行政法规的情况进行监督检查。

第五十七条　电力管理部门根据工作需要，可以配备电力监督检查人员。电力监督检查人员应当公正廉洁，秉公执法，熟悉电力法律、法规，掌握有关电力专业技术。

第五十八条　电力监督检查人员进行监督检查时，有权向电力企业或者用户了解有关执行电力法律、行政法规的情况，查阅有关资料，并有权进入现场进行检查。电力企业和用户对执行监督检查任务的电力监督检查人员应当提供方便。电力监督检查人员进行监督检查时，应当出示证件。

第九章　法　律　责　任

第五十九条　电力企业或者用户违反供用电合同，给对方造成损失的，应当依法承担赔偿责任。电力企业违反本法第二十八条、第二十九条第一款的规定，未保证供电质量或者未事先通知用户中断供电，给用户造成损失的，应当依法承担赔偿责任。

第六十条　因电力运行事故给用户或者第三人造成损害的，电力企业应当依法承担赔偿责任。电力运行事故由下列原因之一造成的，电力企业不承担赔偿责任：

（一）不可抗力；

（二）用户自身的过错。

因用户或者第三人的过错给电力企业或者其他用户造成损害的，该用户或者第三人应当依法承担赔偿责任。

第六十一条　违反本法第十一条第二款的规定，非法占用变电设施用地、输电线路走廊或者电缆通道的，由县级以上地方人民政府责令限期改正；逾期不改正的，强制清除障碍。

第六十二条　违反本法第十四条规定，电力建设项目不符合电力发展规划、产业政策的，由电力管理部门责令停止建设。违反本法第十四条规定，电力建设项目使用国家明令淘汰的电力设备和技术的，由电力管理部门责令停止使用，没收国家明令淘汰的电力设备，并处五万元以下的罚款。

第六十三条 违反本法第二十五条规定，未经许可，从事供电或者变更供电营业区的，由电力管理部门责令改正，没收违法所得，可以并处违法所得五倍以下的罚款。

第六十四条 违反本法第二十六条、第二十九条规定，拒绝供电或者中断供电的，由电力管理部门责令改正，给予警告；情节严重的，对有关主管人员和直接责任人员给予行政处分。

第六十五条 违反本法第三十二条规定，危害供电、用电安全或者扰乱供电、用电秩序的，由电力管理部门责令改正，给予警告；情节严重或者拒绝改正的，可以中止供电，可以并处五万元以下的罚款。

第六十六条 违反本法第三十三条、第四十三条、第四十四条规定，未按照国家核准的电价和用电计量装置的记录向用户计收电费、超越权限制定电价或者在电费中加收其他费用的，由物价行政主管部门给予警告，责令返还违法收取的费用，可以并处违法收取费用五倍以下的罚款；情节严重的，对有关主管人员和直接责任人员给予行政处分。

第六十七条 违反本法第四十九条第二款规定，减少农业和农村用电指标的，由电力管理部门责令改正；情节严重的，对有关主管人员和直接责任人员给予行政处分；造成损失的，责令赔偿损失。

第六十八条 违反本法第五十二条第二款和第五十四条规定，未经批准或者未采取安全措施在电力设施周围或者在依法划定的电力设施保护区内进行作业，危及电力设施安全的，由电力管理部门责令停止作业、恢复原状并赔偿损失。

第六十九条 违反本法第五十三条规定，在依法划定的电力设施保护区内修建建筑物、构筑物或者种植植物、堆放物品，危及电力设施安全的，由当地人民政府责令强制拆除、砍伐或者清除。

第七十条 有下列行为之一，应当给予治安管理处罚的，由公安机关依照治安管理处罚条例的有关规定予以处罚；构成犯罪的，依法追究刑事责任：

（一）阻碍电力建设或者电力设施抢修，致使电力建设或者电力设施抢修不能正常进行的；

（二）扰乱电力生产企业、变电所、电力调度机构和供电企业的秩序，致使生产、工作和营业不能正常进行的；

（三）殴打、公然侮辱履行职务的查电人员或者抄表收费人员的；

（四）拒绝、阻碍电力监督检查人员依法执行职务的。

第七十一条 盗窃电能的，由电力管理部门责令停止违法行为，追缴电费并处应交电费五倍以下的罚款；构成犯罪的，依照刑法第一百五十一条或者第一百五十二条的规定追究刑事责任。

第七十二条 盗窃电力设施或者以其他方法破坏电力设施，危害公共安全的，依照刑法第一百零九条或者第一百一十条的规定追究刑事责任。

第七十三条 电力管理部门的工作人员滥用职权、玩忽职守、徇私舞弊，构成犯罪的，依法追究刑事责任；尚不构成犯罪的，依法给予行政处分。

第七十四条 电力企业职工违反规章制度、违章调度或者不服从调度指令，造成重大事故的，比照刑法第一百一十四条的规定追究刑事责任。电力企业职工故意延误电力设施抢修或者抢险救灾供电，造成严重后果的，比照刑法第一百一十四条的规定追究刑事责任。电力企业的管理人员和查电人员、抄表收费人员勒索用户、以电谋私，构成犯罪的，依法追究刑事责任；尚不构成犯罪的，依法给予行政处分。

第十章 附　　则

第七十五条 本法自1996年4月1日起施行。

电力监管条例

第一章 总　　则

第一条 为了加强电力监管，规范电力监管行为，完善电力监管制度，制定本条例。

第二条 电力监管的任务是维护电力市场秩序，依法保护电力投资者、经营者、使用者的合法权益和社会公共利益，保障电力系统安全稳定运行，促进电力事业健康发展。

第三条 电力监管应当依法进行，并遵循公开、公正和效率的原则。

第四条 国务院电力监管机构依照本条例和国务院有关规定，履行电力监管和行政执法职能；国务院有关部门依照有关法律、行政法规和国务院有关规定，履行相关的监管职能和行政执法职能。

第五条 任何单位和个人对违反本条例和国家有关电力监管规定的行为有权向电力监管机构和政府有关部门举报，电力监管机构和政府有关部门应当及时处理，并依照有关规定对举报有功人员给予奖励。

第二章 监　管　机　构

第六条 国务院电力监管机构根据履行职责的需要，经国务院批准，设立派出机构。国务院电力监管机构对派出机构实行统一领导和管理。

国务院电力监管机构的派出机构在国务院电力监管机构的授权范围内，履行电力监管职责。

第七条 电力监管机构从事监管工作的人员，应当具备与电力监管工作相适应的专业知识和业务工作经验。

第八条 电力监管机构从事监管工作的人员，应当忠于职守，依法办事，公正廉洁，不得利用职务便利谋取不正当利益，不得在电力企业、电力调度交易机构兼任职务。

第九条 电力监管机构应当建立监管责任制度和监管信息公开制度。

第十条 电力监管机构及其从事监管工作的人员依法履行电力监管职责，有关单位和人员应当予以配合和协助。

第十一条 电力监管机构应当接受国务院财政、监察、审计等部门依法实施的监督。

第三章 监　管　职　责

第十二条 国务院电力监管机构依照有关法律、行政法规和本条例的规定，在其职责范围内制定并发布电力监管规章、规则。

第十三条 电力监管机构依照有关法律和国务院有关规定，颁发和管理电力业务许可证。

第十四条 电力监管机构按照国家有关规定，对发电企业在各电力市场中所占份额的比例实施监管。

第十五条 电力监管机构对发电厂并网、电网互联以及发电厂与电网协调运行中执行有关规章、规则的情况实施监管。

第十六条 电力监管机构对电力市场向从事电力交易的主体公平、无歧视开放的情况以及输电企业公平开放电网的情况依法实施监管。

第十七条 电力监管机构对电力企业、电力调度交易机构执行电力市场运行规则的情况，以及电力调度交易机构执行电力调度规则的情况实施监管。

第十八条 电力监管机构对供电企业按照国家规定的电能质量和供电服务质量标准向用户提供供电服务的情况实施监管。

第十九条 电力监管机构具体负责电力安全监督管理工作。

国务院电力监管机构经商国务院发展改革部门、国务院安全生产监督管理部门等有关部门后，制订重大电力生产安全事故处置预案，建立重大电力生产安全事故应急处置制度。

第二十条 国务院价格主管部门、国务院电力监管机构依照法律、行政法规和国务院的规定，对电价实施监管。

第四章 监 管 措 施

第二十一条 电力监管机构根据履行监管职责的需要，有权要求电力企业、电力调度交易机构报送与监管事项相关的文件、资料。

电力企业、电力调度交易机构应当如实提供有关文件、资料。

第二十二条 国务院电力监管机构应当建立电力监管信息系统。

电力企业、电力调度交易机构应当按照国务院电力监管机构的规定将与监管相关的信息系统接入电力监管信息系统。

第二十三条 电力监管机构有权责令电力企业、电力调度交易机构按照国家有关电力监管规章、规则的规定如实披露有关信息。

第二十四条 电力监管机构依法履行职责，可以采取下列措施，进行现场检查；

（一）进入电力企业、电力调度交易机构进行检查；

（二）询问电力企业、电力调度交易机构的工作人员，要求其对有关检查事项作出说明；

（三）查阅、复制与检查事项有关的文件、资料，对可能被转移、隐匿、损毁的文件、资料予以封存；

（四）对检查中发现的违法行为，有权当场予以纠正或者要求限期改正。

第二十五条 依法从事电力监管工作的人员在进行现场检查时，应当出示有效执法证件；未出示有效执法证件的，电力企业、电力调度交易机构有权拒绝检查。

第二十六条 发电厂与电网并网、电网与电网互联，并网双方或者互联双方达不成协议，影响电力交易正常进行的，电力监管机构应当进行协调；经协调仍不能达成协议的，由电力监管机构作出裁决。

第二十七条 电力企业发生电力生产安全事故，应当及时采取措施，防止事故扩大，并向电力监管机构和其他有关部门报告。电力监管机构接到发生重大电力生产安全事故报告后，应当按照重大电力生产安全事故处置预案，及时采取处置措施。

电力监管机构按照国家有关规定组织或者参加电力生产安全事故的调查处理。

第二十八条 电力监管机构对电力企业、电力调度交易机构违反有关电力监管的法律、行政法规或者有关电力监管规章、规则，损害社会公共利益的行为及其处理情况，可以向社会公布。

第五章 法 律 责 任

第二十九条 电力监管机构从事监管工作的人员有下列情形之一的，依法给予行政处分；构成犯罪的，依法追究刑事责任：

（一）违反有关法律和国务院有关规定颁发电力业务许可证的；

（二）发现未经许可擅自经营电力业务的行为，不依法进行处理的；

（三）发现违法行为或者接到对违法行为的举报后，不及时进行处理的；

（四）利用职务便利谋取不正当利益的。

电力监管机构从事监管工作的人员在电力企业、电力调度交易机构兼任职务的，由电力监管机构责令改正，没收兼职所得；拒不改正的，予以辞退或者开除。

第三十条 违反规定未取得电力业务许可证擅自经营电力业务的，由电力监管机构责令改正，没收违法所得，可以并处违法所得5倍以下的罚款；构成犯罪的，依法追究刑事责任。

第三十一条 电力企业违反本条例规定，有下列情形之一的，由电力监管机构责令改正；拒不改正的，处10万元以上100万元以下的罚款；对直接负责的主管人员和其他直接责任人员，依法给予处分；情节严重的，可以吊销电力业务许可证：

（一）不遵守电力市场运行规则的；

（二）发电厂并网、电网互联不遵守有关规章、规则的；

（三）不向从事电力交易的主体公平、无歧视开放电力市场或者不按照规定公平开放电网的。

第三十二条 供电企业未按照国家规定的电能质量和供电服务质量标准向用户提供供电服务的，由电力监管机构责令改正，给予警告；情节严重的，对直接负责的主管人员和其他直接责任人员，依法给予处分。

第三十三条 电力调度交易机构违反本条例规定，不按照电力市场运行规则组织交易的，由电力监管机构责令改正；拒不改正的，处10万元以上100万元以下的罚款；对直接负责的主管人员和其他直接责任人员，依法给予处分。

电力调度交易机构工作人员泄露电力交易内幕信息的，由电力监管机构责令改正，并依法给予处分。

第三十四条 电力企业、电力调度交易机构有下列情形之一的，由电力监管机构责令改正；拒不改正的，处5万元以上50万元以下的罚款，对直接负责的主管人员和其他直接责任人员，依法给予处分；构成犯罪的，依法追究刑事责任：

（一）拒绝或者阻碍电力监管机构及其从事监管工作的人员依法履行监管职责的；

（二）提供虚假或者隐瞒重要事实的文件、资料的；

（三）未按照国家有关电力监管规章、规则的规定披露有关信息的。

第三十五条 本条例规定的罚款和没收的违法所得，按照国家有关规定上缴国库。

第六章 附 则

第三十六条 电力企业应当按照国务院价格主管部门、财政部门的有关规定缴纳电力监管费。

第三十七条 本条例自2005年5月1日起施行。

电网调度管理条例

第一章 总 则

第一条 为了加强电网调度管理，保障电网安全，保护用户利益，适应经济建设和人民生活的需要，制定本条例。

第二条 本条例所称电网调度，是指电网调度机构（以下简称调度机构）为保障电网的安全、优质、经济运行，对电网运行进行的组织、指挥、指导和协调。

电网调度应当符合社会主义市场经济的要求和电网运行的客观规律。

第三条 中华人民共和国境内的发电、供电、用电单位以及其他有关单位和个人，必须遵守本条例。

第四条 电网运行实行统一调度、分级管理的原则。

第五条 任何单位和个人不得超过计划分配电力和电量，不得超过计划使用电力和电量；遇有特殊情况，需要变更计划的，须经用电计划下达部门批准。

第六条 国务院电力行政主管部门主管电网调度工作。

第二章 调 度 系 统

第七条 调度机构的职权及其调度管辖范围的划发原则，由国务院电力行政主管部门确定。

第八条 调度机构直接调度的发电厂的划定原则，由国务院电力行政主管部门确定。

第九条 调度系统包括各级调度机构和电网内的发电厂、变电站的运行值班单位。

下级调度机构必须服从上级调度机构的调度。

调度机构调度管辖范围内的发电厂、变电站的运行值班单位，必须服从该级调度机构的调度。

第十条 调度机构分为五级：国家调度机构，跨省、自治区、直辖市调度机构，省、自治区、直辖市级调度机构，省辖市级调度机构，县级调度机构。

第十一条 调度系统值班人员须经培训、考核并取得合格证书方可上岗。

调度系统值班人员的培训、考核办法由国务院电力行政主管部门制定。

第三章 调 度 计 划

第十二条 跨省电网管理部门和省级电网管理部门应当编制发电、供电计划，并将发电、供电计划报送国务院电力行政主管部门备案。

调度机构应当编制下达发电、供电调度计划。

值班调度人员可以按照有关规定，根据电网运行情况，调整日发电、供电调度计划。值班调度人员调整日发电、供电调度计划时，必须填写调度值班日志。

第十三条 跨省电网管理部门和省级电网管理部门编制发电、供电计划，调度机构编制发电、供电调度计划时，应当根据国家下达的计划、有关的供电协议和并网协议、电网的设备能力，并留有备用容量。

对具有综合效益的水电厂（站）的水库，应当根据批准的水电厂（站）的设计文件，并考虑防洪、灌溉、发电、环保、航运等要求，合理运用水库蓄水。

第十四条　跨省电网管理部门和省级电网管理部门遇有下列情形之一，需要调整发电、供电计划时，应当通知有关地方人民政府的有关部门：

（一）大中型水电厂（站）入库水量不足；

（二）火电厂的燃料短缺；

（三）其他需要调整发电、供电计划的情形。

第四章　调　度　规　划

第十五条　调度机构必须执行国家下达的供电计划，不得克扣电力、电量，并保证供电质量。

第十六条　发电厂必须按照调度机构下达的调度计划和规定的电压范围执行，并根据调度指令调整功率和电压。

第十七条　发电、供电设备的检修，应当服从调度机构的统一安排。

第十八条　出现下列紧急情况之一的，值班调度人员可以调整日发电、供电调整计划，发布限电、调整发电厂功率、开或者停发电机组等指令；可以向本电网内的发电厂、变电站的运行值班单位发布调度指令：

（一）发电、供电设备发生重大事故或者电网发生事故；

（二）电网频率或者电压超过规定范围；

（三）输变电设备负载超过规定值；

（四）主干线路功率值超过规定的稳定限额；

（五）其他威胁电网安全运行的紧急情况。

第十九条　省级电网管理部门、省辖市级电网管理部门、县级电网管理部门应当根据本级人民政府的生产调度部门的要求、用户的特点和电网安全运行的需要，提出事故及超计划用电的限电序位表，经本级人民政府的生产调度部门审核，报本级人民政府批准后，由调度机构执行。

限电及整个电网调度工作应当逐步实现自动化管理。

第二十条　未经值班调度人员许可，任何人不得操作调度机构调度管辖范围内的设备。

电网运行遇有危及人身及设备安全的情况时，发电厂、变电站的运行值班单位的值班人员可以按照有关规定处理，处理后应当立即报告有关调度机构的值班人员。

第五章　调　度　指　令

第二十一条　值班调度人员必须按照规定发布各种调度指令。

第二十二条　在调度系统中，必须执行调度指令。调度系统的值班人员认为执行调度指令将危及人身及设备安全的，应当立即向发布指令的值班调度人员报告，由其决定调度指令的执行或者撤销。

第二十三条　电网管理部门的负责人，调度机构的负责人以及发电厂、变电站的负责人，对上级调度机构的值班人员发布的调度指令有不同意见时，可以向上级电网电力行政主管部门或者上级调度机构提出，但是在其未作出答复前，调度系统的值班人员必须按照上级调度机构的值班人员发布的调度指令执行。

第二十四条 任何单位和个人不得违反本条例干预调度系统的值班人员发布或者执行调度指令；调度系统的值班人员依法执行公务，有权拒绝各种非法干预。

第六章 并网与调度

第二十五条 并网运行的发电厂或者电网，必须服从调度机构的统一调度。

第二十六条 需要并网运行的发电厂与电网之间以及电网与电网之间，应当在并网前根据平等互利、协商一致的原则签订并网协议并严格执行。

第七章 罚 则

第二十七条 违反本条例规定，有下列行为之一的，对主管人员和直接责任人员由其所在单位或者上级机关给予行政处分：

（一）未经上级调度机构许可，不按照上级调度机构下达的发电、供电调度计划执行的；

（二）不执行有关调度机构批准的检修计划的；

（三）不执行调度指令和调度机构下达的保证电网安全的措施的；

（四）不如实反映电网运行情况的；

（五）不如实反映执行调度指令情况的；

（六）调度系统的值班人员玩忽职守、徇私舞弊，尚不构成犯罪的。

第二十八条 调度机构对于超计划用电的用户应当予以警告；经警告，仍未按照计划用电的，调度机构可以发布限电指令，并可以强行扣还电力、电量；当超计划用电威胁电网安全运行时，调度计划可以部分或者全部暂时停止供电。

第二十九条 违反本条例规定，未按照计划供电或者无故调整供电计划的，电网应当计划根据用户的需要补给少供的电力、电量。

第三十条 违反本条例规定，构成违反治安管理行为的，依照《中华人民共和国治安管理处罚条例》的有关规定给予处罚；构成犯罪的，依法追究刑事责任。

第八章 附 则

第三十一条 国务院电力行政主管部门可以根据本条例制定实施办法。

省、自治区、直辖市人民政府可以根据本条例制定小电网管理办法。

第三十二条 本条例由国务院电力行政主管部门负责解释。

第三十三条 本条例自 1993 年 11 月 1 日施行。

电力供应与使用条例

第一章 总 则

第一条 为了加强电力供应与使用的管理，保障供电、用电双方的合法权益，维护供电、用电秩序，安全、经济、合理地供电和用电，根据《中华人民共和国电力法》制定本条例。

第二条　在中华人民共和国境内，电力供应企业（以下称供电企业）和电力使用者（以下称用户）以及与电力供应、使用有关的单位和个人，必须遵守本条例。

第三条　国务院电力管理部门负责全国电力供应与使用的监督管理工作。

县级以上地方人民政府电力管理部门负责本行政区域内电力供应与使用的监督管理工作。

第四条　电网经营企业依法负责本供区内的电力供应与使用的业务工作，并接受电力管理部门的监督。

第五条　国家对电力供应和使用实行安全用电、节约用电、计划用电的管理原则。

供电企业和用户应当遵守国家有关规定，采取有效措施，做好安全用电、节约用电、计划用电工作。

第六条　供电企业和用户应当根据平等自愿、协商一致的原则签订供用电合同。

第七条　电力管理部门应当加强对供用电的监督管理，协调供用电各方关系，禁止危害供用电安全和非法侵占电能的行为。

第二章　供电营业区

第八条　供电企业在批准的供电营业区内向用户供电。

供电营业区的划分，应当考虑电网的结构和供电合理性等因素。一个供电营业区内只设立一个供电营业机构。

第九条　省、自治区、直辖市范围内的供电营业区的设立、变更，由供电企业提出申请，经省、自治区、直辖市人民政府电力管理部门会同同级有关部门审查批准后，由省、自治区、直辖市人民政府电力管理部门发给《供电营业许可证》。跨省、自治区、直辖市的供电营业区的设立、变更，由国务院电力管理部门审查批准并发给《供电营业许可证》。供电营业机构持《供电营业许可证》向工商行政管理部门申请领取营业执照，方可营业。

电网经营企业应当根据电网结构和供电合理性的原则协助电力管理部门划分供电营业区。

供电营业区的划分和管理办法，由国务院电力管理部门制定。

第十条　并网运行的电力生产企业按照并网协议运行后，送入电网的电力、电量由供电营业机构统一经销。

第十一条　用户用电容量超过其所在的供电营业区内供电企业供电能力的，由省级以上电力管理部门指定的其他供电企业供电。

第三章　供电设施

第十二条　县级以上各级人民政府应当将城乡电网的建设与改造规划，纳入城市建设和乡村建设的总体规划。各级电力管理部门应当会同有关行政主管部门和电网经营企业做好城乡电网建设和改造的规划。供电企业应当按照规划做好供电设施建设和运行管理工作。

第十三条　地方各级人民政府应当按照城市建设和乡村建设的总体规划统筹安排城乡供电线路走廊、电缆通道、区域变电所、区域配电所和营业网点的用地。

供电企业可以按照国家有关规定在规划的线路走廊、电缆通道、区域变电所、区域配电所和营业网点的用地上，架线、敷设电缆和建设公用供电设施。

第十四条　公用路灯由乡、民族乡、镇人民政府或者县级以上地方人民政府有关部门负责建设，并负责运行维护和交付电费，也可以委托供电企业代为有偿设计、施工和维护管理。

第十五条 供电设施、受电设施的设计、施工、试验和运行，应符合国家标准或者电力行业标准。

第十六条 供电企业和用户对供电设施、受电设施进行建设和维护时，作业区域内的有关单位和个人应当给予协助，提供方便；因作业对建筑物或者农作物造成损坏的，应当依照有关法律、行政法规的规定负责修复或者给予合理的补偿。

第十七条 公用供电设施建成投产后，由供电单位统一维护管理。经电力管理部门批准，供电企业可以使用、改造、扩建该供电设施。

公用供电设施的维护管理，由产权单位协商确定，产权单位可自行维护管理，也可以委托供电企业维护管理。

用户专用的供电设施建成投产后，由用户维护管理或者委托供电企业维护管理。

第十八条 因建设需要，必须对已建成的供电设施进行迁移、改造或者采取防护措施时，建设单位应当事先与该供电设施管理单位协商，所需工程费用由建设单位负担。

第四章 电 力 供 应

第十九条 用户受电端的供电质量应当符合国家标准或者电力行业标准。

第二十条 供电方式应当按照安全、可靠、经济、合理和便于管理的原则，由电力供应与使用双方根据国家有关规定以及电网规划、用电需求和当地供电条件等因素协商确定。

在公用供电设施未到达的地区，供电企业可以委托有供电能力的单位就近供电。非经供电企业委托，任何单位不得擅自向外供电。

第二十一条 因抢险救灾需要紧急供电时，供电企业必须尽速安排供电。所需工程费用和应付电费由有关地方人民政府有关部门从抢险救灾经费中支出，但是抗旱用电应当由用户交付电费。

第二十二条 用户对供电质量有特殊要求的，供电企业应当根据其必要性和电网的可能，提供相应的电力。

第二十三条 申请新装用电、临时用电、增加用电容量、变更用电和终止用电，均应当到当地供电企业办理手续，并按照国家有关规定交付费用；供电企业没有不予供电的合理理由的，应当供电。供电企业应当在其营业场所公告用电的程序、制度和收费标准。

第二十四条 供电企业应当按照国家标准或者电力行业标准参与用户受送电装置设计图纸的审核，对用户受送电装置隐蔽工程的施工过程实施监督，并在该受送电装置工程竣工后进行检验；检验合格的，方可投入使用。

第二十五条 供电企业应当按照国家有关规定实行分类电价、分时电价。

第二十六条 用户应当安装用电计量装置。用户使用的电力、电量，以计量检定机构依法认可的用电计量装置的记录为准。用电计量装置，应当安装在供电设施与受电设施的产权分界处。

安装在用户处的用电计量装置，由用户负责保护。

第二十七条 供电企业应当按照国家核准的电价和用电计量装置的记录，向用户计收电费。

用户应当按照国家批准的电价，并按照规定的期限、方式或者合同约定的办法，交付电费。

第二十八条 除本条例另有规定外，在发电、供电系统正常运行情况下，供电企业应当连续向用户供电；因故需要停止供电时，应当按照下列要求事先通知用户或者进行公告：

（一）因供电设施计划检修需要停电时，供电企业应当提前7天通知用户或者进行公告；

（二）因供电设施临时检修需要停止供电时，供电企业应当提前24小时通知重要用户；

（三）因发电、供电系统发生故障需要停电、限电时，供电企业应当按照事先确定的限电序位进行停电或者限电。引起停电或者限电的原因消除后，供电企业应当尽快恢复供电。

第五章 电 力 使 用

第二十九条 县级以上人民政府电力管理部门应当遵照国家产业政策，按照统筹兼顾、保证重点、择优供应的原则，做好计划用电工作。

供电企业和用户应当制订节约用电计划，推广和采用节约用电的新技术、新材料、新工艺、新设备，降低电能消耗。

供电企业和用户应当采用先进技术、采取科学管理措施，安全供电、用电，避免发生事故，维护公共安全。

第三十条 用户不得有下列危害供电、用电安全，扰乱正常供电、用电秩序的行为：

（一）擅自改变用电类别；

（二）擅自超过合同约定的容量用电；

（三）擅自超过计划分配的用电指标的；

（四）擅自使用已经在供电企业办理暂停使用手续的电力设备，或者擅自启用已经被供电企业查封的电力设备；

（五）擅自迁移、更动或者擅自操作供电企业的用电计量装置、电力负荷控制装置、供电设施以及约定由供电企业调度的用户受电设备；

（六）未经供电企业许可，擅自引入、供出电源或者将自备电源擅自并网。

第三十一条 禁止窃电行为。窃电行为包括：

（一）在供电企业的供电设施上，擅自接线用电；

（二）绕越供电企业的用电计量装置用电；

（三）伪造或者开启法定的或者授权的计量检定机构加封的用电计量装置封印用电；

（四）故意损坏供电企业用电计量装置；

（五）故意使供电企业的用电计量装置计量不准或者失效；

（六）采用其他方法窃电。

第六章 供 用 电 合 同

第三十二条 供电企业和用户应当在供电前根据用户需要和供电企业的供电能力签订供用电合同。

第三十三条 供用电合同应当具备以下条款：

（一）供电方式、供电质量和供电时间；

（二）用电容量和用电地址、用电性质；

（三）计量方式和电价、电费结算方式；

（四）供用电设施维护责任的划分；

（五）合同的有效期限；

（六）违约责任；

（七）双方共同认为应当约定的其他条款。

第三十四条 供电企业应当按照合同约定的数量、质量、时间、方式、合理调度和安全供电。

用户应当按照合同约定的数量、条件用电，交付电费和国家规定的其他费用。

第三十五条 供用电合同的变更或者解除，应当依照有关法律、行政法规和本条例的规定办理。

第七章 监督与管理

第三十六条 电力管理部门应当加强对供电、用电的监督和管理。供电、用电监督检查工作人员必须具备相应的条件。供电、用电监督检查工作人员执行公务时，应当出示证件。

供电、用电监督检查管理的具体办法，由国务院电力管理部门另行制定。

第三十七条 在用户受送电装置上作业的电工，必须经电力管理部门考核合格，取得电力管理部门颁发的《电工进网作业许可证》，方可上岗作业。

承装、承修、承试供电设施和受电设施的单位，必须经电力管理部门审核合格，取得电力管理部门颁发的《承装（修）电力设施许可证》后，方可向工商行政管理部门申请领取营业执照。

第八章 法律责任

第三十八条 违反本条例规定，有下列行为之一的，由电力管理部门责令改正，没收违法所得，可以并处违法所得5倍以下的罚款：

（一）未按照规定取得《供电营业许可证》，从事电力供应业务的；

（二）擅自伸入或者跨越供电营业区供电的；

（三）擅自向外转供电的。

第三十九条 违反本条例第二十七条规定，逾期未交付电费的，供电企业可以从逾期之日起，每日按照电费总额的千分之一至千分之三加收违约金，具体比例由供用电双方在供用电合同中约定；自逾期之日起计算超过30日，经催交仍未交付电费的，供电企业可以按照国家规定的程序停止供电。

第四十条 违反本条例第三十条规定，违章用电的，供电企业可以根据违章事实和造成的后果追缴电费，并按照国务院电力管理部门的规定加收电费和国家规定的其他费用；情节严重的，可以按照国家规定的程序停止供电。

第四十一条 违反本条例第三十一条规定，盗窃电能的，由电力管理部门责令停止违法行为，追缴电费并处应交电费5倍以下的罚款；构成犯罪的，依法追究刑事责任。

第四十二条 供电企业或者用户违反供用电合同，给对方造成损失的，应当依法承担赔偿责任。

第四十三条 因电力运行事故给用户或者第三人造成损害的，供电企业应当依法承担赔偿责任。

因用户或者第三人的过错给供电企业或者其他用户造成损害的，该用户或者第三人应当依法承担赔偿责任。

第四十四条 供电企业职工违反规章制度造成供电事故的，或者滥用职权、利用职务之便牟取私利的，依法给予行政处分；构成犯罪的，依法追究刑事责任。

第九章 附 则

第四十五条 本条例自1996年9月1日起施行。

电力设施保护条例

第一章 总 则

第一条 为保障电力生产和建设的顺利进行，维护公共安全，特制定本条例。

第二条 本条例适用于中华人民共和国境内已建或在建的电力设施（包括发电设施、变电设施和电力线路设施及其有关辅助设施，下同）。

第三条 电力设施的保护，实行电力管理部门、公安部门、电力企业和人民群众相结合的原则。

第四条 电力设施受国家法律保护，禁止任何单位或个人从事危害电力设施的行为。任何单位和个人都有保护电力设施的义务，对危害电力设施的行为，有权制止并向电力管理部门、公安部门报告。

电力企业应加强对电力设施的保护工作，对危害电力设施安全的行为，应采取适当措施，予以制止。

第五条 国务院电力管理部门对电力设施的保护负责监督、检查、指导和协调。

第六条 县以上地方各级电力管理部门保护电力设施的职责是：

（一）监督、检查本条例及根据本条例制定的规章的贯彻执行；

（二）开展保护电力设施的宣传教育工作；

（三）会同有关部门及沿电力线路各单位，建立群众护线组织并健全责任制；

（四）会同当地公安部门，负责所辖地区电力设施的安全保卫工作。

第七条 各级公安部门负责依法查处破坏电力设施或哄抢、盗窃电力设施器材的案件。

第二章 电力设施的保护范围和保护区

第八条 发电设施、变电设施的保护范围：

（一）发电厂、变电站、换流站、开关站等厂、站内的设施；

（二）发电厂、变电站外各种专用的管道（沟）、储灰场、水井、泵站、冷却水塔、油库、堤坝、铁路、道路、桥梁、码头、燃料装卸设施、避雷装置、消防设施及其有关辅助设施；

（三）水力发电厂使用的水库、大坝、取水口、引水隧洞（含支洞口）、引水渠道、调压井（塔）、露天高压管道、厂房、尾水渠、厂房与大坝间的通信设施及其有关辅助设施。

第九条 电力线路设施的保护范围：

（一）架空电力线路：杆塔、基础、拉线、接地装置、导线、避雷线、金具、绝缘子、登杆塔的爬梯和脚钉，导线跨越航道的保护设施，巡（保）线站，巡视检修专用道路、船舶和桥梁，标志牌及其有关辅助设施；

（二）电力电缆线路：架空、地下、水底电力电缆和电缆联结装置，电缆管道、电缆隧道、电缆沟、电缆桥，电缆井、盖板、人孔、标石、水线标志牌及其有关辅助设施；

（三）电力线路上的变压器、电容器、电抗器、断路器、隔离开关、避雷器、互感器、熔断器、计量仪表装置、配电室、箱式变电站及其有关辅助设施；

（四）电力调度设施：电力调度场所、电力调度通信设施、电网调度自动化设施、电网运行控制设施。

第十条 电力线路保护区：

（一）架空电力线路保护区：导线边线向外侧水平延伸并垂直于地面所形成的两平行面内的区域，在一般地区各级电压导线的边线延伸距离如下：

1～10千伏	5米
35～110千伏	10米
154～330千伏	15米
500千伏	20米

在厂矿、城镇等人口密集地区，架空电力线路保护区的区域可略小于上述规定。但各级电压导线边线延伸的距离，不应小于导线边线在最大计算弧垂及最大计算风偏后的水平距离和风偏后距建筑物的安全距离之和。

（二）电力电缆线路保护区：地下电缆为电缆线路地面标桩两侧各0.75米所形成的两平行线内的区域；海底电缆一般为线路两侧各2海里（港内为两侧各100米），江河电缆一般不小于线路两侧各100米（中、小河流一般不小于各50米）所形成的两平行线内的水域。

第三章 电力设施的保护

第十一条 县以上地方各级电力管理部门应采取以下措施，保护电力设施：

（一）在必要的架空电力线路保护区的区界上，应设立标志，并标明保护区的宽度和保护规定；

（二）在架空电力线路导线跨越重要公路和航道的区段，应设立标志，并标明导线距穿越物体之间的安全距离；

（三）地下电缆铺设后，应设立永久性标志，并将地下电缆所在位置书面通知有关部门；

（四）水底电缆敷设后，应设立永久性标志，并将水底电缆所在位置书面通知有关部门。

第十二条 任何单位或个人在电力设施周围进行爆破作业，必须按照国家有关规定，确保电力设施的安全。

第十三条 任何单位或个人不得从事下列危害发电设施、变电设施的行为：

（一）闯入发电厂、变电站内扰乱生产和工作秩序，移动、损害标志物；

（二）危及输水、输油、供热、排灰等管道（沟）的安全运行；

（三）影响专用铁路、公路、桥梁、码头的使用；

（四）在用于水力发电的水库内，进入距水工建筑物300米区域内炸鱼、捕鱼、游泳、划船及其他可能危及水工建筑物安全的行为；

（五）其他危害发电、变电设施的行为。

第十四条 任何单位或个人，不得从事下列危害电力线路设施的行为：

（一）向电力线路设施射击；

（二）向导线抛掷物体；

（三）在架空电力线路导线两侧各300米的区域内放风筝；

（四）擅自在导线上接用电器设备；

（五）擅自攀登杆塔或在杆塔上架设电力线、通信线、广播线，安装广播喇叭；

（六）利用杆塔、拉线作起重牵引地锚；

（七）在杆塔、拉线上拴牲畜、悬挂物体、攀附农作物；

（八）在杆塔、拉线基础的规定范围内取土、打桩、钻探、开挖或倾倒酸、碱、盐及其他有害化学物品；

（九）在杆塔内（不含杆塔与杆塔之间）或杆塔与拉线之间修筑道路；

（十）拆卸杆塔或拉线上的器材，移动、损坏永久性标志或标志牌；

（十一）其他危害电力线路设施的行为。

第十五条　任何单位或个人在架空电力线路保护区内，必须遵守下列规定：

（一）不得堆放谷物、草料、垃圾、矿渣、易燃物、易爆物及其他影响安全供电的物品；

（二）不得烧窑、烧荒；

（三）不得兴建建筑物、构筑物；

（四）不得种植可能危及电力设施安全的植物。

第十六条　任何单位或个人在电力电缆线路保护区内，必须遵守下列规定：

（一）不得在地下电缆保护区内堆放垃圾、矿渣、易燃物、易爆物，倾倒酸、碱、盐及其他有害化学物品，兴建建筑物、构筑物或种植树木、竹子；

（二）不得在海底电缆保护区内抛锚、拖锚；

（三）不得在江河电缆保护区内抛锚、拖锚、炸鱼、挖沙。

第十七条　任何单位或个人必须经县级以上地方电力管理部门批准，并采取安全措施后，方可进行下列作业或活动：

（一）在架空电力线路保护区内进行农田水利基本建设工程及打桩、钻探、开挖等作业；

（二）起重机械的任何部位进入架空电力线路保护区进行施工；

（三）小于导线距穿越物体之间的安全距离，通过架空电力线路保护区；

（四）在电力电缆线路保护区内进行作业。

第十八条　任何单位或个人不得从事下列危害电力设施建设的行为：

（一）非法侵占电力设施建设项目依法征用的土地；

（二）涂改、移动、损害、拔除电力设施建设的测量标桩和标记；

（三）破坏、封堵施工道路，截断施工水源或电源。

第十九条　未经有关部门依照国家有关规定批准，任何单位和个人不得收购电力设施器材。

第四章　对电力设施与其他设施互相妨碍的处理

第二十条　电力设施的建设和保护应尽量避免或减少给国家、集体和个人造成的损失。

第二十一条　新建架空电力线路不得跨越储存易燃、易爆物品仓库的区域；一般不得跨越房屋，特殊情况需要跨越房屋时，电力建设企业应采取安全措施，并与有关单位达成协议。

第二十二条　公用工程、城市绿化和其他工程在新建、改建或扩建中妨碍电力设施时，或电力设施在新建、改建或扩建中妨碍公用工程、城市绿化和其他工程时，双方有关单位必须按照本条例和国家有关规定协商，就迁移、采取必要的防护措施和补偿等问题达成协议后方可施工。

第二十三条 电力管理部门应将经批准的电力设施新建、改建或扩建的规划和计划通知城乡建设规划主管部门，并划定保护区域。

城乡建设规划主管部门应将电力设施的新建、改建或扩建的规划和计划纳入城乡建设规划。

第二十四条 新建、改建或扩建电力设施，需要损害农作物，砍伐树木、竹子，或拆迁建筑物及其他设施的，电力建设企业应按照国家有关规定给予一次性补偿。

在依法划定的电力设施保护区内种植的或自然生长的可能危及电力设施安全的树木、竹子，电力企业应依法予以修剪或砍伐。

第五章 奖励与惩罚

第二十五条 任何单位或个人有下列行为之一，电力管理部门应给予表彰或一次性物质奖励：

（一）对破坏电力设施或哄抢、盗窃电力设施器材的行为检举、揭发有功；

（二）对破坏电力设施或哄抢、盗窃电力设施器材的行为进行斗争，有效地防止事故发生；

（三）为保护电力设施而同自然灾害作斗争，成绩突出；

（四）为维护电力设施安全，做出显著成绩。

第二十六条 违反本条例规定，未经批准或未采取安全措施，在电力设施周围或在依法划定的电力设施保护区内进行爆破或其他作业，危及电力设施安全的，由电力管理部门责令停止作业、恢复原状并赔偿损失。

第二十七条 违反本条例规定，危害发电设施、变电设施和电力线路设施的，由电力管理部门责令改正；拒不改正的，处10000元以下的罚款。

第二十八条 违反本条例规定，在依法划定的电力设施保护区内进行烧窑、烧荒、抛锚、拖锚、炸鱼、挖沙作业，危及电力设施安全的，由电力管理部门责令停止作业、恢复原状并赔偿损失。

第二十九条 违反本条例规定，危害电力设施建设的，由电力管理部门责令改正、恢复原状并赔偿损失。

第三十条 凡违反本条例规定而构成违反治安管理行为的单位或个人，由公安部门根据《中华人民共和国治安管理处罚条例》予以处罚；构成犯罪的，由司法机关依法追究刑事责任。

第六章 附 则

第三十一条 国务院电力管理部门可以会同国务院有关部门制定本条例的实施细则。

第三十二条 本条例自发布之日起施行。

（1987年9月15日国务院发布，根据1998年1月7日《国务院关于修改〈电力设施保护条例〉的决定》修正）

电力设施保护条例实施细则

第一条 根据《电力设施保护条例》（以下简称《条例》）第三十一条规定，制定本实施细则。

第二条 本细则适用于中华人民共和国境内国有、集体、外资、合资、个人已建或在建的电力设施。

第三条 电力管理部门、公安部门、电力企业和人民群众都有保护电力设施的义务。各级地方人民政府设立的由同级人民政府所属有关部门和电力企业（包括：电网经营企业、供电企业、发电企业）负责人组成的电力设施保护领导小组，负责领导所辖行政区域内电力设施的保护工作，其办事机构设在相应的电网经营企业，负责电力设施保护的日常工作。电力设施保护领导小组，应当在有关电力线路沿线组织群众护线，群众护线组织成员由相应的电力设施保护领导小组发给护线证件。各省（自治区、直辖市）电力管理部门可制定办法，规定群众护线组织形式、权利、义务、责任等。

第四条 电力企业必须加强对电力设施的保护工作。对危害电力设施安全的行为，电力企业有权制止并可以劝其改正、责其恢复原状、强行排除妨害，责令赔偿损失、请求有关行政主管部门和司法机关处理，以及采取法律、法规或政府授权的其他必要手段。

第五条 架空电力线路保护区，是为了保证已建架空电力线路的安全运行和保障人民生活的正常供电而必须设置的安全区域。在厂矿、城镇、集镇、村庄等人口密集地区，架空电力线路保护区为导线边线在最大计算风偏后的水平距离和风偏后距建筑物的水平安全距离之和所形成的两平行线内的区域。各级电压导线边线在计算导线最大风偏情况下，距建筑物的水平安全距离如下：

1 千伏以下	10 米
1～10 千伏	15 米
35 千伏	30 米
66～110 千伏	40 米
154～220 千伏	50 米
330 千伏	60 米
550 千伏	85 米

第六条 江河电缆保护区的宽度为：

（一）敷设于二级及以上航道时，为线路两侧各 100 米所形成的两平行线内的水域；

（二）敷设于三级及以下航道时，为线路两侧各 50 米所形成的两平行线内的水域。

第七条 地下电力电缆保护区的宽度为地下电力电缆线路地面标桩两侧各 0.75 米所形成两平行线内区域。发电设施附属的输油、输灰、输水管线的保护区依本条规定确定。在保护区内禁止使用机械掘土、种植林木；禁止挖坑、取土、兴建建筑物和构筑物；不得堆放杂物或倾倒酸、碱、盐及其他有害化学物品。

第八条 禁止在电力电缆沟内同时埋设其他管道。未经电力企业同意，不准在地下电力电缆沟内埋设输油、输气等易燃易爆管道。管道交叉通过时，有关单位应当协商，并采取安全措施，达成协议后方可施工。

第九条 电力管理部门应在下列地点设置安全标志：

（一）架空电力线路穿越的人口密集地段；

（二）架空电力线路穿越的人员活动频繁的地区；

（三）车辆、机械频繁穿越架空电力线路的地段；

（四）电力线路上的变压器平台。

第十条 任何单位和个人不得在距电力设施周围 500 米范围内（指水平距离）进行爆破作业。因工作需要必须进行爆破作业时，应当按国家颁发的有关爆破作业的法律法规，采取可靠的安全防范措施，确保电力设施安全，并征得当地电力设施产权单位或管理部门的书面同意，报经政府有关管理部门批准。在规定范围外进行的爆破作业必须确保电力设施的安全。

第十一条 任何单位或个人不得冲击、扰乱发电、供电企业的生产和工作秩序，不得移动、损害生产场所的生产设施及标志物。

第十二条 任何单位或个人不得在距架空电力线路杆塔、拉线基础外缘的下列范围内进行取土、打桩、钻探、开挖或倾倒酸、碱、盐及其他有害化学物品的活动：

（一）35 千伏及以下电力线路杆塔、拉线周围 5 米的区域；

（二）66 千伏及以上电力线路杆塔、拉线周围 10 米的区域。

在杆塔、拉线基础的上述距离范围外进行取土、堆物、打桩、钻探、开挖活动时，必须遵守下列要求：

（一）预留出通往杆塔、拉线基础供巡视和检修人员、车辆通行的道路；

（二）不得影响基础的稳定，如可能引起基础周围土壤、砂石滑坡，进行上述活动的单位或个人应当负责修筑护坡加固；

（三）不得损坏电力设施接地装置或改变其埋设深度。

第十三条 在架空电力线路保护区内，任何单位或个人不得种植可能危及电力设施和供电安全的树木、竹子等高秆植物。

第十四条 超过 4 米高度的车辆或机械通过架空电力线路时，必须采取安全措施，并经县级以上的电力管理部门批准。

第十五条 架空电力线路一般不得跨越房屋。对架空电力线路通道内的原有房屋，架空电力线路建设单位应当与房屋产权所有者协商搬迁，拆迁费不得超出国家规定标准；特殊情况需要跨越房屋时，设计建设单位应当采取增加杆塔高度、缩短挡距等安全措施，以保证被跨越房屋的安全。被跨越房屋不得再行增加高度。超载房屋的物体高度或房屋周边延伸出的物体长度必须符合安全距离的要求。

第十六条 架空电力线路建设项目和公用工程、城市绿化及其他工程之间发生妨碍时，按下述原则处理：

（一）新建架空电力线路建设工程、项目需穿过林区时，应当按国家有关电力设计的规程砍伐出通道，通道内不得再种植树木；对需砍伐的树木由架空电力线路建设单位按国家的规定办理手续和付给树木所有者一次性补偿费用，并与其签订不再在通道内种植树木的协议。

（二）架空电力线路建设项目、计划已经当地城市建设规划主管部门批准的，园林部门对影响架空电力线路安全运行的树木，应当负责修剪，并保持今后树木自然生长最终高度和架空电力线路导线之间的距离符合安全距离的要求。

（三）根据城市绿化规划的要求，必须在已建架空电力线路保护区内种植树木时，园林部门需与电力管理部门协商，征得同意后，可种植低矮树种，并由园林部门负责修剪以保持树木自然生长最终高度和架空电力线路导线之间的距离符合安全距离的要求。

（四）架空电力线路导线在最大弧垂或最大风偏后与树木之间的安全距离为：

电压等级	最大风偏距离	最大垂直距离
35～110 千伏	3.5 米	4.0 米
154～220 千伏	4.0 米	4.5 米

330千伏	5.0米	5.5米
500千伏	7.0米	7.0米

对不符合上述要求的树木应当依法进行修剪或砍伐，所需费用由树木所有者负担。

第十七条 城乡建设规划主管部门审批或规划已建电力设施（或已经批准新建、改建、扩建、规划的电力设施）两侧的新建建筑物时，应当会同当地电力管理部门审查后批准。

第十八条 在依法划定的电力设施保护区内，任何单位和个人不得种植危及电力设施安全的树木、竹子或高秆植物。电力企业对已划定的电力设施保护区域内新种植或自然生长的可能危及电力设施安全的树木、竹子，应当予以砍伐，并不予支付林木补偿费、林地补偿费、植被恢复费等任何费用。

第十九条 电力管理部门对检举、揭发破坏电力设施或哄抢、盗窃电力设施器材的行为符合事实的单位或个人，给予2000元以下的奖励；对同破坏电力设施或哄抢、盗窃电力设施器材的行为进行斗争并防止事故发生的单位或个人，给予2000元以上的奖励；对为保护电力设施与自然灾害作斗争，成绩突出或为维护电力设施安全做出显著成绩的单位或个人，根据贡献大小，给予相应物质奖励。对维护、保护电力设施作出重大贡献的单位或个人，除按以上规定给予物质奖励外，还可由电力管理部门、公安部门或当地人民政府根据各自的权限给予表彰或荣誉奖励。

第二十条 下列危害电力设施的行为，情节显著轻微的，由电力管理部门责令改正；拒不改正的，处1000元以上10000元以下罚款：

（一）损坏使用中的杆塔基础的；

（二）损坏、拆卸、盗窃使用中或备用塔材、导线等电力设施的；

（三）拆卸、盗窃使用中或备用变压器等电力设备的。破坏电力设备、危害公共安全构成犯罪的，依法追究其刑事责任。

第二十一条 下列违反《电力设施保护条例》和本细则的行为，尚不构成犯罪的，由公安机关依据《中华人民共和国治安管理处罚条例》予以处理：

（一）盗窃、哄抢库存或者已废弃停止使用的电力设施器材的；

（二）盗窃、哄抢尚未安装完毕或尚未交付使用单位验收的电力设施的；

（三）其他违反治安管理的行为。

第二十二条 电力管理部门为保护电力设施安全，对违法行为予以行政处罚，应当依照法定程序进行。

第二十三条 本实施细则自发布之日起施行，原能源部、公安部1992年12月2日发布的《电力设施保护条例实施细则》同时废止。

（1999年03月18日中华人民共和国国家经济贸易委员会、中华人民共和国公安部令第8号发布实施）

供用电监督管理办法

第一章 总 则

第一条 为加强电力供应与使用的监督管理，根据《电力供应与使用条例》第三十六条规定，制定本办法。

第二条 从事供用电监督管理的机构和人员，在执行监督检查任务时，必须遵守本办法。

第三条 供用电监督管理必须以事实为依据，以电力法律和行政法规以及电力技术标准为准则，遵循本办法的规定进行。

第二章 监 督 管 理

第四条 县以上电力管理部门负责本行政区域内供电、用电的监督工作。但上级电力管理部门认为工作必需，可指派供用电监督人员直接进行监督检查。

第五条 供用电监督管理的职责是：

1. 宣传、普及电力法律和行政法规知识；
2. 监督电力法律、行政法规和电力技术标准的执行；
3. 监督国家有关电力供应与使用政策、方针的执行；
4. 负责月用电计划审核和批准工作；
5. 协调处理供用电纠纷，依法保护电力投资者、供应者与使用者的合法权益；
6. 负责进网作业电工和承装（修、试）单位资格审查，并核发许可证；
7. 协助司法机关查处电力供应与使用中发生的治安、刑事案件；
8. 依法查处电力违法行为，并作出行政处罚。

第六条 供用电监督人员在依法执行监督检查公务时，应出示《供用电监督证》。被检查的单位应接受检查，并根据监督人员依法提出的要求，提供有关情况、回答有关询问、协助提取证据、出示工作证件等。

第七条 供用电监督人员依法执行监督公务时，应遵守被检查单位的保卫保密规定；现场勘查不得直接或替代他人从事电工作业，也不得非法干预被检查单位正常的生产调度工作。

第三章 监督检查人员资格

第八条 各级电力管理部门应依法配备供用电监督管理人员。担任供用电监督管理工作的人员必须是经过国家考试合格，并取得相应任聘资格证书的人员。

第九条 供用电监督资格由个人提出书面申请，经申请人所在单位同意，县以上电力管理部门推荐，接受专门知识和技能的培训，参加全国统一组织的考试，合格后发给《供用电监督资格证》。

第十条 申请供用电监督资格者应具备下列条件：

1. 作风正派，办事公道，廉洁奉公；
2. 具有电气专业中专以上或相当学历的文化程度；
3. 有三年以上从事供用电专业工作的实际经验和相应的管理能力；
4. 经过法律知识培训，熟悉电力方面的法律、行政法规和电力技术的标准以及供用管理规章。

第十一条 省级电力管理部门负责本行政区域内的供用电监督管理人员的资格申请、审查和专门知识及技能的培训工作。

国务院电力管理部门负责供用电监督资格的全国统一考试，并对合格者颁发《供用电监督资格证》。

第十二条 县以上电力管理部门必须从取得《供用电监督资格证》的人员中，择优聘用供用电监督人员，报经省电力管理部门批准，并取得《供用电监督证》后，方能从事电力监督管理工作。

《供用电监督证》由国务院电力管理部门统一制作。

第四章　电力违法行为查处

第十三条　各级电力管理部门负责本行政区域内发生的电力违法行为查处工作。上级电力管理部门认为必要时，可直接查处下级电力管理部门管辖的电力违法行为，也可将自己查处的电力违法事件交由下级电力管理部门查处。对电力违法行为情节复杂，需由上一级电力管理部门查处更为适宜时，下级电力管理部门可报请上一级电力管理部门查处。

第十四条　电力管理部门对下列方式要求处理的电力违法事件，应当受理：

1. 客户或群众举报的；
2. 供电企业提请处理的；
3. 上级电力管理部门交办的；
4. 其他部门移送的。

电力管理部门对受理的电力违法事件，可视电力违法事件性质和危及电网安全运行的紧迫程度，可依法在现场查处，也可立案处理。

第十五条　电力违法行为，可用书面和口头方式举报。口头方式举报的事件，受理人应详细记录并经核对无误后，由举报人签章。举报人举报的事件如不愿使用真实姓名的，电力管理部门应尊重举报人的意愿。

第十六条　电力管理部门发现受理的举报事件不属于本部门查处的，应及时向举报人说明，同时将举报信函或笔录移送有权处理的部门。对明显的治安违法行为或刑事违法行为，电力管理部门应主动协助公安、司法机关查处。

第十七条　符合下列条件之一的电力违法行为，电力管理部门应当立案：

1. 具有电力违法事实的；
2. 依照电力法规可能追究法律责任的；
3. 属于本部门管辖和职责范围内处理的。

第十八条　符合立案条件的，应填写《电力违法行为受理、立案呈批表》，经电力管理部门领导批准后立案。

经批准立案的事件，应及时指派承办人调查。现场调查时，调查承办人应填写《电力违法案件调查笔录》。调查结束后，承办人应提出《电力违法案件调查报告》。

第十九条　电力管理部门对危及电网运行安全或人身安全的违法行为，当供电企业在现场制止无效时，应当即指派供用电监督人员赶赴现场处理，制止违法行为，以确保电网和人身安全。

第二十条　案件调查结束后，应视案情可依法作出下列处理：

1. 对举报不实或证据不足，未构成违法事实的，应报请批准立案主管领导准予撤消；
2. 对违法事实清楚，证据确凿的，应依法作出行政处罚决定，并发出《违反电力法规行政处罚决定通知书》，并抄送当事人；
3. 违法行为已构成犯罪的，应及时将案件移送司法机关，依法追究其刑事责任。

第二十一条　案件处理完毕后，承办人应及时填写《电力违法案件结案报告》，经主管领导批准后结案。案情重大或上级交办的案件结束后，应向上一级电力管理部门备案。

第二十二条 当事人对行政处罚决定不服时，可在接到《违反电力法规行政处罚决定通知书》之日起，十五日内向作出行政处罚决定机关的上一级机关申请复议；对复议决定不服的，可在接到复议决定之日起十五日内，向人民法院起诉。当事人也可在接到处罚决定通知书之日起的十五日内，直接向人民法院起诉。对不履行处罚决定的，由作出处罚决定的机关向人民法院申请强制执行。

第五章 行 政 处 罚

第二十三条 违反《电力法》和国家有关规定，未取得《供电营业许可证》而从事电力供应业务者，电力管理部门应以书面形式责令其停止营业，没收其非法所得，并处以违法所得五倍以下的罚款。

第二十四条 违反《电力法》和国家有关规定，擅自深入或跨越其他供电单位供电营业区供电者，电力管理部门应以书面形式责令其拆除深入或跨越的供电设施，作出书面检查，没收其非法所得，并处以违法所得四倍以下的罚款。

第二十五条 违反《电力法》和国家有关规定，擅自向外转供电者，电力管理部门应以书面形式责令其拆除转供电设施，作出书面检查，没收其非法所得，并处以违法所得三倍以下的罚款。

第二十六条 供电企业未按《电力法》和国家有关规定中规定的时间通知客户或进行公告，而对客户中断供电的，电力管理部门责令其改正，给予警告；情节严重的，对有关主管人员和直接责任人员给予行政处分。

第二十七条 供电企业违反规定，减少农业和农村用电指标的，电力管理部门责令改正；情况严重的，对有关主管人员和直接责任人员给予行政处分；造成损失的，责令赔偿损失。

第二十八条 电力管理部门对危害供电、用电安全，扰乱正常供电、用电秩序的行为，除协助供电企业追缴电费外，应分别给予下列处罚：

1. 擅自改变用电类别的，应责令其改正，给予警告；再次发生的，可下达中止供电命令，并处以一万元以下的罚款。

2. 擅自超过合同约定的容量用电的，应责令其改正，给予警告；拒绝改正的，可下达中止供电命令，可按私增容量每千瓦（或每千伏安）100元，累计总额不超过五万元的罚款。

3. 擅自超过计划分配的用电指标用电的，应责令其改正，给予警告，并按超用电力、电量分别处以每千瓦每次5元和每千瓦时10倍电度电价，累计总额不超过五万元的罚款；拒绝改正的，可下达中止供电命令。

4. 擅自使用已经在供电企业办理暂停使用手续的电力设备，或者擅自启用已经被供电企业查封的电力设备的，应责令其改正，给予警告；启用电力设备危及电网安全的，可下达中止供电命令，并处以每次二万元以下的罚款。

5. 擅自迁移、更动或者擅自操作供电企业的用电计量装置、电力负荷控制装置、供电设施以及约定由供电企业调度的客户受电设备，且不构成窃电和超指标用电的，应责令其改正，给予警告；造成他人损害的，还应责令其赔偿，危及电网安全的，可下达中止供电命令，并处以三万元以下的罚款。

6. 未经供电企业许可，擅自引入、供出电力或者将自备电源擅自并网的，应责令其改正，给予警告；拒绝改正的，可下达中止供电命令，并处以五万元以下的罚款。

第二十九条 电力管理部门对盗窃电能的行为，应责令其停止违法行为，并处以应交电费五倍以下的罚款；构成违反治安管理行为，由公安机关依照治安管理处罚条例的有关规定予以处罚；构成犯罪的，依照刑法第一百五十一条或者第一百五十二条规定追究刑事责任。

第六章 附 则

第三十条 本办法自一九九六年九月一日起施行。

供电营业区划分及管理办法

第一章 总 则

第一条 为划分和管理供电营业区域，依法保障电力供应与经销的专营权，保障向电力用户的安全供电和保护电力用户的合法权益，根据《电力供应与使用条例》第九条规定，制定本办法。

第二条 供电营业区是指向用户供应并销售电能的地域。经国家核准的供电营业区是电网经营企业或者供电企业依法专营电力的地域。

第三条 国家对供电营业区的设立、变更实行许可证管理制度。

《供电营业许可证》由国务院电力管理部门统一印制。

第四条 跨省电网经营企业、独立省电网经营企业、地方独立电网经营企业、趸购转售供电站企业、以及兼售电能的地方发电厂都应按照本办法的规定申请供电营业区及《供电营业许可证》。

第二章 供电营业区划分原则及分类

第五条 根据电力生产供应特点，为确保电网安全经济运行和供电服务质量，在一个供电营业区域内，只准设一个供电营业机构。

第六条 供电营业区原则上以省、地（市）、县行政区划为基础，根据电网结构、供电能力、供电质量、供电的经济合理性等因素划分确定。

在《电力法》实施前，在同一行政区域内，已形成多个供电企业供电的，应按上述原则协商核定其供电营业区。

第七条 供电营业区分为下列四类：

1. 跨省（自治区、直辖市）行政区划的供电营业区（简称跨省营业区）；
2. 省（自治区、直辖市）内跨地（市）行政区划的供电营业区（简称省级营业区）；
3. 地（自治州、直辖市）内跨县行政区划的供电营业区（简称地级营业区）；
4. 县（市）内跨乡镇行政区划的供电营业区（简称县级营业区）。

第八条 为便于分级管理，根据电网结构和行政区划不同，一般可将跨省营业区划分为省、地、县三级营业区；省级营业区划分为地、县两级营业区；地级营业区划分为若干个县级营业区；并在每级营业区内设立相应的供电营业分支机构。

第三章 供电营业区申请与核准

第九条 跨省营业区的设立、变更由跨省电网经营企业向国务院电力管理部门提出申请；省级营业区的设立、变更由独立省电网经营企业向省电力管理部门提出申请；地级营业区的设立、变更由独立地方电网经营企业向省电力管理部门提出申请；县级营业区的设立、变更由具有独立企业法人资格的供电企业向省电力管理部门提出申请。

第十条 申请供电营业区者，须具备下列条件：

1. 具有独立企业法人资格和企业章程；
2. 具有能满足该地区用电需求的供电能力；
3. 具有与经营业务相适应的资金、场所、设施和技术手段；
4. 具有与经营业务相适应的专门技术与业务人员、管理制度、技术标准；
5. 具有与该地区社会与经济发展相适应的电力发展规划；
6. 国务院电力管理部门规定的其他条件。

第十一条 申请供电营业区者，应向主管机关提供下列资料：

1. 有反映营业区域边界的供电区域地理平面图；
2. 设立的供电营业分支机构及相应的供电营业区域；
3. 电源容量及分布、供电网络及负荷分布图；
4. 电源与电力网的改造与发展规划；
5. 企业性质、组织机构、人员构成及数量、主要技术业务人员资格；
6. 注册资本；
7. 售电价格及其依据；
8. 外购电的数量及协议文本；
9. 保证安全生产必须的基础设施、工机具、计量、试验、调度、通讯及交通运输装备；
10. 技术业务的规章制度；
11. 供电营业区双边达成的划分协议书或意见；
12. 其他认为必须的资料。

第十二条 跨省营业区在申请前，跨省电网经营企业应组织网内直属省电网经营企业就省内的供电营业区的划分，与相邻地方独立电网经营企业或供电企业进行协商，达成协议，方可向国务院电力管理部门提出申请，经核准后发给《供电营业许可证》。

跨省（自治区、直辖市）际间的供电营业区，有关双方对营业区划分未取得一致意见的，由两省电力管理部门协商，并提出意见后，报国务院电力管理部门核准。

第十三条 省级营业区在申请前，省电网经营企业应就省内供电营业区的划分，与相邻地方独立电网经营企业或供电企业进行协商，达成协议，方可向省电力管理部门提出申请，经核准后发给《供电营业许可证》。

双方对某部分供电营业区的划分，未取得一致意见的，由省电力管理部门进行协调确定并核准。

对省电力管理部门核准的供电营业区，其中一方持有异议的，应在30日内向国务院电力管理部门提出复核请求，国务院电力管理部门应在接到复核请求之日后60日内作出复议裁定。

下级电力管理部门应当服从上级电力管理部门的裁定。

第十四条 地级或县级营业区在申请前，地方独立电网经营企业或供电企业，应与相邻供电企业就供电营业区的划分进行协商，达成协议，方可向省电力管理部门提出申请，经核准后发给《供电营业许可证》。

双方对供电营业区的划分未取得一致意见的，由省电力管理部门进行协调确定并核准。

第十五条 由于历史原因，大小电网已形成交叉供电的营业地区，有关双方应从确保供用电安全出发，本着互利互惠原则，协商确定供电营业区。协商不成的，由省级电力管理部门协调划定。协商不成时，可报请国务院电力管理部门直接核定。

第四章 供电营业区管理

第十六条 供电企业不得越出核准的供电营业区供电，下列情况不在此限：

1. 经省级以上电力管理部门同意在其他供电营业区设置的电力设施；
2. 经省级以上电力管理部门同意向其他供电企业供电营业区内用户实施的供电；
3. 应其他供电企业请求并经核准，而对其营业区内的用户实施的供电；
4. 根据国务院电力管理部门的规定实施的供电。

第十七条 由于政治、军事、安全等原因，对供电质量有特殊要求或用电对供电质量产生严重影响的用户，可由省级以上电力管理部门指定的供电企业供电。

第十八条 供电营业区自核准之日起，期满三年仍未对无电地区实施供电的，省级以上电力管理部门认为必要时，可缩减其供电营业区。

第十九条 供电企业因破产或其他原因需要停业时，必须在停业前一个月向省电力管理部门提出申请，并缴回《供电营业许可证》，经核准后，方可停业。

第二十条 供电营业区的变更，由原受理审批该供电营业区的电力管理部门办理。

第二十一条 供电营业区的扩展或合并、缩小、分立、更名等变更，需办理变更申请，并提供下列资料：

1. 变更理由及有关证明文件；
2. 与相邻供电企业就供电营业区变更所达成的协议或意见；
3. 供电营业区变动的地理平面图；
4. 实施供电营业区变动的工程及工程起讫日期；
5. 电力管理部门认为必须的资料。

第二十二条 用户自备电厂应自发自供厂区内的用电，自供有余的电量应上网销售。需要伸入或穿越供电营业区供电时，必须经过该供电营业区的电网经营企业同意并签订有关合同后才能实施。

第二十三条 跨省、省级、地级电网经营企业，在取得《供电营业许可证》后，应将在其批准的营业区内设立的供电营业机构的有关情况，向该行政区的电力管理部门备案，以便于进行监督管理。

第二十四条 未经许可，从事电力供应与销售业务或者擅自变更供电营业区的，由省级以上电力管理部门按照《电力法》第六十三条处理。

第五章 附 则

第二十五条 本办法一九九六年九月一日起实施。

用电检查管理办法

第一章　总　　则

第一条　为规范供电企业的用电检查行为，保障正常供用电秩序和公共安全，根据《电力法》、《电力供应与使用条例》和国家有关规定，制定本办法。

第二条　电网经营企业、供电企业及其用电检查人员和被检查的用电户，必须遵守本办法。

第三条　用电检查工作必须以事实为依据，以国家有关电力供应与使用的法规、方针、政策，以及国家和电力行业的标准为准则，对用户的电力使用进行检查。

第二章　检查内容与范围

第四条　供电企业应按照规定对本供电营业区内的用户进行用电检查，用户应当接受检查并为供电企业的用电检查提供方便。用电检查的内容是：

一、用户执行国家有关电力供应与使用的法规、方针、政策、标准、规章制度情况；

二、用户受（送）电装置工程施工质量检验；

三、用户受（送）电装置中电气设备运行安全状况；

四、用户保安电源和非电性质的保安措施；

五、用户反事故措施；

六、用户进网作业电工的资格、进网作业安全状况及作业安全保障措施；

七、用户执行计划用电、节约用电情况；

八、用电计量装置、电力负荷控制装置、继电保护和自动装置、调度通讯等安全运行状况；

九、供用电合同及有关协议履行的情况；

十、受电端电能质量状况；

十一、违章用电和窃电行为；

十二、并网电源、自备电源并网安全状况。

第五条　用电检查的主要范围是用户受电装置，但被检查的用户有下列情况之一者，检查的范围可延伸至相应目标所在处：

一、有多类电价的；

二、有自备电源设备（包括自备发电厂）的；

三、有二次变压配电的；

四、有违章现象需延伸检查的；

五、有影响电能质量的用电设备的；

六、发生影响电力系统事故需作调查的；

七、用户要求帮助检查的；

八、法律规定的其他用电检查。

第六条　用户对其设备的安全负责。用电检查人员不承担因被检查设备不安全引起的任何直接损坏或损害的赔偿责任。

第三章 组织机构及人员资格

第七条 用电检查实行按省电网统一组织实施，分级管理的原则，并接受电力管理部门的监督管理。

第八条 各跨省电网、省级电网和独立电网的电网经营企业，在其用电管理部门应配备专职人员，负责网内用电检查工作。其职责是：

一、负责受理网内供电企业用电检查人员的资格申请、业务培训、资格考核和发证工作；

二、依据国家有关规定，制订并颁发网内用电检查管理的规章制度；

三、督促检查供电企业依法开展用电检查工作；

四、负责网内用电检查的日常管理和协调工作。

第九条 供电企业在用电管理部门配备合格的用电检查人员和必要的装备，依照本办法规定开展用电检查工作。其职责是：

一、宣传贯彻国家有关电力供应与使用的法律、法规、方针、政策以及国家和电力行业标准、管理制度；

二、负责并组织实施下列工作：

1. 负责用户受（送）电装置工程电气图纸和有关资料的审查；

2. 负责用户进网作业电工培训、考核并统一报送电力管理部门审核、发证等事宜；

3. 负责对承装、承修、承试电力工程单位的资质考核，并统一报送电力管理部门审核、发证；

4. 负责节约用电措施的推广应用；

5. 负责安全用电知识宣传和普及教育工作；

6. 参与对用户重大电气事故的调查；

7. 组织并网电源的并网安全检查和并网许可工作。

三、根据实际需要，按本办法第四条规定的内容定期或不定期地对用户的安全用电、节约用电、计划用电状况进行监督检查。

第十条 根据用电检查工作需要，用电检查职务序列为一级用电检查员、二级用电检查员、三级用电检查员。

第十一条 对用电检查人员的资格实行考核认定。用电检查资格分为：一级用电检查资格、二级用电检查资格、三级用电检查资格三类。

第十二条 申请一级用电检查资格者，应已取得电气专业高级工程师或工程师、高级工程师资格；或者具有电气大专以上文化程度，并在用电岗位上连续工作五年以上；或者取得二级用电检查资格后，在用电检查岗位工作五年以上者。

申请二级用电检查资格者，应已取得电气专业工程师、助理工程师、技师资格；或者具有电气专业中专以上文化程度，并在用电岗位连续工作三年以上；或者取得三级用电检查资格后，在用电检查岗位工作三年以上者。

申请三级用电检查资格者，应已取得电气专业助理工程师、技术员资格；或者具有电气专业中专以上文化程度，并在用电岗位工作一年以上；或者已在用电检查岗位连续工作五年以上者。

第十三条 用电检查资格由跨省电网经营企业或省级电网经营企业组织统一考试，合格后发给相应的《用电检查资格证书》。

《用电检查资格证书》由国务院电力管理部门统一监制。

第十四条 聘任为用电检查职务的人员，应具备下列条件：

一、作风正派，办事公道，廉洁奉公。

二、已取得相应的用电检查资格。聘为一级用电检查员者，应具有一级用电检查资格；聘为二级用电检查员者，应具有二级以上用电检查资格；聘为三级用电检查员者，应具有三级及以上用电检查资格。

三、经过法律知识培训，熟悉与供用电业务有关的法律、法规、方针、政策、技术标准以及供用电管理规章制度。

第十五条 三级用电检查员仅能担任0.4千伏及以下电压受电的用户的用电检查工作。二级用电检查员能担任10千伏及以下电压供电用户的用电检查工作。一级用电检查员能担任220千伏及以下电压供电用户的用电检查工作。

第四章 检 查 程 序

第十六条 供电企业用电检查人员实施现场检查时，用电检查员的人数不得少于两人。

第十七条 执行用电检查任务前，用电检查人员应按规定填写《用电检查工作单》，经审核批准后，方能赴用户执行查电任务。查电工作终结后，用电检查人员应将《用电检查工作单》交回存档。

《用电检查工作单》内容应包括：用户单位名称、用电检查人员姓名、检查项目及内容、检查日期、检查结果，以及用户代表签字等栏目。

第十八条 用电检查人员在执行查电任务时，应向被检查的用户出示《用电检查证》，用户不得拒绝检查，并应派员随同配合检查。

第十九条 经现场检查确认用户的设备状况、电工作业行为、运行管理等方面有不符合安全规定的，或者在电力使用上有明显违反国家有关规定的，用电检查人员应开具《用电检查结果通知书》或《违章用电、窃电通知书》一式两份，一份送达用户并由用户代表签收，一份存档备查。

第二十条 现场检查确认有危害供用电安全或扰乱供用电秩序行为的，用电检查人员应按下列规定，在现场予以制止。拒绝接受供电企业按规定处理的，可按国家规定的程序停止供电，并请求电力管理部门依法处理，或向司法机关起诉，依法追究其法律责任。

一、在电价低的供电线路上，擅自接用电价高的用电设备或擅自改变用电类别用电的，应责成用户拆除擅自接用的用电设备或改正其用电类别，停止侵害，并按规定追收其差额电费和加收电费；

二、擅自超过注册或合同约定的容量用电的，应责成用户拆除或封存私增电力设备，停止侵害，并按规定追收基本电费和加收电费；

三、超过计划分配的电力、电量指标用电的，应责成其停止超用，按国家有关规定限制其所用电力并扣还其超用电量或按规定加收电费；

四、擅自使用已在供电企业办理暂停使用手续的电力设备或启用已被供电企业封存的电力设备的，应再次封存该电力设备，制止其使用，并按规定追收基本电费和加收电费；

五、擅自迁移、更动或操作供用电企业用电计量装置、电力负荷控制装置、供电设施、以及合同（协议）约定由供电企业调度范围的用户受电设备的，应责成其改正，并按规定加收电费；

六、未经供电企业许可，擅自引入（或供出）电源或者将自备电源擅自并网的，应责成用户当即拆除接线，停止侵害，并按规定加收电费。

第二十一条　现场检查确认有窃电行为的，用电检查人员应当场予以中止供电，制止其侵害，并按规定追补电费和加收电费。拒绝接受处理的，应报请电力管理部门依法给予行政处罚；情节严重，违反治安管理处罚规定的，由公安机关依法予以治安处罚；构成犯罪的，由司法机关依法追究刑事责任。

第五章　检　查　纪　律

第二十二条　用电检查人员应认真履行用电检查职责，赴用户执行用电检查任务时，应随身携带《用电检查证》，并按《用电检查工作单》规定项目和内容进行检查。

第二十三条　用电检查人员在执行用电检查任务时，应遵守用户的保卫保密规定，不得在检查现场替代用户进行电工作业。

第二十四条　用电检查人员必须遵纪守法，依法检查，廉洁奉公，不徇私舞弊，不以电谋私。违反本条规定者，依据有关规定给予经济的、行政的处分；构成犯罪的，依法追究其刑事责任。

第六章　附　　则

第二十五条　本办法自1996年9月1日起施行。

电力工业环境保护管理办法

第一章　总　　则

第一条　为了加强电力工业的环境保护管理，依据《中华人民共和国环境保护法》、《中华人民共和国电力法》等法律、法规特制定本办法。

第二条　本办法适用于从事电力规划、计划、设计、施工、生产、供应、科研、教育等活动中的环境保护工作。

第三条　电力建设应坚持可持续发展战略，做到电力与环境保护同步规划、同步实施、同步发展。

第四条　电力建设、生产和供应必须依法保护环境，采用新技术，推行文明、清洁生产，减少有害物质排放，防治环境污染和其他公害。

第五条　电力工业环境保护管理应实行电力环境保护职能机构全过程归口管理和各部门分工负责制。管理工作要做到法制化、规范化和制度化。

第二章　机 构 和 职 责

第六条　电力工业部、各电力集团公司和省（自治区、直辖市）电力公司，可根据环保工作的任务和需要，设置环境保护管理机构，或充实加强环境保护力量；电力设计部门可设立环境保护专业机构；电力生产企业、施工企业、修造企业、供电企业和其他对环境产生污染影响的企业应当明确环境保护管理机构或配备专职管理人员，其中，环保任务繁重的电力生产企业，可以设置精干的环境保护管理机构。

第七条 电力工业部负责全国电力工业的环境保护管理工作，主要职责是：

1. 根据国家环境保护法律、法规和方针、政策，制定电力工业环境保护的方针、政策、规章和标准；

2. 制定并组织实施环境保护、综合利用的规划、计划；

3. 负责环境监测网的管理和环境统计；

4. 负责电力建设项目环境影响评价管理和“三同时”管理；

5. 考核电力工业部直属和归口管理部门、单位的环境保护工作；

6. 组织实施环境保护的国际交流与合作；

7. 组织推进重大污染防治措施及洁净煤燃烧技术示范工程的建设和相应技术，以及风能、太阳能等新能源的推广应用；

8. 组织实施环境保护的科研和科技成果的推广；

9. 组织实施环境保护宣传、教育和培训；

10. 负责灰渣资源化和废水资源化的管理；

11. 负责与国家有关部门协调重大环境保护问题；

12. 组织实施国务院交办的和国家综合部门委托的其他环境保护事宜。

第八条 网、各省（自治区、直辖市）电力公司、电力集团公司负责本部分和所辖企业的环境保护工作。主要职责是：

1. 贯彻执行国家及地方环境保护法律、法规和方针、政策；

2. 编制并组织实施本公司环境保护、综合利用的规划、计划；

3. 组织实施上级主管部门和地方政府下达的污染治理及限期治理任务；

4. 负责所属企业环境监测网的管理和环境统计；

5. 负责所属企业的限额以下电力建设项目环境影响评价管理和“三同时”管理；

6. 负责环境保护的科研和技术成果的推广应用；

7. 开展所属企业的环境保护宣传、教育和培训；

8. 负责所属企业粉煤灰综合利用的管理；

9. 完成上级部门和政府部门委托的其他环境保护事宜。

第九条 电力生产企业（火电厂、水电厂）主要职责是：

1. 贯彻执行国家及地方环境保护的法律、法规和方针、政策；

2. 编制并实施本企业环境保护和综合利用的规划、计划；

3. 实施上级主管部门和地方政府下达的环境保护和综合利用任务；

4. 建立和健全环境保护管理和环境保护设备运行管理制度，确保环境保护设施安全、稳定、连续运转；

5. 负责本企业污染源监测和环境保护统计；

6. 处理本企业环境污染事故和污染纠纷，及向上级部门报告情况；

7. 组织开展环境保护宣传、教育和培训。

第十条 电力设计单位负责编制建设项目各阶段环境保护设计文件和参加环境影响评价工作。

第十一条 电力施工企业、修造企业、供电和其他对环境产生污染影响的企业负责本企业和所从事的建设生产活动中的环境保护工作。

第三章 建设项目环境保护管理

第十二条 环境保护规划、计划必须纳入电力发展规划、计划，采取有利于环境保护的经济、技术措施，使电力与环境保护同步规划、同步实施、同步发展。

第十三条 电力建设项目（包括发电、输变电及其他建设项目）必须执行国家环境影响评价制度。

第十四条 评价单位由业主单位确定，但应征得网、省（市、自治区）电力公司环境保护主管机构的意见，并报负责环境影响报告书预审的电力工业部环境保护主管机构备案。

第十五条 承担电力建设项目环境影响评价的负责单位必须有相应等级的评价资格证书，必须熟悉工程和具有电力建设项目环境影响评价工作经验。工程分析部分应由电力设计单位承担。

有下列情况之一的电力建设项目环境影响评价工作应由电力系统的评价单位作为负责单位：

1. 对需要向国外提供环境影响报告书的；

2. 本期容量为600兆瓦及以上，规划容量为1200兆瓦及以上的；

3. 位于复杂地形且容量为300兆瓦及以上的。

第十六条 环境保护设计必须按国家规定的设计程序和环境影响报告书批复的要求进行。污染防治及为综合利用提供条件的设施必须与主体工程同时设计。

第十七条 电力建设项目的招标文件中应有明确的环境保护条款，全面落实设计文件中提出的污染防治对策措施。

第十八条 环境保护所需的投资（包括环境影响评价和环境保护设施竣工验收费用）列入工程概算，任何单位不得以任何理由取消或挪用。

第十九条 电力建设项目对外谈判、签订合同，都必须严格执行我国的环境保护法律、法规和标准。与电力环境保护有关的谈判工作，应有电力环境保护职能机构和专业人员参加。

第二十条 环境保护及为综合利用提供条件的设施必须与主体工程同时施工。

在建设过程中，要防止和尽量减少对施工场地和周围环境的影响。项目竣工后，应及时修整和恢复在建设过程中受到破坏的环境。

第二十一条 在设计或施工阶段需要变更治理措施时，业主单位要行文报告负责预审环境影响报告书的机构，由预审机构与审批部门协调，在取得审批部门的同意后方可变更。擅自变更的要追究法律责任。

第二十二条 环境保护设施必须与主体工程同时投产验收和同时运行。

电力环境保护职能机构按预审报告书的权限，负责对环境保护设施的预验收或与环境保护部门联合验收。

预验收和参加联合验收的环境监测必须由电力环境监测中心站（或总站）进行。

第四章 生产过程环境保护管理

第二十三条 电力环境保护职能机构要根据上一级管理机构制定的目标编制本企业的污染防治规划，明确目标、任务和措施，制定年度实施计划。

环境保护目标层层分解，应使任务落实到单位，责任落实到人。

第二十四条 涉及电力环境保护技术改造项目的立项、验收，要征得电力环境保护职能机构的同意。

第二十五条 环境保护及为综合利用提供条件的设施必须和生产设施同时运行。环境保护设施要稳定达标运行，不得擅自停止正常运行和拆除。需要停运和拆除的，必须由上一级或归口管理部门的电力环境保护职能机构同意并征得地方环境保护行政主管部门确认。

第二十六条 各电力企业发生污染事故时，必须及时采取紧急处理措施，避免事故扩大，同时向上一级电力环境保护主管机构和地方环境保护部门报告，不得隐瞒污染事故；重大污染事故必须向电力工业部环境保护职能机构报告。

第二十七条 电力企业必须安排污染防治资金；返还交纳排污费或补助的资金必须全部用于治理污染；开展综合利用所得的税后收益继续用于综合利用。

第五章 科研、教学、培训及国际交往

第二十八条 电力中长期科技发展规划和年度计划应优先安排污染治理和综合利用的研究及科技开发项目。各级电力部门应积极推广应用先进、实用的电力环境保护科研成果。

第二十九条 高等电力学校应设立电力环境保护课程，在努力办好现有电力环境保护专业教育的同时，积极拓展电力环境保护教育领域。

第三十条 电力环境保护职能机构应定期举办各类环境保护业务培训班，提高环境保护专业人员的技术水平和业务素质。

第三十一条 各单位应加强环境保护宣传工作，提高全体电力职工的环境保护意识和环境参与能力。

第三十二条 加强国内外电力环境保护科技信息交流工作。各科研、信息院所及有关部门要及时跟踪国际环境保护新技术、新工艺、新产品。电力部门的新闻媒介要及时反映国内、外环境保护动态，积极做好对外宣传工作。

第三十三条 外事管理机构，在安排技术引进、出国进修、技术交流和专业考察时，应考虑环境保护的需要。电力环境保护职能机构应参与国际电力环境保护交流活动，配合外事部门开展电力环境保护的国际交流与合作。

第六章 监 督 管 理

第三十四条 电力环境保护考核工作实行年度考核。

第三十五条 电力环境保护职能机构负责电力系统内的环境保护监督管理和考核工作。

第三十六条 环境保护技术监督要纳入电力建设、生产的全过程。

生产过程的环境保护技术监督的范围主要包括：燃料、水源等各种原材料和污染物产生、治理、排放、贮存、综合利用的各种工艺、设施及设备。

电力环境保护技术监督机构受同级电力环境保护职能机构领导，同时受上一级和归口管理部门电力环境保护技术监督机构的指导。

第三十七条 电力工业部设立电力工业部环境监测总站（简称总站）在电力工业部环境保护职能机构的领导下负责全国的电力工业环境保护统计和电力工业环境监测、监督的技术管理。

各网、省（自治区、直辖市）电力公司应设立监测中心站；大型以及对环境影响较大的中型水

电站原则上应设立环境监测站；燃煤电厂应设立环境监测站。

各级电力环境监测站负责环境保护技术监督工作；编报环境状况报告书，并报本企业上一级环境保护职能机构。

环境监测按有关规定和规范进行，并按规定定期公布监测数据。

中心站技术上受总站指导，各厂监测站技术上受中心站指导。

第三十八条 企业安全、文明生产达标及创一流发、供电企业工作必须进行环境保护考核，并实行“环境保护一票否决权”。

考核指标要包括环境保护管理水平和污染控制（包括综合利用）水平。

第三十九条 各级电力企业主要领导人要依法履行保护环境的职责，带头执行环境保护法律、法规和政策。要将环境保护工作情况作为考核主要领导人业绩的重要内容。对任期内不依法治理污染、造成污染加剧和发生重大事故的，按有关规定追究行政责任。

电力企业的法人代表每年应在职工代表大会上报告本企业的环境保护工作，接受群众监督。

第四十条 电力行政监察部门要对电力环境保护工作进行监察。

第四十一条 电力系统的新闻媒介应发挥新闻舆论对电力环境保护的监督作用。

第七章 奖励与惩罚

第四十二条 各级电力企、事业单位对于在环境保护工作中做出显著成绩的单位和个人给予表彰或奖励。

第四十三条 对造成严重生态破坏和重大污染事故的单位和个人，视情节轻重由主管部门按规定给予行政处分；违反法律、法规的依法处理。

第八章 附则

第四十四条 各级电力企、事业单位可根据本办法制定实施细则或专门规定。

第四十五条 本办法委托电力工业部环境保护办公室负责解释。

第四十六条 本办法自颁布之日起施行，原水电部、能源部颁布的电力工业环境保护管理有关规定与本办法有抵触的以本办法为准。

供电营业规则

第一章 总则

第一条 为加强供电营业管理，建立正常的供电营业诉说秩序，保障供用双方的合法权益，根据《电力供应与使用条例》和国家有关规则，制定本规则。

第二条 供电企业和用户在进行电力供应与使用活动中，应遵守本规则的规定。

第三条 供电企业和用户应当遵守国家有关规定，服从电网统一调度，严格按指标供电和用电。

第四条 本规则应放置在供电企业的用电营业场所，供用户查阅。

第二章 供电方式

第五条 供电企业供电的额定频率为交流50赫兹。

第六条 供电企业供电的额定电压：

1. 低压供电：单相为220伏，三相为380伏；

2. 高压供电：为10、35（63）、110、220千伏。

除发电厂直配电压可采用3千伏或6千伏外，其他等级的电压应逐步过渡到上列额定电压。

用户需要的电压等级不在上列范围时，应自行采用变压措施解决。

用户需要的电压等级在110千伏及以上时，其受电装置应作为终端变电站设计，方案需经省电网经营企业审批。

第七条 供电企业对申请用电的用户提供的供电方式，应从供用电的安全、经济、合理和便于管理出发，依据国家的有关政策和规定、电网的规划、用电需求以及当地供电条件等因素，进行技术经济比较，与用户协商确定。

第八条 用户单相用电总容量不足10千瓦的可采用低压220伏供电。但有单台设备容量超过1千瓦的单相电焊机、换流设备时，用户必须采取有效的技术措施以消除对电能质量的影响，否则应改为其他方式供电。

第九条 用户用电设备容量的100千瓦及以下或需用变压器容量在50千伏安及以下者，可采用低压三相四线制供电，特殊情况也可采用高压供电。

用电负荷密度较高的地区，经过技术经济比较，采用低压供电的技术经济性明显优于高压供电时，低压供电的容量界限可适当提高。具体容量界限由省电网经营企业作出规定。

第十条 供电企业可以对距离发电厂较近的用户，采用发电厂直配供电方式，但不得以发电厂的厂用电源或变电站（所）的站用电源对用户供电。

第十一条 用户需要备用、保安电源时，供电企业应按其负荷重要性、用电容量和供电的可能性，与用户协商确定。

用户重要负荷的保安电源，可由供电企业提供，也可由用户自备。遇有下列情况之一者，保安电源应由用户自备：

1. 在电力系统瓦解或不可抗力造成供电中断时，仍需保证供电的；

2. 用户自备电源比电力系统供给更为经济合理的。

供电企业向有重要负荷的用户提供电保安电源，应符合独立电源的条件。有重要负荷的用户在取得供电企业给的保安电源的同时，还应有非电性质的应急措施，以满足安全的需要。

第十二条 对基建工地，农田水利、市政建设等非永久性用电，可供给临时电源。临时用电期限除经供电企业准许外，一般不超过六个月，逾期不办理延期或永久性正式用电手续的，供电企业应终止供电。

使用临时电源的用户不得向外转供电，也不得转让给其他用户，供电企业也不受理其变更用电事宜。如需改为正式用电应按新装用电办理。

因抢险救灾需要紧急供电时，供电企业应迅速组织力量，架设临时电源供电。架设临时电源所需的工程费用和应付的电费，由地方人民政府有关部门负责从救灾经费中拨付。

第十三条 供电企业一般不采用趸售方式供电，以减少中间环节。特殊情况需开放趸售供电时，应由省级电网经营企业报国务院电力管理部门批准。

趸购转售电单位应服从电网的统一调度，按国家规定的电价向用户售电，不得再向乡、村层层趸售。

电网经营企业与趸购转售电单位应就趸购转售事宜签订供用电合同，明确双方的权利和义务。

趸购转售电单位需新装或增加趸售容量时，应按本规则的规定办理新装增容手续。

第十四条　用户不得自行转供电。在公用供电设施尚未到达的地区，供电企业征得该地区有供电能力的直供用户同意，可采用委托方式向其附近的用户转供电力，但不得委托重要的国防军工用户转供电。

委托转供电应遵守下列规定：

1. 供电企业与委托转供户（以下简称转供户）应就转供范围、转供容量、转供期限、转供费用、转供用电指标、计量方式、电费计算、转供电设施建设、产权划分、运行维护、调度通信、违约责任等事项签订协议；

2. 转供区域内用户（以下简称被转供户），视同供电企业的直供户，与直供户享有同样的用电权利，其一切用电事宜按直供户的规定办理；

3. 向被转供户供电的公用线路与变压器的损耗电量应由供电企业负担，不得摊入被转供户用电量中；

4. 在计算转供户用电量、最大需量及功率因数调整电费时，应扣除被转供户、公用线路与变压器消耗的有功、无功电量。最大需量按下列规定折算：

（1）照明及一班制：每月用电量 180 千瓦时，折合为 1 千瓦；

（2）二班制：每月用电量 360 千瓦时，折合为 1 千瓦；

（3）三班制：每月用电量 540 千瓦时，折合为 1 千瓦；

（4）四班制：每月用电量 270 千瓦时，折合为 1 千瓦。

5. 委托的费用，按委托的业务项目的多少，由双方协商确定。

第十五条　为保障用电安全，便于管理，用户应将重要负荷与非重要负荷、生产用电与生活区用电分开配电。

新装或增加用电的用户按上述规定确定内部的配电方式，对目前尚未达到上述要求的用户应逐步进行改造。

第三章　新装、增容与变更用电

第十六条　任何单位或个人需新装用电或增加用电容量、变更用电都必须按本规则，事先到供电企业用电营业场所提出申请，办理手续。

供电企业应在用电营业场所公告办理各项用电业务的程序、制度和收费标准。

第十七条　供电企业的用电营业机构统一归口办理用户的用电申请和报装接电工作，包括用电申请书的发放及审核、供电条件勘查、供电方案及批复、有关费用收取、受电工程设计的审核、施工中间检验、供用电合同（协议）签约、装表接电等项业务。

第十八条　用户申请新装或增加用电时，应向供电企业提供用电工程项目批准的文件及有关的用电资料，包括用电地点、电力用途、用电性质、用电设备、用电设备清单、用电负荷、保安电力、用电规划等，并依照供电企业规定如实填写用电申请书及办理所需手续。

新建受电工程项目在立项阶段，用户应与供电企业联系，就工程供电的可能性、用电容量和供电条件等达到成意向性协议，方可定址，确定项目。

未按前项规定办理的供电企业有权拒绝受理其用电申请。

如因供电企业供电能力不足或政府规定限制用电项目，供电企业可通知用户暂缓办理。

第十九条 供电企业对已受理的用电申请，应尽速确定供电方案，在以下期限内正式书面通知用户。

居民用户最长不超过五天；低压电力用户最长不超过十天；高压单电源用户最长不超过一个月；高压双电源用户最长不超过二个月。若不能如期确定供电方案时，供电企业应向用户说明原因。用户对供电企业答复的供电方案有不同意见时，应在一个月内提出意见，双方可再行协商确定。用户应根据确定的供电方案进行受电工程设计。

第二十条 用户新装或增加用电，在供电方案确定后，应根据国家的有关规定向供电企业交纳新装增容供电工程贴费（以下简称供电贴费）。

第二十一条 供电方案的有效期，是指从供电方案正式通知书发出之日起至交纳供电贴费并受电工程开工之日为止。高压供电方案的有效期为一年。低压供电方案的有效期为三个月，逾期注销。

用户遇有特殊情况，需延长供电方案有效期的，应在有效期到期前十天向供电企业提出申请，供电企业应视情况予以办理延长手续。但延长时间不得超过前款规定期限。

第二十二条 有下列情况之一者，为变更用电。用户需变更用电时，应事先提出申请，并携带有关证明文件，到供电企业用电营业场所办理手续，变更供用电合同：

1. 减少合同约定的用电容量（简称减容）；
2. 暂时停止全部或部分受电设备的用电（简称暂停）；
3. 临时更换大容量变压器（简称暂换）；
4. 迁移受电装置用电地址（简称迁址）；
5. 移动用电计量装置安装位置（简称移表）；
6. 暂时停止用电并拆表（简称暂拆）；
7. 改变用户的名称（简称更名或过户）；
8. 一户分列为两户及以上的用户（简称分户）；
9. 两户及以上用户合并为一户（简称并户）；
10. 合同到期终止用电（简称销户）；
11. 改变供电电压等级（简称改类）；
12. 改变用电类别（简称改类）。

第二十三条 用户减容，须在五天前向供电企业提出申请。供电企业应按下规定办理：

1. 减容必须是整台或整组变压器的停止更换小容量变压器用电。供电企业在受理之日起后，根据用户申请减容的日期对设备进行加封。从加封之日起，按原计费方式减收其相应容量的基本电费。但用户申明为永久性减容的或从加封之日起期满二年又不办理恢复用电手续的，其减容后的容量已达不到实施两部制电价规定容量标准时，应改为单一制电价计费；

2. 减少用电容量的期限，应根据用户所提出的申请确定，但最短期限不得少于六个月，最长期限不得超过二年；

3. 在减容期限内，供电企业应保留用户减少容量的使用权。用户要求恢复用电，不再交付供电贴费；超过减容期限要求恢复用电时，应按新装或增容手续办理；

4. 在减容期限内要求恢复用电时，应当五天前向供电企业办理恢复用电手续，基本电费从启封之日起计收；

5. 减容期满后的用户以及新装、增容用户，二年内不得申办减容或暂停。如确需继续办理减容或暂停的，减少或暂停部分容量的基本电费应按百分之五十计算收取。

第二十四条　用户暂停，须在五天前向供电企业提出申请。供电企业应按下列规定办理：

1. 用户在每一日历年内，可申请全部（含不通过受电变压器的高压电动机）或部分用电容量的暂时停止用电两次，每次不得少于十五天，一年累计暂停时间不得超过六个月。季节性用电或国家另有规定的用户，累计暂停时间可以另议；

2. 按变压器容量计收基本电费的用户，暂停用电必须是整台或整组变压器停止运行。供电企业在受理暂停申请后，根据用户申请暂停的日期对暂停设备加封。从加封之日起，按原计费方式减收其相应容量的基本电费；

3. 暂停期满或每一日历年内累计暂停用电时间超过六个月者，不论用户是否申请恢复用电，供电企业须从期满之日起，按合同的容量计收其基本电费；

4. 在暂停期限内，用户申请恢复暂停用电容量用电时，须在预定恢复日前五天向供电企业提出申请。暂停时间少于十五天者，暂停期间基本电费照收；

5. 按最大需量计收基本电费的用户，申请暂停用电必须是全部容量（含不通过受电变压器的高压电动机）的暂停，并遵守本条1至4项的有关规定。

第二十五条　用户暂换（因受电变压器故障而无相同容量变压器替代，需要临时更换大容量变压器），须在更换前向供电企业提出申请。供电企业应按下列规定办理：

1. 必须在原受电地点内整台的暂换受电变压器；

2. 暂换变压器的使用时间，10千伏及以下的不得超过二个月，35千伏以上的不得超过三个月，逾期不办理手续的，供电企业可中止供电；

3. 暂换的变压器经检验合格后才能投入运行；

4. 暂换变压器增加的容量不收取供电贴费，但对两部制电价用户须在暂换之日起，按替换后的变压器容量计收基本电费。

第二十六条　用户迁址，须在五天前向供电企业提出申请。供电企业应按下列规定办理：

1. 原址按终止用电办理，供电企业予以销户。新址用电优先受理；

2. 迁移后的新址不在原供电点供电的，新址用电按新装用电办理；

3. 迁移后的新址在原供电点供电的，且新址用电容量不超过原址容量，新址用电不再收取供电贴费。新址用电引起的工程费用由用户负担；

4. 迁移后的新址仍在原供电点，但新址用电容量超过原址用电容量的，超过部分按增容办理；

5. 私自迁移用电地址而用电者，除按本规则第一百条第5项处理外，自迁新址不论是否引起供电点变动，一律按新装用电办理。

第二十七条　用户移表（因修缮房屋或其他原因需要移动用电计量装置安装位置）须向供电企业提出申请。供电企业应按下列规定办理：

1. 在用电地址、用电容量、用电类别、供电点等不变情况下，可办理移表手续；

2. 移表所需的费用由用户负担；

3. 用户不论何种原因，不得自行移动表位，否则，可按本规则第一百条第5项处理。

第二十八条 用户暂拆（因修缮房屋等原因需要暂时停止用电并拆表），应持有关证明向供电企业提出申请。供电企业应按下列规定办理：

1. 用户办理暂拆手续后，供电企业应在五天内执行暂拆；

2. 暂拆时间最长不得超过六个月。暂拆期间，供电企业保留该用户原容量的使用权；

3. 暂拆原因消除，用户要求复装接电时，须向供电企业办理复装接电手续并按规定交付费用。上述手续完成后，供电企业应在五天内为该用户复装接电；

4. 超过暂拆规定时间要求复装接电者，按新装手续办理。

第二十九条 用户更名或过户（依法变更用户名称或居民用户房屋变更户主），应持有关证明向供电企业提出申请。供电企业应按下列规定办理：

1. 在用电地址、用电容量、用电类别不变条件下，允许办理更名或过户；

2. 原用户应与供电企业结清债务，才能解除原供用电关系；

3. 不申请办理过户手续而私自过户者，新用户应承担原用户所负债务。经供电企业检查发现用户私自过户时，供电企业应通知该户补办手续，必要时可中止供电。

第三十条 用户分户，应持有关证明向供电企业提出申请。供电企业应按下列规定办理：

1. 在用电地址、供电点、用电容量不变，且其受电装置具备分装的条件时，允许办理分户；

2. 在原用户与供电企业结清债务的情况下，再办理分户手续；

3. 分立后的新用户应与供电企业重新建立供用电关系；

4. 原用户的用电容量由分户者自行协商分割，需要增容者，分户后另行向供电企业办理增容手续；

5. 分户引起的工程费用由分户者负担；

6. 分户后受电装置应经供电企业检验合格，由供电企业分别装表计费。

第三十一条 用户并户，应持有关证明向供电企业提出申请，供电企业应按下列规定办理：

1. 在同一供电点，同一用电地址的相邻两个及以上用户允许办理并户；

2. 原用户应在并户前向供电企业结清债务；

3. 新用户用电容量不得超过并户前各户容量之总和；

4. 并户引起的工程费用由并户者负担；

5. 并户的受电装置应经检验合格，由供电企业重新装表计费。

第三十二条 用户销户，须向供电企业提出申请。供电企业应按下列规定办理：

1. 销户必须停止全部用电容量的使用；

2. 用户已向供电企业结清电费；

3. 查验用电计量装置完好性后，拆除接户结线和用电计量装置；

4. 用户持供电企业出具的凭证，领还电能表保证金与电费保证金；

办完上述事宜，即解除供用电关系。

第三十三条 用户连续六个月不用电，也不申请办理暂停用电手续者，供电企业须以销户终止其用电。用户需再用电时，按新装用电办理。

第三十四条 用户改压（因用户原因需要在原址改变供电电压等级），应向供电企业提出申请。

供电企业应按下列规定办理：

1. 改为高一等级电压供电，且容量不变者，免收其供电贴费。超过原容量者，超过部分按增容手续办理；

2. 改为低一等级电压供电时，改压后的容量不大于原容量者，应收取两级电压供电贴费标准差额的供电贴费。超过原容量者，超过部分按增容手续办理；

3. 改压引起的工程费用由用户负担。

由于供电企业的原因引起用户供电电压等级变化的，改压引起的用户外部工程费用由供电企业负担。

第三十五条　用户改类，须向供电企业提出申请，供电企业应按下列规定办理：

1. 在同一受电装置内，电力用途发生变化而引起用电电价类别改变时，允许办理改类手续；

2. 擅自改变用电类别，应按本规则第一百条第 1 项处理。

第三十六条　用户依法破产时，供电企业应按下列规定办理：

1. 供电企业应予销户，终止供电；

2. 在破产用户原址上用电的，按新装用电办理；

3. 从破产用户分离出去的新用户，必须在偿清原破产用户电费和其他债务后，方可办理变更用电手续，否则，供电企业可按违约用电处理。

第四章　受电设施建设与维护管理

第三十七条　用户受电设施的建设与改造应当符合城乡电网建设与改造规划。对规划中安排的线路走廊和变电站建设用地，应当优先满足公用供电设施建设的需要，确保土地和空间资源得到有效利用。

第三十八条　用户新装、增容或改装受电工程的设计安装、试验与运行应符合国家有关标准；国家尚未制订标准的，应符合电力行业标准；国家和电力行业尚未制定标准的，应符合省（自治区、直辖市）电力管理部门的规定和规程。

第三十九条　用户受电工程设计文件和有关资料应一式两份送交供电企业审核。高压供电的用户应提供：

1. 受电工程设计及说明书；

2. 用电负荷分布图；

3. 负荷组成、性质及保安负荷；

4. 影响电能质量的用电设备清单；

5. 主要电气设备一览表；

6. 节能篇及主要生产设备、生产工艺耗电以及允许中断供电时间；

7. 高压受电装置一、二次接线图与平面布置图；

8. 用电功率因数计算及无功补偿方式；

9. 继电保护、过电压保护及电能计量装置的方式；

10. 隐蔽工程设计资料；

11. 配电网络布置图；

12. 自备电源及接线方式；

13. 供电企业认为必须提供的其他资料。

低压供电的用户应提供负荷组成和用电设备清单。

第四十条 供电企业对用户送审的受电工程设计文件和有关资料，应根据本规则的有关规定进行审核。审核的时间，对高压供电的用户最长不超过一个月；对低压供电的用户最长不超过十天。供电企业对用户的受电工程设计文件和有关资料的审核意见应以书面形式连同审核过的一份受电工程设计文件和有关资料一并退还用户，以便用户据以施工。用户若更改审核后的设计文件时，应将变更后的设计再送供电企业复核。

用户受电工程的设计文件，未经供电企业审核同意，用户不得据以施工，否则，供电企业将不予检验和接电。

第四十一条 无功电力应就地平衡。用户应在提高用电自然功率因数的基础上，按有关标准设计和安装无功补偿设备，并做到随其负荷和电压变动及时投入或切除，防止无功电力倒送。除电网有特殊要求的用户外，用户在当地供电企业规定的电网高峰负荷时的功率因数，应达到下列规定：

100 千伏安及以上高压供电的用户功率因数为 0.90 以上。

其他电力用户和大、中型电力排灌站、趸购转售电企业，功率因数为 0.85 以上。

农业用电，功率因数为 0.80。

凡功率因数不能达到上述规定的新用户，供电企业可拒绝接电。对已送电的用户，供电企业应督促和帮助用户采取措施，提高功率因数。对在规定期限内仍未采取措施达到上述要求的用户，供电企业可中止或限制供电。

功率因数调整电费办法按国家规定执行。

第四十二条 用户受电工程在施工期间，供电企业应根据审核同意的设计和有关施工标准，对用户受电工程中的隐蔽工程进行中间检查。如有不符合规定的，应以书面形式向用户提出意见，用户应按设计和施工标准的规定予以改正。

第四十三条 用户受电工程施工、试验完工后，应向供电企业提出工程竣工报告，报告应包括：

1. 工程竣工图及说明；
2. 电气试验及保护整定调试记录；
3. 安全用具的试验报告；
4. 隐蔽工程的施工及试验记录；
5. 运行管理的有关规定和制度；
6. 值班人员名单及资格；
7. 供电企业认为必要的其他资料或记录。

供电企业接到用户的受电装置竣工报告及检验申请后，应及时组织检验。对检验不合格的，供电企业应以书面形式一次性通知用户改正，改正后方予以再次检验，直至合格。但自第二次检验起，每次检验前用户须按规定交纳重复检验费。检验合格后的十天内，供电企业应派员装表接电。

重复检验收费标准，由省电网经营企业提出，报经省有关部门批准后执行。

第四十四条 公用路灯、交通信号灯是公用设施，应由当地人民政府及有关管理部门投资建设，并负责维护管理和交纳电费等事项。供电企业可接受地方有关部门的委托，代为设计、施工与维护管理公用路灯，并照章收取费用，具体事项由双方协商确定。

第四十五条 用户建设临时性受电设施，需要供电企业施工的，其施工费用应由用户负担。

第四十六条 用户独资、合资或集资建设的输电、变电、配电等供电设施建成后，其运行维护管理按以下规定确定：

1. 属于公用性质或占用公用线路规划走廊的，由供电企业统一管理。供电企业应在交接前，与用户协商，就供电设施运行维护管理达成协议。对统一运行维护管理的公用供电设施，供电企业应保留原所有者在上述协议中确认的容量；

2. 属于用户专用性质，但不在公用变电站内的供电设施，由用户运行维护管理。如用户运行维护管理确有困难，可与供电企业协商，就委托供电企业代为运行维护管理有关事项签订协议；

3. 属于用户共用性质的供电设施，由拥有产权的用户共同运行维护管理。如用户共同运行维护管理确有困难，可与供电企业协商，就委托供电企业代为运行维护管理有关事项签订协议；

4. 在公用变电站内由用户投资建设的供电设备，如变压器、通信设备、开关、刀闸等，由供电企业统一经营管理。建成投运前，双方应就运行维护、检修、备品备件等项事宜签订交接协议；

5. 属于临时用电等其他性质的供电设施，原则上由产权所有者运行维护管理，或由双方协商确定，并签订协议。

第四十七条 供电设施的运行维护管理范围，按产权归属确定。责任分界点按下列各项确定：

1. 公用低压线路供电的，以供电接户线用户端最后支持物为分界点，支持物属供电企业；

2. 10千伏及以下公用高压线路供电的，以用户厂界外或配电室前的第一断路器或第一支持物为分界点，第一断路器或第一支持物属供电企业；

3. 35千伏及以上公用高压线路供电的，以用户厂界外或用户变电站外第一基电杆为分界点。第一基电杆属供电企业；

4. 采用电缆供电的，本着便于维护管理的原则，分界点由供电企业与用户协商确定；

5. 产权属于用户且由用户运行维护的线路，以公用线路分支杆或专用线路接引的公用变电站外第一基电杆为分界点，专用线路第一基电杆属用户。

在电气上的具体分界点，由供用双方协商确定。

第四十八条 供电企业和用户分工维护管理的供电和受电设备，除另有约定者外，未经管辖单位同意，对方不得操作或更动；如因紧急事故必须操作或更动者，事后应迅速通知管辖单位。

第四十九条 由于工程施工或线路维护上的需要，供电企业须在用户处进行凿墙、挖沟、掘坑、巡线等作业时，用户应给予方便，供电企业工作人员应遵守用户的有关安全保卫制度。用户到供电企业维护的设备区作业时，应征得供电企业同意，并在供电企业人员监护下进行工作。作业完工后，双方均应及时予以修复。

第五十条 因建设引起建筑物、构筑物与供电设施相互妨碍，需要迁移供电设施或采取防护措施时，应按建设先后的原则，确定其担负的责任。如供电设施建设在先，建筑物、构筑物建设在后，由后续建设单位负担供电设施迁移、防护所需的费用；如建筑物、构筑物的建设在先，供电设施建设在后，由供电设施建设单位负担建筑物、构筑物的迁移所需的费用；不能确定建设的先后者，由双方协商解决。供电企业需要迁移用户或其他供电企业的设施时，也按上述原则办理。

城乡建设与改造需迁移供电设施时，供电企业和用户都应积极配合，迁移所需的材料和费用，应在城乡建设与改造投资中解决。

第五十一条 在供电设施上发生事故引起的法律责任，按供电设施产权归属确定。产权归属于谁，谁就承担其拥有的供电设施上发生事故引起的法律责任。但产权所有者不承担受害者因违反安全或其他规章制度，擅自进入供电设施非安全区域内而发生事故引起的法律责任，以及在委托维护的供电设施上，因代理方维护不当所发生事故引起的法律责任。

第五章　供电质量与安全供用电

第五十二条　供电企业和用户都应加强供电和用电的运行管理，切实执行国家和电力行业制订的有关安全供用电的规程制度。用户执行其上级主管机关颁发的电气规程制度，除特殊专用的设备外，如与电力行业标准或规定有矛盾时，应以国家和电力行业标准或规定为准。

供电企业和用户在必要时应制订本单位的现场规程。

第五十三条　在电力系统正常状况下，供电频率的允许偏差为：

1. 电网装机容量在300万千瓦及以上的，为±0.2赫兹；

2. 电网装机容量在300万千瓦以下的，为±0.5赫兹。

在电力系统非正常状况下，供电频率允许偏差不应超过±1.0赫兹。

第五十四条　在电力系统正常状况下，供电企业供到用户受电端的供电电压允许偏差为：

1. 35千伏及以上电压供电的，电压正、负偏差的绝对值之和不超过额定值的10%；

2. 10千伏及以下三相供电的，为额定值的±7%；

3. 220伏单相供电的，为额定值的+7%，−10%。

在电力系统非正常状况下，用户受电端的电压最大允许偏差不应超过额定值的±10%。

用户用电功率因数达不到本规则第四十一条规定的，其受电端的电压偏差不受此限制。

第五十五条　电网公共连接点电压正弦波畸变率和用户注入电网的谐波电流不得超过国家标准GB/T14549—93的规定。

用户的非线性阻抗特性的用电设备接入电网运行所注入电网的谐波电流和引起公共连接点电压正弦波畸变率超过标准时，用户必须采取措施予以消除。否则，供电企业可中止对其供电。

第五十六条　用户的冲击负荷、波动负荷、非对称负荷对供电质量产生影响或对安全运行构成干扰和妨碍时，用户必须采取措施予以消除。如不采取措施或采取措施不力，达不到国家标准GB12326—90或GB/T15543—1995规定的要求时，供电企业可中止对其供电。

第五十七条　供电企业应不断改善供电可靠性，减少设备检修和电力系统事故对用户的停电次数及每次停电持续时间。供用电设备计划检修应做到统一安排。供用电设备计划检修时，对35千伏及以上电压供电的用户的停电次数，每年不应超过一次；对10千伏供电的用户，每年不应超过三次。

第五十八条　供电企业和用户应共同加强对电能质量的管理。因电能质量某项指标不合格而引起责任纠纷时，不合格的质量责任由电力管理部门认定的电能质量技术检测机构负责技术仲裁。

第五十九条　供电企业和用户的供用电设备计划检修应相互配合，尽量做到统一检修。用电负荷较大，开停对电网有影响的设备，其停开时间，用户应提前与供电企业联系。

遇有紧急检修需停电时，供电企业应按规定提前通知重要用户，用户应予以配合；事故断电，应尽速修复。

第六十条　供电企业应根据电力系统情况和电力负荷的重要性，编制事故限电序位方案，并报电力管理部门审批或备案后执行。

第六十一条　用户应定期进行电气设备和保护装置的检查、检修和试验，消除设备隐患，预防电气设备事故和误动作发生。

用户电气设备危及人身和运行安全时，应立即检修。

多路电源供电的用户应加装连锁装置，或按照供用双方签订的协议进行调度操作。

第六十二条　用户发生下列用电事故，应及时向供电企业报告：(1) 人身触电死亡；(2) 导致电力系统停电；(3) 专线掉闸或全厂停电；(4) 电气火灾；(5) 重要或大型电气设备损坏；(6) 停电期间向电力系统倒送电。

供电企业接到用户上述事故报告后，应派员赴现场调查，在七天内协助用户提出事故调查报告。

第六十三条　用户受电装置应当与电力系统的继电保护方式相互配合，并按照电力行业有关标准或规程进行整定和检验。由供电企业整定、加封的继电保护装置及其二次回路和供电企业规定的继电保护整定值，用户不得擅自变动。

第六十四条　承装、承修、承试受电工程的单位，必须经电力管理部门审核合格，并取得电力管理部门颁发的《承装（修）电力设施许可证》。

在用户受电装置上作业的电工，应经过电工专业技能的培训，必须取得电力管理部门颁发的《电工进网作业许可证》，方准上岗作业。

第六十五条　供电企业和用户都应经常开展安全供用电宣传教育，普及安全用电常识。

第六十六条　在发供电系统正常情况下，供电企业应连续向用户供应电力。但是，有下列情形之一的，须经批准方可中止供电：

1. 对危害供用电安全，扰乱供用电秩序，拒绝检查者；
2. 拖欠电费经通知催交仍不交者；
3. 受电装置经检验不合格，在指定期间未改善者；
4. 用户注入电网的谐波电流超过标准，以及冲击负荷、非对称负荷等对电能质量产生干扰与妨碍，在规定限期内不采取措施者；
5. 拒不在限期内拆除私增用电容量者；
6. 拒不在限期内交付违约用电引起的费用者；
7. 违反安全用电、计划用电有关规定，拒不改正者；
8. 私自向外转供电力者。

有下列情形之一的，不经批准即可中止供电，但事后应报告本单位负责人：

1. 不可抗力和紧急避险；
2. 确有窃电行为。

第六十七条　除因故中止供电外，供电企业需对用户停止供电时，应按下列程序办理停电手续：

1. 应将停电的用户、原因、时间报本单位负责人批准。批准权限和程序由省电网经营企业制定；
2. 在停电前三至七天内，将停电通知书送达用户，对重要用户的停电，应将停电通知书报送同级电力管理部门；
3. 在停电前 30 分钟，将停电时间再通知用户一次，方可在通知规定时间实施停电。

第六十八条 因故需要中止供电时，供电企业应按下列要求事先通知用户或进行公告：

1. 因供电设施计划检修需要停电时，应提前七天通知用户或进行公告；

2. 因供电设施临时检修需要停止供电时，应当提前24小时通知重要用户或进行公告；

3. 发供电系统发生故障需要停电、限电或者计划限、停电时，供电企业应按确定的限电序位进行停电或限电。但限电序位应事前公告用户。

第六十九条 引起停电或限电的原因消除后，供电企业应在三日内恢复供电。不能在三日内恢复供电的，供电企业应向用户说明原因。

第六章 用电计量与电费计收

第七十条 供电企业应在用户每一个受电点内按不同电价类别，分别安装用电计量装置。每个受电点作为用户的一个计费单位。

用户为满足内部核算的需要，可自行在其内部装设考核能耗用的电能表，但该表所示读数不得作为供电企业计费依据。

第七十一条 在用户受电点内难以按电价类别分别装设用电计量装置时，可装设总的用电计量装置，然后按其不同电价类别的用电设备容量的比例或实际可能的用电量，确定不同电价类别用电量的比例或定量进行分算，分别计价。供电企业每年至少对上述比例或定量核定一次，用户不得拒绝。

第七十二条 用电计量装置包括计费电能表（有功、无功电能表及最大需量表）和电压、电流互感器及二次连接线导线。计费电能表及附件的购置、安装、移动、更换、校验、拆除、加封、启封及表计接线等，均由供电企业负责办理，用户应提供工作上的方便。

高压用户的成套设备中装有自备电能表及附件时，经供电企业检验合格、加封并移交供电企业管理的，可作为计费电能表。用户销户时，供电企业应将该设备交还用户。

供电企业在新装、换装及现场校验后应对用电计量装置加封，并请用户在工作凭证上签章。

第七十三条 对10千伏及以下电压供电的用户，应配置专用的电能计量柜（箱）；对35千伏及以上电压供电的用户，应有专用的电流互感器二次线圈和专用的电压互感器二次连接线，并不得与保护、测量回路共用。电压互感器专用回路的电压降不得超过允许值。超过允许值时，应予以改造或采取必要的技术措施予以更正。

第七十四条 用电计量装置原则上应装在供电设施的产权分界处。如产权分界处不适宜装表的，对专线供电的高压用户，可在供电变压器出口装表计量；对公用线路供电的高压用户，可在用户受电装置的低压侧计量。当用电计量装置不安装在产权分界处时，线路与变压器损耗的有功与无功电量均须由产权所有者负担。在计算用户基本电费（按最大需时计收时）、电度电费及功率因数调整电费时，应将上述损耗电量计算在内。

第七十五条 城镇居民用电一般应实行一户一表。因特殊原因不能实行一户一表计费时，供电企业可根据其容量按公安门牌或楼门单元、楼层安装共用的计费电能表，居民用户不得拒绝合用。共用计费电能表内的各用户，可自行装设分户电能表，自行分算电费，供电企业在技术上予以指导。

第七十六条 临时用电的用户，应安装用电计量装置。对不具备安装条件的，可按其用电容量、使用时间、规定的电价计收电费。

第七十七条　计费电能表装设后，用户应妥为保护，不应在表前堆放影响抄表或计量准确及安全的物品。如发生计费电能表丢失、损坏或过负荷烧坏等情况，用户应及时告知供电企业，以便供电企业采取措施。如因供电企业责任或不可抗力致使计费电能表出现或发生故障的，供电企业应负责换表，不收费用；其他原因引起的，用户应负担赔偿费或修理费。

第七十八条　用户应按国家有关规定，向供电企业存出电能表保证金。供电企业对存入保证金的用户出具保证金凭证，用户应妥为保存。

第七十九条　供电企业必须按规定的周期校验、轮换计费电能表，并对计费电能表进行不定期检查。发现计量失常时，应查明原因。用户认为供电企业装设的计费电能表不准时，有权向供电企业提出校验申请，在用户交付验表费后，供电企业应在七天内检验，并将检验结果通知用户。如计费电能表的误差在允许范围内，验表费不退；如计费电能表的误差超出允许范围时，除退还验表费外，并应按本规则第八十条规定退补电费。用户对检验结果有异议时，可向供电企业上级计量检定机构申请检定。用户在申请验表期间，其电费仍应按期交纳，验表结果确认后，再行退补电费。

第八十条　由于计费计量的互感器、电能表的误差及其连接线电压降超出允许范围或其他非人为原因致使计量记录不准时，供电企业应按下列规定退补相应电量的电费：

1. 互感器或电能表误差超出允许范围时，以“0”误差为基准，按验证后的误差值退补电量。退补时间从上次校验或换装后投入之日起至误差更正之日止的二分之一时间计算。

2. 连接线的电压降超出允许范围时，以允许电压降为基准，按验证后实际值与允许值之差补收电量。补收时间从连接线投入或负荷增加之日起至电压降更正之日止。

3. 其他非人为原因致使计量记录不准时，以用户正常月份的用电量为基准，退补电量，退补时间按抄表记录确定。

退补期间，用户先按抄见电量如期交纳电费，误差确定后，再行退补。

第八十一条　用电计量装置接线错误、保险熔断、倍率不符等原因，使电能计量或计算出现差错时，供电企业应按下列规定退补相应电量的电费：

1. 计费计量装置接线错误的，以其实际记录的电量为基数，按正确与错误接线的差额率退补电量，退补时间从上次校验或换装投入之日起至接线错误更正之日止。

2. 电压互感器保险熔断的，按规定计算方法计算值补收相应电量的电费；无法计算的，以用户正常月份用电量为基准，按正常月与故障月的差额补收相应电量的电费，补收时间按抄表记录或按失压自动记录仪记录确定。

3. 计算电量的倍率或铭牌倍率与实际不符的，以实际倍率为基准，按正确与错误倍率的差值退补电量，退补时间以抄表记录为准确定。

退补电量未正式确定前，用户应先按正常月用电量交付电费。

第八十二条　供电企业应当按国家批准的电价，依据用电计量装置的记录计算电费，按期向用户收取或通知用户按期交纳电费。供电企业可根据具体情况，确定向用户收取电费的方式。

用户应按供电企业规定的期限和交费方式交清电费，不得拖延或拒交电费。

用户应按国家规定向供电企业存出电费保证金。

第八十三条　供电企业应在规定的日期抄录计费电能表读数。

由于用户的原因未能如期抄录计费电能表读数时，可通知用户待期补抄或暂按前次用电量计收电费，待下次抄表时一并结清。因用户原因连续六个月不能如期抄到计费电能表读数时，供电企业应通知该用户得终止供电。

第八十四条 基本电费以月计算，但新装、增容、变更与终止用电当月的基本电费，可按实用天数（日用电不足24小时的，按一天计算）每日按全月基本电费三十分之一计算。事故停电、检修停电、计划限电不扣减基本电费。

第八十五条 以变压器容量计算基本电费的用户，其备用的变压器（含高压电动机），属冷备用状态并经供电企业加封的，不收基本电费；属热备用状态的或未经加封的，不论使用与否都计收基本电费。用户专门为调整用电功率因数的设备，如电容器、调相机等，不计收基本电费。

在受电装置一次侧装有连锁装置互为备用的变压器（含高压电动机），按可能同时使用的变压器（含高压电动机）容量之和的最大值计算其基本电费。

第八十六条 对月用电量较大的用户，供电企业可按用户月电费确定每月分若干次收费，并于抄表后结清当月电费。收费次数由供电企业与用户协商确定，一般每月不少于三次。对于银行划拨电费的，供电企业、用户、银行三方应签订电费划拨和结清的协议书。

供用双方改变开户银行或账号时，应及时通知对方。

第八十七条 临时用电用户未装用电计量装置的，供电企业应根据其用电容量，按双方约定的每日使用时数和使用期限预收全部电费。用电终止时，如实际使用时间不足约定期限二分之一的，可退还预收电费的二分之一；超过约定期限二分之一的，预收电费不退；到约定期限时，得终止供电。

第八十八条 供电企业依法对用户终止供电时，用户必须结清全部电费和与供电企业相关的其他债务。否则，供电企业有权依法追缴。

第七章 并 网 电 厂

第八十九条 在供电营业区内建设的各类发电厂，未经许可，不得从事电力供应与电能经销业务。

并网运行的发电厂，应在发电厂建设项目立项前，与并网的电网经营企业联系，就并网容量、发电时间、上网电价、上网电量等达成电量购销意向性协议。

第九十条 电网经营企业与并网发电厂应根据国家法律、行政法规和有关规定，签订并网协议，并在并网发电前签订并网电量购销合同。合同应当具备下列条款：

1. 并网方式、电能质量和发电时间；
2. 并网发电容量、年发电利用小时和年上网电量；
3. 计量方式和上网电价、电费结算方式；
4. 电网提供的备用容量及计费标准；
5. 合同的有效期限；
6. 违约责任；
7. 双方认为必须规定的其他事宜。

第九十一条 用户自备电厂应自发自供厂区内的用电不得将自备电厂的电力向厂区外供电。自发自用有余的电量可与供电企业签订电量购销合同。

自备电厂如需伸入或跨越供电企业所属的供电营业区供电的，应经省电网经营企业同意。

第八章 供用电合同与违约责任

第九十二条 供电企业与用户应当正式供电前，根据用户用电需求和供电企业的供电能力以及办理用电申请时双方已认可或协商一致的下列文件，签订供用电合同：

1. 用户的用电申请报告或用电申请书；

2. 新建项目立项前双方签订的供电意向性协议；

3. 供电企业批复的供电方案；

4. 用户受电装置施工竣工检验报告；

5. 用户计量装置安装完工报告；

6. 供电设施运行维护管理协议；

7. 其他双方事先约定的有关文件。

对用电量大的用户或供电有特殊要求的用户，在签订供用电合同时，可单独签订电费结算协议和电力调度协议等。

第九十三条 供用电合同应采用书面形式。经双方协商同意的有关修改合同的文书、电报、电传和图表也是合同的组成部分。

供用电合同书面形式可分为标准格式和非标准格式两类。标准格式合同适用于供电方式简单、一般性用电需求的用户；非标准格式合同适用于供用电方式特殊的用户。

省电网经营企业可根据用电类别、用电容量、电压等级的不同，分类制定出适应不同类型用户需要的标准格式的供用电合同。

第九十四条 供用电合同的变更或者解除，必须依法进行。有下列情形之一的，允许变更或解除供用电合同：

1. 当事人双方经过协商同意，并且不因此损害国家利益和扰乱供用电秩序；

2. 由于供电能力的变化或国家电力供应与使用管理的政策调整，使订立供用电合同时的依据被修改或取消；

3. 当事人一方依照法律程序确定确实无法履行合同；

4. 由于不可抗力或一方当事人虽无过失，但无法防止的外因，致使合同无法履行。

第九十五条 供用双方在合同中订有电力运行事故责任条款的，按下列规定办理：

1. 由于供电企业电力运行事故造成用户停电的，供电企业应按用户在停电时间内可能用电量的电度电费的五倍（单一制电价为四）给予赔偿。用户在停电时间内可能用电量，按照停电前用户正常用电月份或正常用电一定天数内的每小时平均用电量乘以停电小时求得。

2. 由用户的责任造成供电企业对外停电，用户应按供电企业对外停电时间少供电量，乘以上月份供电企业平均售电单价给予赔偿。

因用户过错造成其他用户损害的，受害用户要求赔偿时，该用户应当依法承担赔偿责任。

虽因用户过错，但由于供电企业责任而使事故扩大造成其他用户损害的，该用户不承担事故扩大部分的赔偿责任。

3. 停电责任的分析和停电时间及少供电量的计算，均按供电企业的事故记录及《电业生产事故调查规程》办理。停电时间不足 1 小时按 1 小时计算，超过 1 小时按实际时间计算。

4. 本条所指的电度电费按国家规定的目录电价计算。

第九十六条 供用电双方在合同中订有电压质量责任条款的，按下列规定办理：

1. 用户用电功率因数达到规定标准，而供电电压超出本规则规定的变动幅度，给用户造成损失的，供电企业应按用户每月在电压不合格的累计时间内所用的电量，乘以用户当月用电的平均电价的百分之二十给予赔偿；

2. 用户用电功率因数未达到规定标准或其他用户原因引起的电压质量不合格的，供电企业不负赔偿责任；

3. 电压变动超出允许变动幅度的时间，以用户自备并经供电企业认可的电压自动记录仪表的记录为准，如用户未装此项仪表，则以供电企业的电压记录为准。

第九十七条 供用电双方在合同中订有频率质量责任条款的，按下列规定办理：

1. 供电频率超出允许偏差，给用户造成损失的，供电企业应按用户每月在频率不合格的累计时间内所用的电量，乘以当月用电的平均电价的百分之二十给予赔偿；

2. 频率变动超出允许偏差的时间，以用户自备并经供电企业认可的频率自动记录仪表的记录为准，如用户未装此项仪表，则以供电企业的频率记录为准。

第九十八条 用户在供电企业规定的期限内未交清电费时，应承担电费滞纳的违约责任。电费违约金从逾期之日起计算至交纳日止。每日电费违约金按下列规定计算：

1. 居民用户每日按欠费总额的千分之一计算；

2. 其他用户：

(1) 当年欠费部分，每日按欠费总额的千分之二计算；

(2) 跨年度欠费部分，每日按欠费总额的千分之三计算。

电费违约金收取总额按日累加计收，总额不足1元者按1元收取。

第九十九条 因电力运行事故引起城乡用户居民家用电器损坏的，供电企业应按《居民用户家用电器损坏处理办法》进行处理。

第一百条 危害供用电安全、扰乱正常供用电秩序的行为，属于违约用电行为。供电企业对查获的违约用电行为应及时予以制止。有下列违约用电行为者，应承担其相应的违约责任：

1. 在电价低的供电线路上，擅自接用电价高的用电设备或私自改变用电类别的，应按实际使用日期补交其差额电费，并承担二倍差额电费的违约使用电费。使用起讫日期难以确定的，实际使用时间按三个月计算；

2. 私自超过合同约定的容量用电的，除应拆除私增容设备外，属于两部制电价的用户，应补交私增设备容量使用月数的基本电费，并承担三倍私增容量基本电费的违约使用电费；其他用户应承担私增容量每千瓦（千伏安）50元的违约使用电费。如用户要求继续使用者，按新装增容办理手续；

3. 擅自超过计划分配的用电指标的，应承担高峰超用电力每次每千瓦1元和超用电量与现行电价电费五倍的违约使用电费；

4. 擅自使用已在供电企业办理暂停手续的电力设备或启用供电企业封存的电力设备的，应停用违约使用的设备。属于两部制电价的用户，应补交擅自使用或启用封存设备容量和使用月数的基本电费，并承担二倍补交基本电费的违约使用电费；其他用户应承担擅自使用或启用封存设备容量每次每千瓦（千伏安）30元的违约使用电费，启用属于私增容被封存的设备的，违约使用者还应承担本条第2项规定的违约责任。

5. 私自迁移、更动和擅自操作供电企业的用电计量装置、电力负荷管理装置、供电设施以及约定由供电企业调度的用户受电设备者，属于居民用户的，应承担每次500元的违约使用电费；属于其他用户的应承担每次5000元的违约使用电费。

6. 未经供电企业同意，擅自引入（供出）电源或将备用电源和其他电源私自并网的，除当即拆除接线外，应承担其引入（供出）或并网电源容量每千瓦（千伏安）500元的违约使用电费。

第九章　窃电的制止与处理

第一百零一条　禁止窃电行为。窃电行为包括：

1. 在供电企业的供电设施上，擅自接线用电；

2. 绕越供电企业用电计量装置用电；

3. 伪造或者开启供电企业加封的用电计量装置封印用电；

4. 故意损坏供电企业用电计量装置；

5. 故意使供电企业用电计量装置不准或者失效；

6. 采用其他方法窃电。

第一百零二条　供电企业对查获的窃电者，应予制止并可当场中止供电。窃电者应按所窃电量补交电费，并承担补交电费三倍的违约使用电费。拒绝承担窃电责任的，供电企业应报请电力管理部门依法处理。窃电数额较大或情节严重的，供电企业应提请司法机关依法追究刑事责任。

第一百零三条　窃电量按下列方法确定：

1. 在供电企业的供电设施上，擅自接线用电的，所窃电量按私接设备额定容量（千伏安视同千瓦）乘以实际使用时间计算确定；

2. 以其他行为窃电的，所窃电量按计费电能表标定电流值（对装有限流器的，按限流器整定电流值）所指的容量（千伏安视同千瓦）乘以实际窃用的时间计算确定。

窃电时间无法查明时，窃电日数至少以一百八十天计算，每日窃电时间：电力用户按12小时计算；照明用户按6小时计算。

第一百零四条　因违约用电或窃电造成供电企业供电设施损坏的，责任者必须承担供电设施的修复费用或进行赔偿。

因违约用电或窃电导致他人财产、人身安全受到侵害的，受害人有权要求违约用电或窃电者停止侵害，赔偿损失。供电企业应予协助。

第一百零五条　供电企业对检举、查获窃电或违约用电的有关人员应给予奖励。奖励办法由省电网经营企业规定。

第十章　附　　则

第一百零六条　跨省电网经营企业、省电网经营企业可根据本规则，在业务上作出补充规定。

第一百零七条　本规则自发布之日起施行。

《供电营业规则》补充规定

第一条　根据中华人民共和国电力部令第八号《供电营业规则》第一百零六条的规定，结合我省电力供应与使用的实际情况，制定《供电营业规则》补充规定。

第二条 在浙江省电网经营企业供电营业范围内的所有供电企业和用户在进行电力供应与使用活动中，均应遵守本规定。

第三条 （供电营业规则第七条）

供电方式是指供电企业对申请用电的用户提供的电源特性、类型及管理关系的总称，与供用电合同种类相对应，一般可分为以下五种：

1. 高压供电；
2. 低压供电；
3. 临时供电；
4. 趸售供电；
5. 委托转供电。

第四条 （供电营业规则第九条）

用电设备容量在100千瓦或需用变压器容量在50千伏安及以下者，一般应以低压方式供电。

建筑工地以及不符合上述条件的用户对电能质量或供电可靠性要求较高或其他特殊情况者，也可实行高压供电。

第五条 （供电营业规则第十条）

未取得《供电营业许可证》的发电厂或水电站不得对外受理用电申请和供电营业。当采用发电厂或水电站直配供电方式时，必须由取得《供电营业许可证》的当地供电企业受理用户各种用电业务手续和装表、计量、收费。

第六条 （供电营业规则第十一条）

符合下列条件之一的称为独立电源：

1. 与其他电源无联系而独立存在的电源；
2. 两个电源之间有较弱联系，但当其中一个电源故障时，不会因此而导致另一个电源同时损坏，如不在同一输电线路上的两个变电站提供的电源，或由两个电源供电且有多台变压器并列运行的变电站不同母线上供电的电源，也可提供给用户作为保安电源。

第七条 （供电营业规则第十一条）

在突然中断供电后会产生下列后果之一者称为重要负荷：

1. 造成人身伤亡者；
2. 造成环境严重污染者；
3. 造成重要设备损坏，连续生产过程长期不能恢复者；
4. 在政治和社会上造成重大影响者。

具有上述负荷的用户，统称为重要用户。重要用户的用电应设置保安电源和非电保安措施。

第八条 （供电营业规则第十一条）

备用电源是指在供电设施部分故障或检修时，能使用户的部分或全部生产过程正常用电而设置的电源；保安电源是指主供电源故障情况下，为保证用户重要负荷仍能维持供电而设置的电源。保安电源和备用电源必须在供、用双方签订的《供用电合同》中明确供电企业提供的保安容量和备用容量。

第九条 （供电营业规则第十二条）

临时用电应按规定交纳供电工程贴费，如需改为正式用电时，申请的临时用电与正式用电为同一供电点、同一用户，将临时用电不退的部分供电工程贴费冲抵永久性用电应交纳的贴费，若冲抵后有余，余额不退；若冲抵不足时，可将临时用电应退部分去补足；若仍有不足，另应征收相应不足部分贴费。

第十条 （供电营业规则第十六条）

各类用户用电容量的核定：

1. 居民生活用电容量核定，新装用户实行一户一表供电的，一般按 2 千瓦核定，并配置相应的单相电能表，收取供电工程贴费；有特殊要求的居民用户按实际需要配置相应容量的单相或三相电能表，并核定容量，收取供电工程贴费；

2. 低压电力用户的用电容量核定，应按该用户实际装见的低压电器设备额定容量的总和核定，并收取供电工程贴费；

3. 高压电力用户的用电容量核定，应按该用户装见的全部受电变压器与不通过受电变压器的高压电动机额定容量的总和核定，并收取供电工程贴费。

第十一条 （供电营业规则第十八条）

用户在新建受电工程项目立项阶段，用户应与供电企业联系，就立项工程供电的可能性、用电容量和供电条件达成书面意向性协议，方可定址，确定项目。意向性协议自签订之日到用户正式申请用电时的有效期限为一年，超过期限，原意向性协议无效，重新协商供电意向。

第十二条 （供电营业规则第十九条）

供电方式答复期限是指受理用户用电申请之日起到供电方案正式答复日止这一段时间，这个期限指“工作日”。

第十三条 （供电营业规则第二十一条）

供电方案有效期限是指供电方案书面答复发出之日起到用户交清贴费及两金日止这一段时间。

第十四条 （供电营业规则第二十二条）

改变用电类别是指改变国家目录电价分类。

第十五条 （供电营业规则第二十四条）

两部制用户暂停期间，变压器容量不足执行两部制电价条件的，仍按两部制电价执行。同一用户当年暂停与减容不能同时申请，即当年已申请过暂停的，按暂停政策处理，当年不得再申请办理减容手续。

第十六条 （供电营业规则第二十三条至三十四条）

用户在办理变更用电时改变了供电点，应按新装用电办理，重新申请用电。

供电点是指用户受电电压同级的供电线路或该线路供电的变电所（配电站）和直供的发电厂。若系公（共）用线供电，供电点为该条供电线路；若系专用线供电，供电点为该专线供电的变电所；若系低压供电，供电点为该配电变压器。

第十七条 （供电营业规则第二十六条）

实行一户一表供电的居民用户，在同一市区或同一城镇内迁移地址，不论供电点是否变更，不收取供电工程贴费，迁移所需工料费用由用户自负。迁址后新增加的容量按规定收取供电工程贴费。

第十八条 （供电营业规则第二十九条）

用户更名或过户应持工商行政管理部门注册登记及有关证明（居民用户持户口簿、身份证、房产证等）向供电企业提出申请，供电企业按国家规定，办理更名或过户。有违约用电、窃电行为、拖欠电费的，在未处理完毕前或未与供电企业结清电费债务前，暂不办理更名或过户。

第十九条 （供电营业规则第三十三条）

1. “用户连续六个月不用电”，是指用户的计费电能表的示度连续六个月不变或计量的电量不足变压器损耗时，即认为该用户已连续六个月不用电；

2. 用户因欠电费，供电企业按规定实施中止供电，即视为该用户连续六个月不用电，供电企业须以销户终止用电，并依法追交电费。用户须用电时按新装用电办理。

第二十条 （供电营业规则第六十七条）

供电企业除因故中止供电外，需对用户停止供电时，应按下列规定的程序和批准权限办理：

1. 对110千伏及以上电压等级供电的双电源的且具有重要负荷的用户，供电企业需对该类用户停止全部供电时，应将停电的用户名称、原因、时间报省电网经营企业批准同意后，方可执行；

2. 对110千伏及以上电压等级单电源供电无重要负荷的一般用户和35千伏电压等级的双电源供电且具有重要负荷的用户，供电企业需对该类用户停止全部供电时，应将停电的用户名称、原因、时间报地、市电网经营企业批准同意后，方可执行；

3. 除上述以外的其他用户停电，需经本供电企业负责人批准同意后，方可执行；

4. 经批准后的停电程序。在停电前三至七天内，将停电通知书送达用户，对重要用户的停电，应将停电通知书报送同级电力管理部门。在停电前30分钟，将停电时间再通知用户一次，方可在通知规定时间实施停电。

第二十一条 （供电营业规则第七十一条）

在用户受电装置内难以按电价类别装设用电计量装置时，可装设总的计量装置，可按其不同电价类别的用电设备容量的比例或实际可能的用电量，确定不同电价类别用电量比例或定量进行分算，分别计价。对含有并网自备发电厂用户也应按此原则确定。

第二十二条 （供电营业规则第七十二条）

高压用户的成套设备中装有自备电能表及附件时，经供电企业检验合格、加封并移交供电企业维护管理的，可作为计费电能表。但计量装置必须符合国家标准或电力行业标准，备品备件由用户负责。

第二十三条 （供电营业规则第七十四条）

对高压供电的用户，原则上应在高压侧计量。对供电电压在10千伏、变压器容量在500千伏安以下和35千伏供电、变压器容量在3150千伏安以下，经双方协商同意，可在二次侧计量，但计算电费时，应包括变压器损耗的有功、无功电量。对两台及以上变压器的用户应在高压侧计量。

第二十四条 （供电营业规则第七十九条）

用户对供电企业检验的计费电能计量装置结果有异议时，可在接到供电企业检验结果后15天内，向供电企业上级计量检定机构申请检定。

第二十五条 （供电营业规则第八十二条）

除居民生活用户以外的其他新装用户、增容用户、变更用电用户、发生过欠费用户都应向供电企业存出电费保证金。电费保证金的标准按国家规定执行。

第二十六条 （供电营业规则第八十四条）

事故停电、检修停电、计划限电、欠电费限电（包括部分设备停止供电）的两部制用户不扣减基本电费。对因欠电费而被全部中止供电的两部制用户，当月停电小于15天的不扣减基本电费，超过15天（包括15天）的，超过部分天数可扣减基本电费，但供电企业应及时通知用户，按变更用电规定办理暂停或减容手续。

第二十七条 （供电营业规则第八十五条）

凡按最大需量计收基本电费的用户，最大需量以用户申请，供电企业核准数为准。实际计收时，超过或低于核准数5%以内时，按实际抄见千瓦数计收基本电费；超过核准数5%以上时，超过部分加倍收费。低于核准数95%以下时，按核准数的95%计收基本电费。但低于按变压器容量（千伏安视同千瓦）和高压电动机容量总和的40%时，则按容量总和的40%计收基本电费。为简化手续，最大需量可按月申请、核准，也可将当年每个月不同的最大需量一次申请、核准。

第二十八条 （供电营业规则第八十六条）

对月用电量在10000千瓦时或合同容量在100千伏安及以上的用户，供电企业可按用户月电费确定每月分若干次收费。

第二十九条 （供电营业规则第八十九至九十一条）

对受电变压器总容量在315千伏安及以上的含有并网自备发电厂自发自供的用户应实行两部制电价。基本电费的计费容量按受电装置上直接连接的变压器容量和不通过该变压器的高压电动机容量总和核定。凡按最大需量计算基本电费的，按上述第二十七条规定执行。

用户自备发电厂可自发自供本厂区内的工业用电，不得将自备电厂的电力向厂区外供电。

对并网公用电厂，不得向除本厂发电需要的厂用电以外的其他负荷供电。并网公用电厂属于电力生产企业，不得将并网公用电厂转变为企业自备电厂。

第三十条 （供电营业规则第九十三条）

根据浙江省实际用电类别情况，制定统一标准格式的供用电合同文本为：高压供用电合同、低压供用电合同、临时供用电合同、趸购电合同、委托转供电协议、居民用电须知。有特殊要求的用户，还可根据实际需要，制订非标准格式合同。

第三十一条 （供电营业规则第九十八条）

用户在交纳逾期电费时，应同步支付违约金。逾期电费及违约金按先陈欠、后当年、再当月，由远及近的原则计算收取。电费违约金只能计算一次，不得将计算的违约金数额纳入欠费基数再次计算违约金。

第三十二条 （供电营业规则第一百条）

私自超过合同约定容量用电的两部制用户，除补交基本电费外，还应承担三倍补交私增容量基本电费的违约使用电费。

第三十三条 （供电营业规则第一百零三条）

关于其他窃电量计算办法：

1. 按正常月份用电量与窃电期间的月用电量的差额计算，并根据实际用电变化情况调整确定；

2. 对工业企业可按正常用电单耗和产品产量相乘计算用电量，加上其他辅助用电量后，与实际抄见电量对比的差额计算；

3. 按接用设备容量和实际使用时间算出的用电量与抄见电量的差额计算；

4. 造成表计缺相运行的，以向量法计算；

5. 总分表装置的用户，如在总表上窃电，分表电量大于总表的，按分表电量及损耗等电量总和与总表抄见电量的差额计算。

第三十四条 （供电营业规则第一百零五条）

供电企业对检举、查获窃电或违约用电行为的人员奖励：

1. 供电企业职工的奖金每次按违约金总额的15%计算，奖金额最高每人每次不超过500元；

2. 非供电企业人员的奖金每次按违约金总额的15%计算，奖金额最高每人每次不超过1000元；

3. 经非供电企业人员检举而由供电企业查获违约者，有关人员均按上述规定给予奖励；

4. 对检举违约的人员应予保密；

5. 奖金应在收取的违约使用电费中列支。

第三十五条 （供电营业规则第四十七条）

电气设备的产权划分与维护管理的责任：

1. 公用低压供电用户以用户处的接户线最后支持物为分界点 。

2. 10千伏及以下公用高压线路供电。

（1）以用户厂界外第一断路器为分界点；

（2）以用户配电室前第一断路器为分界点；

（3）以用户配电室前第一支持物为分界点。

3. 35千伏及以上公用高压线路供电。

（1）以用户变电站第一基电杆为分界点；

（2）以用户厂界外第一基电杆为分界点；

（3）以用户变电站第一支持物为分界点。

4. 产权属于用户，且由用户运行维护的线路供电。

（1）以公用线路分支杆为分界点；

（2）专用线路接引的公用变电站外第一基电杆为分界点。

5. 以电缆进线供电。

（1）以电缆进线侧为分界点；

（2）以电缆出线侧为分界点。

各地供电企业可根据以上责任分界点划分办法，选定适合本地区情况的责任分界点类型。

居民用户家用电器损坏处理办法

第一条 为保护供用电双方的合法权益，规范因电力运行事故引起的居民用户家用电器损坏的理赔处理，公正、合理地调解纠纷，根据《电力法》、《电力供应与使用条例》和国家有关规定，制定本办法。

第二条 本办法适用于由供电企业以220/380伏电压供电的居民用户，因发生电力运行事故导致电能质量劣化，引起居民用户家用电器损坏时的索赔处理。

第三条 本办法所称的电力运行事故，是指在供电企业负责运行维护的220/380伏供电线路或设备上因供电企业的责任发生的下列事件：

1. 在220/380伏供电线路上，发生相线与零线接错或三相相序接反；

2. 在220/380伏供电线路上，发生零线断线；

3. 在220/380伏供电线路上，发生相线与零线互碰；

4. 同杆架设或交叉跨越时，供电企业的高电压线路导线掉落到220/380伏线路上或供电企业高电压线路对220/380伏线路放电。

第四条 由于第三条列举的原因出现若干户家用电器同时损坏时，居民用户应及时向当地供电企业投诉，并保持家用电器损坏原状。供电企业在接到居民用户家用电器损坏投诉后，应在24小时内派员赴现场进行调查、核实。

第五条 属于本办法第三条所列事件引起家用电器损坏的，供电企业应会同居委会（村委会）或其他有关部门，共同对受害居民用户损坏的家用电器名称、型号、数量、使用年月、损坏现象等进行登记和取证。登记笔录材料应由受害居民用户签字确认，作为理赔处理的依据。

第六条 供电企业如能提供证明，居民用户家用电器的损坏是不可抗力、第三人责任、受害者自身过硬或产品质量事故等原因引起，并经县级以上电力管理部门核实无误，供电企业不承担赔偿责任。

第七条 从家用电器损坏之日起7日内，受害居民用户未向供电企业投诉并提出索赔要求的，即视为受害者已自动放弃索赔权。超过7日的，供电企业不再负责其赔偿。

第八条 损坏的家用电器经供电企业指定的或双方认可的检修单位检定，认为可以修复的，按本办法第九条规定处理；认为不可修复的，按本办法第十条规定处理。

第九条 对损坏家用电器的修复，供电企业承担被损坏元件的修复责任。修复时应尽可能以原型号、规格的新元件修复；无原型号、规格的新元件可供修复时，可采用相同功能的新元件替代。修复所发生的元件购置费、检测费、修理费均由供电企业负担。不属于责任损坏或未损坏的元件，受害居民用户也要求更换时，所发生的元件购置费与修理费应由提出要求者负担。

第十条 对不可修复的家用电器，其购买时间在6个月及以内的，按原购货发票价，供电企业全额予以赔偿；购置时间在6个月以上的，按原购货发票价，并按本规定第十二条规定的使用寿命折旧后的余额，予以赔偿。使用年限已超过本规定第十二条规定仍在使用的，或者折旧后的差额低于原价10%的，按原价的10%予以赔偿。使用时间以购货发票开具的日期为准开始计算。对无法提供购货发票的，应由受害居民用户负责举证，经供电企业核算无误后，以证明出具的购置日期时的国家定价为准，按前款规定清偿。清偿后，损坏的家用电器归属供电企业所有。

第十一条 在理赔处理中，供电企业与受害居民用户因赔偿问题达不成协议的，由县级以上电力管理部门调解，调解不成的，可向司法机关申请裁定。

第十二条 各类家用电器的平均使用年限为：

电子类：如电视机、音响、录像机、充电器等，使用寿命为10年；

电机类：如电冰箱、空调器、洗衣机、电风扇、吸尘器等，使用寿命为12年；

电阻电热类：如电饭煲、电热水器、电茶壶、电炒锅等，使用寿命为5年；

电光源类：白炽灯、气体放电灯、调光灯等，使用寿命为2年。

第十三条 供电企业对居民用户家用电器损坏所支付的修理费用或赔偿费，由供电生产成本中列支。

第十四条 第三人责任致使居民用户家用电器损坏的，供电企业应协助受害居民用户向第三人索赔，并可比照本办法进行处理。

第十五条 本办法自1996年9月1日起施行。

第三部分

电力法律法规案例分析

刘某反接电能表互感器二次线窃电被判有期徒刑案

【案情】

被告人：刘某，男，1958年9月24日出生，汉族，某村电工。

刘某于1994年12月～1995年7月在担任本村电工期间，采用将村配电室配电盘上电能表互感器二次线每月反接4天，造成电能表倒转的方法，窃电25386.6千瓦时，价值6245.12元。

【审判】

某区检察院以被告人刘某犯盗窃罪向某区法院提起公诉。

被告人刘某对起诉书指控其犯盗窃罪的事实无异议。其辩称窃电不是为自己，是为了村里不亏钱而进行的窃电行为，且认罪态度较好，要求从轻处罚。

区法院经审理认为：被告人刘某在担任本村电工期间，为了本人和村上个别人不交电费，而采取窃电方法，其主观上有非法占有国家财产的故意，客观方面有趁供电局查表人员不在之机，反接电能表互感器二次线使电表倒转的行为。盗窃电量价值数额巨大，其行为已构成盗窃罪。区检察院指控被告人刘某犯盗窃罪的起诉理由成立，应予支持。辩护人辩称，被告人刘某窃电非个人所得，该村应对此负一定责任的辩护意见与事实不符，不予采纳。被告人刘某归案后认罪态度较好，可酌情从轻处罚。依照《刑法》第一百五十二条之规定，判决如下：被告人刘某犯盗窃罪，判处有期徒刑6年。

一审宣判后，被告人刘某未提出上诉，检察院也没有提出抗诉。

【评析】

这是一起公民因盗窃无形财物——电力而被法院认定为犯盗窃罪，判处有期徒刑6年的刑事案件。

刘某的行为构成盗窃罪。盗窃罪，是指以非法占有为目的，秘密地窃取数额较大或多次盗窃公私财物的行为。本案犯罪行为及审判均发生于《刑法》修订前，适用修订前的《刑法》。修订前的《刑法》第一百五十二条规定了盗窃罪："惯窃、惯骗或者盗窃、诈骗、抢夺公私财物数额巨大的，处五年以上十年以下有期徒刑；情节特别严重的，处十年以上有期徒刑或者无期徒刑，可以并处没收财产"。

对盗窃电力这种无形财物构成犯罪，最早的规定是 1990 年 1 月 31 日经国务院批准，由能源部、公安部于 1990 年 5 月 28 日发布施行的《关于严禁窃电的通告》（以下简称《通告》）。《通告》指出："窃电数额较大，情节严重，构成犯罪的依法追究刑事责任。"对电力、煤气、天然气、重要技术成果等无形财物是否属"公私财物"的问题，1992 年 12 月 11 日最高法院、最高检察院在《关于办理盗窃案件具体应用法律的若干问题的解释》中明确规定："盗窃公私财物，既指有形财物，也包括电力、煤气、天然气、重要技术成果等无形财物。"《通告》和最高法院、最高检察院的司法解释，为查处窃电案件提供了法律依据。

刘某为了其本人和村上个别人不交电费，趁查电人员不在之机，将电能表互感器二次线反接使电表倒转，主观方面有非法占有的目的，客观方面有秘密窃取的行为，且刘某在 1994 年 12 月到 1995 年 7 月之间连续实施盗窃行为。按刘某窃电时间乘以其所用设备额定容量计算出电量，按照其所用的电价计算，得出其盗窃电力价值 6245.12 元，该数额超过了盗窃罪公私财物数额巨大的量刑点。因此法院判决 6 年有期徒刑，事实清楚，适用法律正确。

查处窃电案件的一个关键是如何取得窃电证据。供电企业查电人员一旦发现有窃电的证据，一种方法是制作窃电现场笔录并附有窃电接线图和说明，并要责令窃电人在窃电现场笔录上签字，尽快、完善、全面地将窃电证据固定下来；还可以用带日期的照相机，从不同角度对窃电部位进行拍照；有条件的还可以采用摄像机，全场景、大特写地真实记录下窃电现场的全部情况，并及时对窃电人制作询问笔录，让其在询问笔录上签字，作为举报、处理的证据；应尽快向公安机关举报，同公安机关一起进行查处，同时还可邀请居委会等有关单位配合一起查处窃电行为。

煤业集团公司是否该交电费

【案情】

原告：某市电业局

被告：某焦化公司

被告：某煤业集团公司

某市电业局的用电户焦化公司自1997年4月份开始拖欠电费，1997年度的电费直到1998年10月才分次结清。截至1998年10月电费违约金累计达6662853.90元。焦化公司自1998年9月～1999年4月20日共欠电费12739266.78元。以上两项共计欠费：19402120.68元。

1998年9月25日市政府批准同意了煤业集团公司对焦化公司划转式兼并，并规定了煤业集团公司承担焦化公司的全部债权债务。

根据市政府批准文件的精神，市电业局与焦化公司于1998年10月25日签订了《关于原焦化公司旧欠电费还款协议》。协议第一条规定：焦化公司保证在1998年10月底前还清9月份电费180万元，1998年10月、11月份电费分别在次月25号以前结清，1998年12月份电费在1999年元月6号以前结清。以后发生的电费按市电业局规定月清月结。焦化公司在1998年10月底前仅还清了9月份电费180万元，其余欠费均未按协议履行，截止到1999年4月20日拖欠电费达12739266.78元，遂引起纠纷。市电业局于1999年4月27日将焦化公司和煤业集团公司以共同被告诉至某市中级法院，请求法院判令两被告连带清偿焦化公司自1998年9月至1999年4月20日拖欠的电费12739266.78元，自1997年4月至1998年10月5日逾期交付电费的电费违约金6662853.90元，两项共计19402120.68元。

【审判】

被告焦化公司辩称：欠电费属实，但由于企业外欠账太多，无能力支付拖欠的电费。根据市政府批准的煤业集团公司兼并焦化公司的文件规定，对兼并前所欠电费应免收电费违约金。

被告煤业集团公司辩称：本公司不具备本案被告诉讼主体资格，理由如下：

1. 焦化公司虽已被本公司兼并，但兼并后的焦化公司仍然是独立法人，其性质是本公司下属的一个子公司。其在生产经营中所耗电费，母公司无义务代其缴纳，此电费纠纷系独立法人焦化公司与原告之间的纠纷，煤业集团公司依法并不具备此诉讼被告主体资格。

2. 权利与义务相辅相成、不可分割，享受权利的主体理所当然要履行相应的义务，尤其是独立法人焦化公司，在享受兼并政策赋予其种种特有权利时，亦应履行诸如缴纳拖欠电费的义务。

3. 原告的行为也证明其对以上理论的确认。1998年10月，原告已与焦化公司签订了清偿电费的书面协议，焦化公司也已实际履行该协议。原告视协议于不顾，将本公司拖人本案诉讼之中，于理不合。请求法院依法驳回原告对本公司的起诉。

市电业局当庭举出了为查清焦化公司是否还具有独立法人资格而调取的煤业集团公司与焦化公司的《企业兼并协议》，以及市工商行政管理局1998年9月21日出具的："炼焦化学工业（集团）有限公司因被煤业（集团）有限责任公司兼并，已在我局注销"的证据。按照规定，划转式兼并中的兼并企业要承担被兼并企业的全部债权债务，因此，焦化公司拖欠的电费应由煤业集团公司偿还。

煤业集团公司意识到应承担清偿责任后，主动找到市电业局的上级省电力公司协商解决焦化公司拖欠电费的问题，并于 1999 年 7 月 2 日形成会议纪要。纪要提出：对煤业集团公司兼并焦化公司所欠电费约 1300 万元，7 月份用煤业集团公司供煤价款与陈欠电费抵扣的措施。随后由省电力公司召开协调会议，协商煤电互抵的具体措施。双方同意：①省电力公司保证电厂当年多使用煤业集团 5 万吨原煤，并分月按时接收，煤业集团公司发往电厂的煤款分月冲抵焦化公司旧欠电费，至 1999 年底全部结清；②煤业集团焦化公司、朝川矿从 1997 年 7 月 1 日以后发生的电费，必须按照市电业局的规定在次月 4 日前到账付清，不能形成新的拖欠。否则，由煤业集团负连带支付责任，省电力公司可以从发往其他的电力煤款中扣除。

焦化公司按会议纪要履行归还所欠旧电费 500 万元后，所欠其余的旧电费正在按协议履行，电业局起诉两被告的目的已经达到。在焦化公司支付了撤诉费后，电业局向法院申请撤诉。至此，此案依法处理完毕。

【评析】

该案是一起因被兼并企业长期拖欠电费而引发的经济纠纷案件。该案涉及两个焦点，即煤业集团公司在该案中应承担什么责任和该案中欠交电费的违约金是否应该免收。

一、煤业集团公司应承担该案中焦化公司拖欠的电费 12739266.78 元及逾期交付电费的法定违约金 6662853.90 元

1998 年 3 月 18 日，煤业集团公司与焦化公司签订的《企业兼并协议》第二条规定：双方同意采取承担债务式兼并，由兼并方承担被兼并方的所有债权债务。1998 年 9 月 25 日，市政府印发了对煤业集团公司兼并焦化公司有关问题的处理意见。确认了煤业集团公司对焦化公司"实行划转式兼并，承担全部债权债务"的兼并方式。以上两公司的兼并行为符合国务院《关于在若干城市实行国有企业兼并破产和职工再就业有关问题补充通知》（国发［1997］10 号）文件中"兼并企业承担被兼并企业的全部债务"的规定两公司的兼并行为，也被市工商行政管理局予以确认。市工商局 1998 年 9 月 21 日出具证明确认："炼焦化学工业（集团）有限公司因被煤业（集团）有限责任公司兼并，已在我局注销"。煤业集团公司据此更换了焦化公司的领导人。焦化公司已不具备独立法人资格。它只是煤业集团公司下属的一个二级机构，按照有关法律规定，它所有的债权债务应由煤业集团公司承担，当然也包括承担该案所涉及的电费及其法定违约金。

二、该案所涉及的截至1998年10月5日焦化公司逾期交付电费的法定违约金不能免收

1993年8月，市电业局与焦化公司签订的《电费合同》规定“用方每月15号前按上月电费总额的50%付款。每月在25号有了按上月电费总额的40%再次付款。次月4号前按本月电费清单将剩余电费全部结清”。同时还规定：“用方必须在以上规定时间将电费汇至市电业局营业所，一律以到账为准，未到账者、按欠交电费处理”。该《电费合同》还规定了违约处理：“用方未按上述规定时间交纳电费，每超一天，按应付电费总额的万分之五累计加收滞纳金。任何人无权减免”。1996年9月1日起施行的《电力供应与使用条例》第三十九条明确规定：“逾期未交付电费的，供电企业可以从逾期之日起，每日按照电费总额的千分之一至千分之三加收违约金，具体比例由供用电双方在供用电合同中约定”。1996年10月8日《供电营业规则》发布实施，《供电营业规则》第九十八条更加明确地规定了：“用户在供电企业规定的期限内未交清电费时，应承担电费滞纳的违约责任。电费违约金从逾期之日起计算至交纳日止。每日电费违约金按下列规定计算：（1）居民用户每日按欠费总额的千分之一计算；（2）其他用户：①当年欠费部分，每日按欠费总额的千分之二计算；②跨年度部分，每日按欠费总额的千分之三计算。电费违约金收取总额按日累加计收，总额不足1元者按1元收取。”原《电费合同》中关于违约金收取比例的约定，因与《电力供应与使用条例》及《供电营业规则》相抵触，已成为无效条款，应停止执行。所以焦化公司1997年4月以来，所欠电费，当年欠费部分应按2‰比例收取电费违约金；跨年度欠费部分应按日3‰的比例收取电费违约金。由于是法定违约金，任何人无权免收。市政府关于两公司兼并有关问题的处理意见第十三条，对兼并前所欠电费免收电费滞纳违约金的意见没有法律依据，不应执行。所以该案所涉及的电费违约金仍应交纳。

用电计量装置失准引起的赔偿纠纷案

【案情】

原告（反诉被告）：某电业局

被告（反诉原告）：某化工厂

被告：耿某

被告：史某

某化工厂1996年12月15日向某电业局下属一分局申请用电。1998年9月18日双方正式签订了《高压供用电合同》。化工厂申报的用电负荷为210千瓦。该化工厂的办公室两间半、厂房四间及场地已于1997年1月份出租给耿某和史某做铁块熔炼生产使用，并签订有“厂房承包租赁协议”，期限为三年。1999年1月电业局抄表员到该厂抄表时，发现该厂用电有问题，经仔细检查，发现该厂电能表计量箱门上的铅封及计量有功电能表右侧铅封有人为更动现象，认为其行为已构成窃电，遂向公安机关举报。公安人员通过现场拍照、录像，证实电能表与二次线端子盒间电压引线A相脱接、处于游离状态。现场勘查记录为：“计量箱封印松动，铅封线可从铅封中自由穿入穿出。打开箱后发现用于连接计量装置的接线盒一侧的封印被去掉，从表里出来的一根导线的一端处于游离状态。”电业局当即对被告中止供电，拆下上述用电计量装置。1999年3月3日，经有关部门对上述计量装置有功电能表进行鉴定，结论是，因电压引线A相断开，造成少计量有功电量1/3。电业局于1999年4月份将化工厂、耿某和史某诉至法院。

【审判】

原告电业局诉称：安装在被告厂内的计量装置及铅封被人为更动，属窃电行为，致使原告损失电费11.639万元。要求被告补交电费，并承担本案的诉讼费。

被告耿某、某化工厂辩称：原告要求被告补交电费没有证据，应予驳回。同时某化工厂反诉，要求原告赔偿因其私自停止供电给被告造成的经济损失1.6万元。

被告史某则辩称：1997年12月本人已退股，不再承包经营。原告的诉讼请求与其无关，不应由其承担民事责任。

法院在查明上述事实后，确认史某于1998年2月退出经营，由耿某继续租赁至2001年2月份。依合同约定，耿某对其承租经营期内的电费等一切债权债务负责。

法院认为：原被告签订的供用电合同是当事人双方真实意思表示，且不违反法律、行政法规之规定，为有效合同。原告诉称被告窃电，证据不足，不予认定。由于计量装置电能表的引线脱接、断开，给原告造成的电费损失，依据原、被告所签供用电合同约定，应由实际用电人耿某予以赔偿。被告某化工厂没有履行供用电合同约定之保护并监视计量装置正常运行之义务，故应对被告耿某之上述债务、原告的电费损失负连带清偿责任。因电能表计量失准，为防止损失扩大，确保供用电安全，原告方停止供电，并无不当。被告要求原告赔偿因停电给其造成的经济损失证据不足不予支持。判决：①原、被告于1998年9月18日签订的供用电合同为有效合同；②被告耿某赔偿原告电费损失6405.25元；③被告化工厂负连带清偿责任；④驳回原告其他诉讼请求；⑤驳回被告的反诉请求；⑥被告史某不承担民事责任。

一审宣判后，当事人均未上诉。

【评析】

本案是一起因用电计量装置失准引起的合同纠纷案。该案中某化工厂与耿某应对原告电业局的电费损失承担赔偿责任。本案争议的焦点是被告是否窃电，法院在判决中对被告窃电不予认定的同时又认为原告停止供电并无不当，这与有关法律规定相矛盾。另外，法院对窃电事实的证据认定和判决被告赔偿的数额也值得商榷。

一、本案中耿某和化工厂是共同被告，法院判决耿某承担赔偿责任并判决某化工厂承担连带清偿责任是正确的

电业局同化工厂之间存在供用电关系。双方于1998年9月18日签订了高压供用电合同。该供用电合同的供电范围包括化工厂全部办公厂房及场地。在供用电合同中双方明确约定“在用电方（化工厂）受电装置内安装的用电计量装置及电力负荷管理装置由供电方维护管理，用电方负责保护并监视其正常运行。如有异常，用电方应及时通知供电方”，耿某租用化工厂的部分厂房场地进行经营，包括在化工厂用电范围内。其使用的化工厂厂内的用电计量装置及电力负荷管理装置理应由化工厂负责监视其正常运行。耿某同化工厂签订的租赁协议中约定“配电设备由乙方（耿某）管理使用，费用由乙方承担，电费由乙方支付。”在这里，化工厂与耿某协议约定由耿某管理配电设备，缴纳电费，化工厂同耿某之间的约定对他们双方有效。耿某对其管理使用配电设备期间造成电业局的电量损失应承担赔偿责任。在实际缴纳电费时，虽然是由耿某向电业局直接交费，但是以化工厂的名义缴纳，电业局在收取耿某电费时，也是列入化工厂名下的，所以化工厂对耿某使用管理配电设备造成的电量损失应负连带清偿责任。

二、本案法院判决对被告窃电事实不予认定和对原告方以被告窃电为由中止供电认为并无不当，同有关法律规定相矛盾

法院在判决中以证据不足为由，对原告反诉被告的窃电事实不予认定。但是法院接着又认为原告停止供电并无不当，原因是因电能表计量失准，原告中止供电是为了防止损失扩大，确保供用电安全。法院这样判决是相互矛盾的，因为原告是以被告窃电为由对其中止供电的。按照电力法律、法规的规定，如要对用户中止供电，必须按照有关程序事先通知用户只有出现了不可抗力和紧急避险情形或者确认用户有窃电行为时，供电企业才可对用户当场中止供电。这是为了保护用户的合法权益，而采取的对用户的特殊保护措施。法院所认为的电能表计量失准、防止损失扩大、确保供用电安全等都不是法定的可以当场中止供电的理由。所以，法院认定被告没有窃电行为，电业局中止供电并无不当，这在法律上是站不住脚的，显然是不符合有关法律规定的。

本案中被告是否窃电是双方当事人争议的焦点。在认定是否窃电时，证据起着举足轻重的作用。当电业局抄表人员认为被告有窃电嫌疑时，及时向公安机关举报，并由公安机关对此事实出具了现场勘查记录，该现场勘查记录是否足够证明被告有窃电行为是本案的关键之处。现场勘查记录为："变压器的表箱封印有松动痕迹，封印的封丝可从铅封中自由插出，打开箱后发现用于连接计量装置的接线盒一侧的封印被去掉，从表里出来的一根导线的一端处于游离状态。"此勘查记录说明了用电计量装置已被人为地开启。根据《供电营业规则》第一百零一条第三项规定："伪造或者开启供电企业加封的用电计量装置封印用电"的，是窃电行为。公安机关的现场勘验记录证明被告窃电事实清楚，证据确实充分，而原审法院认定此证据不足以证明被告窃电，是没有事实根据和法律依据的。

三、两被告应赔偿因用电计A装置失准给原告造成的损失

根据双方签订的高压供用电合同的约定"在用电方受电装置内安装的用电计量装置及电力负荷管理装置由供电方维护管理，用电方负责保护并监视其正常运行。如有异常，用电方应及时通知供电方"，由于两被告未能履行对用电计量装置的保护并监视其正常履行之义务，由此给原告造成的损失应予以赔偿。

对赔偿的数额，法院认定电业局自1998年9月开始向被告供电，到1999年1月停电，电能表记录被告用电量为27939千瓦时，被告实交电费为12810.49元。按该电能表少计量1/3计算，即少计量电量13969.5千瓦时，折款6405.25元。法院据此认定的赔偿数额应是6405.25元。笔者认为，计算少计电量的时间不应自1998年9月算起。通常讲，电业局对用户的抄表连同用电检查是每月或是每两个月进行一次。用电检查的内容根据《用电检查管理办法》第四条包括："用电计量装置、电力负荷控制装置、继电保护和自动装置、调度通信等安全运行状况"。该办法第十九条规定："经现场检查确认用户的设备状况、电工作业行为、运行管理等方面有不符合安全规定的，或者在电力使用上有明显违反国家有关规定的，用电检查人员应开具《用电检查结果通知书》或《违章用电、窃电通知书》一式两份，一份送达用户并由用户代表签收，一份存档备查"。在1999年1月查电时发现电能表失准之前，电业局并未查出该厂用电存在任何不符合要求的情况存在。应推定当时的电能表处于正常状态。那么少计电量只能按前次抄表至1999年1月抄表之间这一段时间所用电量计算，而不应自1998年9月起开始计算。

四、该案应追究窃电者的刑事责任

如前所述，该案认定被告窃电既有事实根据又有法律依据，按法院认定的电费损失6405.25元，被告的行为构成盗窃罪，应当追究其刑事责任。根据有关法律规定和司法解释，盗窃公私财物，既包括有形财产，也包括煤气、电力等无形财产，只要价值达到数额较大时（有关司法解释规定，盗窃公私财物价值500～2000元为数额较大）或有多次盗窃行为的，即可追究窃电者的刑事责任。遇到此类情况，人民法院应根据先刑事后民事的原则，中止该民事赔偿案件的审理，将此案移交公安机关立案侦查，追究窃电者的刑事责任，供电企业同时提起刑事附带民事赔偿诉讼，打击盗窃电能的行为，维护供电企业的合法权益，维护正常的供用电秩序。

某企业用户主张供电质量不合格导致电器设备损坏要求赔偿案

【案情】

原告：某食品厂

被告：某市电业局

1996 年 10 月、某市电业局为提高供电质量，增加配电变压器布点，在该市某路南段架设配电变压器。次日，某食品厂到电业局反映，电业局在该路段作业时将相序接反，导致其精磨机损坏，要求赔偿损失。经多次交涉，双方未达成一致意见。1997 年 2 月，食品厂将市电业局诉至法院。

【审判】

原告诉称：1996 年 10 月 22 日上午 10 时，被告改换动力线路时将该厂三相电相序接错，造成该厂精磨机损坏并停产 22 天。致使该厂直接经济损失 60000 余元。请求法院判令被告赔偿经济损失 60000 元。

某市电业局辩称：

（1）原告所诉事实不足以认定。首先，被告当天作业工程未出现问题，设备运行正常，也根本未触动任何用户设备。这一事实，有当时现场作业过的设备供进一步勘验。其次，我国民事诉讼中实行谁主张、谁举证原则。原告未能拿出证据证明其所称损害是由被告造成的。

（2）原告与被告不存在供用电关系，属违法用电，严重扰乱了供用电秩序。被告在应诉后，反复查阅了用户档案，其中无食品厂这一用户。经进一步调查得知，原告用电最初是由某电动厂申请的。1985 年户名变更为针织器材厂，后针织器材厂将厂房租赁给原告，并在租赁合同中规定了双方供用电方面的权利义务，其后原告一直以针织器材厂名义用电，原告未依法办理用电申请手续，而是采用冒名顶替的手段，违法用电，且原告还有改变用电类别，擅自引入电源等违法行为。原告的违法用电行为已危害了供用电安全，依据有关电力法规，理应受到处罚。被告不应对其因此产生的损失承担责任。

食品厂见胜诉无望，自行申请撤诉。

【评析】

这是一起用户主张电力企业误操作致使供电质量不合格导致其设备损坏引起的损害赔偿案件。本案中由于原告本身用电存在许多不规范之处，同时在举证方面处于劣势地位，最终不得不自行撤诉。

一、原告未按法律规定办理用电手续，其行为危害了供用电安全，扰乱了正常的供用电秩序

用户使用电力应按法律法规办理相应的手续。《电力法》第二十六条第二款规定："申请新装用电、临时用电、增加用电容量、变更用电和终止用电，应当依照规定的程序办理手续"。《电力供应与使用条例》第二十三条进一步具体规定为："申请新装用电、临时用电、增加用电容量、变更用电和终止用电，均应当到当地供电企业办理手续，并按照国家有关规定交付费用；供电企业没有不予供电的合理理由的，应当供电。供电企业应当在其营业场所公告用电的程序、制度和收费标准。"本案中，针织器材厂将厂房租赁给原告，并在租赁合同中规定了双方供用电方面的权利义务，在不动产租赁关系中，租赁双方可以为使用不动产就供电所涉及的事宜作出约定。但是本案中，原告擅自改变用电类别、引入电源，其行为属于危害供用电安全，扰乱供用电秩序。原告是从事食品生产经营的独立法人企业，双方属于不同用电类别，双方在履行租赁合同中，未依照法律法规的规定向供电企业申请办理变更用电手续。违反《电力供应与使用条例》第三十条："用户不得有下列危害供电、用电安全，扰乱正常供电、用电秩序的行为：（一）擅自改变用电类别；……（六）未经供电企业许可，擅自引入、供出电源或者将自备带电源擅自并网。"

对于危害供用电安全，扰乱供用电秩序的行为，《电力供应与使用条例》第四十条作出处罚规定："违反本条例第三十条规定，违章用电的，供电企业可以根据违章事实和造成的后果追缴电费，并按照国务院电力管理部门的规定加收电费和国家规定的其他费用；情节严重的，可以按照国家规定的程序停止供电。"

二、原告举证不力是其败诉的重要原因

我国民事诉讼中实行谁主张、谁举证的原则。即原告对其所提出的诉讼请求和事实理由要向法庭提供充足的证据加以证明。否则，就要因举证不力而败诉。本案中的原告在事故发生半年之后，现场也已灭失的情况下起诉，又提供不出任何有力的证据证明确实是由于电业局的责任而导致其遭受损失，使自己在诉讼中处于非常不利的地位。而被告电业局又在调查中取得证据证实，原告属违章用电户。从而使原告认识到自己胜诉无望，自行撤诉结案。

某电业局设置在快车道上的电杆拉线将行人李某绊倒致其人身损害赔偿案

【案情】

原告：李某

被告：某市电业局

被告：某市政管理处

1999年2月9日晚8时许原告李某驾驶豫A12564号两轮摩托车沿310国道快车道自东向西行驶至须水柿园西1200米处时，被设置在过路上的电杆斜拉钢丝线绊倒，致使原告的头部、手部、腿部等多处受伤。后李某先以市电业局为被告向某区法院提起民事诉讼，后又申请追加市政管理处为被告，要求两被告赔偿其医疗费、今后继续治疗费、护理费、误工费、营养费、交通费、伤残补助费、财产损失费、精神损失费、鉴定费共计19017元。

【审判】

原告李某诉称：由于被告电业局在交通要道上设置障碍物，被告市政管理处对这段路疏于管理，使我身体多处受伤，严重损害了我的身体健康，给我造成重大损失，虽经过一段治疗，但伤未痊愈，需继续治疗。请求两被告赔偿损失。

被告电业局辩称：我局并未在道路上设置障碍物。事实是我局的电力线路建设在先，道路拓宽在后，而导致现在的状况。我局当时在设置电杆拉线时已充分考虑了道路上车辆的行驶安全，将拉线建在当时慢车道与快车道之间的绿化带内。道路拓宽前，未发生过任何伤人事件。310国道拓宽改造未通知我局，从而使原来处于安全位置的电杆拉线置于道路的快车道上。我局对于事件的发生，没有任何过错，不应承担法律责任。

市政管理处辩称：原告所诉称的电杆及拉线产权归被告电业局，电业局应对此事故承担主要责任。我处只负责对市政设施进行养护、维修，不负责对交通及其运行进行管理，不应对原告承担任何赔偿责任。

一审法院审理后另查明，310国道由柿园桥东向西延伸1700米，自1997年5月10日起纳入城市道路管理范围，由市政管理处负责路政管理、养护工作。设置在310国道柿园桥以西1200米处的电杆及斜拉钢丝线归被告电业局管理。此电杆及斜拉钢丝线原来设置在快车道与慢车道中间的绿化带内。1997年6月此段路扩建时，将绿化带拆除，使电杆及斜拉钢丝线置于快车道上。

一审法院认为，原告李某驾驶两轮摩托车正常行驶在310国道上时，被设置在快车道上的电杆斜拉钢丝线绊倒摔伤，对此事故的发生没有过错，不应承担责任。被告市政管理处对此路段负责管理和养护、维修，其应保持路面平整、设施完好、提高通行能力和服务水平。但该被告在310国道扩建时，明知将电业局的电杆及斜拉钢丝线置于快车道上，而没有采取有效措施，排除障碍物，未尽到管理职责，故对事故的发生，应承担主要责任。被告电业局作为电力设施的管理者，明知自己管理的电杆及斜拉钢丝线已置于快车道上，而没有采取有效措施，故对该事故的发生，也应承担相应的责任。原告今后的治疗费确定为1000元为宜。其要求被告赔偿医疗费、今后继续治疗费、误工费、护理费、交通费、财产损失费的合理部分，予以支持，超出法律规定部分，不予支持。原告要求被告赔偿精神损失费、伤残补助费、营养费于法无据，不予支持。根据《民法通则》第九十八条、第一百零六条第二款、第一百一十九条、第一百三十四条第一款第七项之规定，判决：原告李某医疗费、今后继续治疗费、误工费、护理费、交通费直接财产损失费等共计5313元，由被告电业局赔偿40％，计款2125.20元；被告市政管理处赔偿60％计款3187.80元。

宣判后，被告市政管理处不服一审判决，以原审法院在认定事实及适用法律方面都是不正确的为由，向市中级人民法院提起上诉，请求二审法院在查清事实的基础上依法撤销原判，予以改判。被上诉人市电业局答辩称：我局不存在将拉线设在道路上的行为，原告对事实的陈述并不真实，也混淆了责任；道路的建设者和管理者未履行法定义务是酿成本案的直接原因；我局并无过错，依法不应承担责任。

二审法院审理查明的事实与一审相同。

二审法院认为：原告李某驾驶两轮摩托车正常行驶，被设置在快车道上的电杆斜拉钢丝线绊倒摔伤，对此事故无过错，不应承担责任。上诉人市政管理处应对此路段进行管理和养护、维修，而未尽到管理职责，故对事故的发生，应负主要责任，其以事故路段扩建时的施工单位不是上诉人而不应承担民事责任的上诉理由不充足，不予支持。被上诉人电业局作为电力设施的管理者，未尽到管理职责，也应承担相应的责任。故原审判决正确，应予维持。依据《民事诉讼法》第一百五十三条第一项之规定，法院作出终审判决：驳回上诉，维持原判。案件受理费770元，由上诉人市政管理处负担。

【评析】

本案是一起因道路拓宽引起的电力设施致害赔偿案。原告李某正常行驶在道路上，无辜受到伤害，理应得到赔偿。本案争议的焦点在于，应该由肇事地段的道路管理者还是应该由肇事的电力设施的管理者承担责任。

一、被告市政管理处作为道路管理者未尽到管理义务，应当承担本案的主要赔偿责任

本案的事实是原告李某正常行驶在道路上，因道路上存在障碍，而无辜受到伤害。此段道路自 1997 年 5 月 10 日起，纳入城市道路管理范围，由市政管理处负责路政管理、养护工作。导致李某伤害的电杆斜拉钢丝线原来设置在此段道路快车道与慢车道中间的绿化带内，1997 年 6 月此段道路扩建时，扩建单位将绿化带拆除，使电杆及斜拉钢丝线置于快车道上。根据公路法规，负责路政管理、养护工作的被告市政管理处，应保持此路段的路面平整、设施完好，提高通行能力和服务水平。但被告在 310 国道扩建时，明知已将电业局的电杆及斜拉钢丝线置于快车道上，而没有采取有效措施，排除障碍物。正是由于其未尽其管理职责，未能及时采取有效措施，排除障碍物，才致使原告的损害事实的发生。因此，市政管理处应对本案承担主要赔偿责任。

二、被告某市电业局对自己拥有的电力设施管理不力，应承担相应的责任

肇事的电杆斜拉线，原位于快车道和慢车道之间的绿化带内，多年来从未发生过任何伤人事件，市电业局在设置时并无过错。1997 年 6 月此路段扩建时，道路建设者未按照《电力设施保护条例》及《城市建设拆迁管理条例》的有关规定，提供迁移资金，通知电业局在道路拓宽工程中同时完成线杆及拉线的迁移工作，而是在扩建中直接将绿化带拆除，使电杆及拉线置于快车道上成为路障，电业局并无过错。但电业局是该电力设施的产权所有者，对其安全运行情况具有维护、检查的职责，对危及其安全运行的行为有制止的权利和消除安全隐患的义务，这也是《电力法》规定的电力企业的权利和职责。但市电业局在电杆成为路障后到本案事故发生时长达 2 年多的时间内，未行使自己的制止职责，也未设法消除安全隐患，对该事件的发生没有免责事由，因此，市电业局对本案的发生应承担相应的责任。

三、交通主管部门也应承担责任

《电力法》第五十五条规定："电力设施与公用工程、绿化工程和其他工程在新建、改建或者扩建中相互妨碍时，有关单位应当按照国家有关规定协商，达成协议后方可施工。"《电力设施保护条例》第二十三条规定："公用工程、城市绿化和其他设施在与发电厂、变电所和电力线路设施及其附属设施，在新建、改建或扩建中相互妨碍时，双方主管部门必须按照本条例和国家有关规定协商，达成协议后方可施工"。法律规定处理公用工程在新建、改建或者扩建中与电力设施相互妨碍时，双方主管部门必须协商，达成协议后方可施工。但是，交通主管部门违反《电力法》，在此段道路扩建前，没有与市电业局协商就进行道路扩宽施工，将电杆及拉线置于快车道上成为路障，致使原告被绊倒摔伤，故道路的主管部门也应承担责任。遗憾的是本案没有追加其为被告。

启示：近年来，随着市政建设步伐的加快，由于道路建设或拓宽而致电力设施位于道路上，造成过往的行人、车辆受损害的事件不断发生。为避免损失，电力部门应把工作做在前面。发现道路建设或拓宽影响线路安全，首先应行使制止权并保存行使权力的书面证据，以便在日后一旦发生诉讼时进行免责抗辩。另外，从保护电力设施安全的角度，最好在制止的同时，主动找建设方协商电力设施迁改事宜。找不到建设方或协商不成，对方强行通车的，设置警示标志，尽量减少伤害事件的发生。

张某、郭某诉供电公司供电质量问题导致家用电器损害赔偿案

【案情】

2001年5月8日，在某市和义农场嘉禾庄配电室突然短路产生火球，居民用电电压突然增高，达到400伏左右，造成全村停电，大部分居民家用电器烧毁或出现故障。事故发生后，供电部门抢修班实地检查，认为事故是由于用户配电线路老化，造成电路故障，电压增高村里居民张某、郭某认为配电室的产权单位和义农场和供电部门对此次事故负有不可推卸的责任，因此将两单位告上法庭，要求赔偿损失97453元，并向原告赔礼道歉。

【审判】

庭审中，和义农场认为此事故完全是由于供电部门的供电质量引起的，按照《居民用户家用电器损坏处理办法》第3条第3款的规定应当由供电部门承担责任。供电公司辩称确定产权分界是处理本纠纷的基础，因为《供电营业规则》第51条很明确地规定，在供电设施上发生事故引起的法律责任，按供电设施产权归属确定。产权归属于谁，谁就承担其拥有的供电设施上发生事故引起的法律责任。因此产权确定责任应当是此类案件的一般归责原则。而供电公司与和义农场的产权分界是清晰的，依据《供电营业规则》第47条第1款的分界原则，故障点是在分界点的用户侧的设备。《居民用户家用电器损坏处理办法》第3条供电部门承担责任是有前提的，必须是在供电企业负责运行的线路上，必须是供电企业的责任发生的事故，而本案不具备这两个条件，因此供电部门是没有责任的。

法院经过审理，采纳了供电公司的意见，判决产权单位承担赔偿责任，供电公司不承担任何赔偿责任。

【评析】

这是一起因电力运行事故导致电压瞬间升高而使居民用户家用电器损坏的案件。供电部门之所以能够胜诉，是因为紧紧地把握住了这个纠纷的核心问题即产权问题。

《供电营业规则》第51条关于电力事故引起的法律责任的规则问题是清楚的，即产权确定责任。这也符合民法归责的精神，因为作为所有权人来讲，对其所拥有的物享有占有、使用、收益、处分的权利，从民法的一般原理来讲利益是与风险是并存的，既然所有权人享有其所拥有的物所带来的利益，也必须承担其有可能带来的风险，除非能够证明这些风险的出现是由于受害人或第三人的过错，自己完全没有过错。

具体到本案，出现事故的原因很大程度上是由于产权人对自己所属的设备长期不维护，设备老化所致。产权人的过错责任是明显的。

至于谁是发生事故设备的产权人，如何确定产权人，虽然供电公司与和义农场之间没有明确的产权协议，但是供电公司援引《供电营业规则》第47条第1款的规定，即："供电设施的运行维护管理范围，按产权归属确定，责任分界点按下列各项确定：公共低压线路供电的，以供电接户线用户端最后支持物为分界点，支持物属供电企业"。依此原则确定供电公司与和义农场的产权分界是清楚的，故障点无疑是在和义农场的供电设施上。

针对和义农场在辩论中所称的《居民用户家用电器损坏处理办法》第3条第3款的规定应由供电部门承担责任的意见，供电公司进行了有利的抗辩也是取得胜诉的重要因素，该《办法》第2条第3款是这样规定的：本办法适用于由供电企业以220/380伏电压供电的居民用户，因发生电力运行事故导致电能质量劣化，引起居民用户家用电器损坏时的索赔处理。

本《办法》所称的电力运行事故，是指在供电企业负责运行维护的220/380伏供电线路或设备上因供电企业的责任发生的下列事件：

（1）在220/380伏供电线路上，发生相线与零线接错或三相相序接反。

（2）在220/380伏供电线路上，发生零线断线。

（3）在220/380伏供电线路上，发生相线与零线互碰。

（4）同杆架设或交叉跨越时，供电企业的高电压线路导线掉落到220/380伏线路上或供电企业高电压线路对220/380伏线路放电。

所以电力运行事故导致家用电器损坏，供电部门承担责任是有前提的，即必须是在供电企业负责运行的线路上，必须是供电企业的责任引起的电力运行事故，而本案显然不具备这种条件。

本案给我们最重要的启示是电力部门要树立依法保护自己合法权益的意识，尤其在应诉过程中应该把握案件的实质和核心，有针对性地进行抗辩，通过案件的审理要积极宣传电力法规，只有这样才能在诉讼案件中赢得主动，取得胜诉。

某城区供电局诉某市自来水公司拖欠电费案

【案情】

1994年7月至1999年4月间，某自来水公司拖欠某电业局城区供电局（以下简称“供电局”）电费72.3万元。供电局以某市自来水公司拖欠电费为由，多次催讨。自来水公司以无收费依据、不欠电费为由，拒付此款。双方由此发生纠纷。

由于双方协商未果，供电局将某自来水公司诉至法院，要求自来水公司清偿所欠供电局电费72.3万元，并承担违约责任。

【审判】

供电局诉称：1994年7月至1999年4月，自来水公司尚欠高压电机基本电费9.5万元，因自来水公司三水厂4台高压电机额定功率实为250千瓦，后被更改为200千瓦，在交纳高压电机基本电费时，自来水公司是按更改后的功率交纳的基本电费，故尚欠高压电机基本电费；尚欠变压器容量基本电费16.3万元，因自来水公司事先未予申报，私自将排污泵房的变压器停运并转移至三水厂，事后，又将一水厂西水线变压器转至黄家苍水厂，故按规定应交纳变压器容量基本电费；尚欠峰谷分时电费24.0万元；尚欠线损电费9.2万元；尚欠电力建设基金9.5万元及公用事业附加费3.9万元，共计尚欠72.3万元。

自来水公司辩称：供电局收取的高压电机基本电费，因三水厂4台高压电机从设计到购买安装，其期定功率均是200千瓦。不存在将250千瓦更改为200千瓦；变压器容量基本电费，因变压器停运和转移已事先进行了申报，且在1997年2月9日已与供电局对变压器（含高压电机）台数及容量进行了重新核定，现已按核定的容量执行；峰谷分时电费，已于1997年5月在供水企业暂缓执行，且暂缓执行前，全省供水企业也未交纳过峰谷分时电费；线损电费，既无国家价格规定，又无国家物价许可；电力建设基金及公用事业附加费，根据中共中央、国务院（1997）14号文件规定，属于清理、取消的收费项目。鉴于上述理由，其上述电费也就不应收取。因不存在欠交电费，也就无须给付违约金。

法院经审查确认：自来水公司三水厂4台高压电机额定功率，经委托省技术监督局鉴定，额定功率每台为250千瓦，其鉴定程序合法，予以认定。因此，自来水公司对尚欠的高压电机基本电费应予清偿及承担违约责任。但供电局请求自来水公司支付变压器容量基本电费，因自来水公司在停运和迁移前已事先申报，且双方又重新进行了核实，现已按核实的台数及容量进行了收费，故对供电局请求支付变压器容量基本电费不予支持。峰谷分时电费是根据国家规定，×省物价局、省经贸委、省电力工业局以×价重（1995）155号文件规定收取，是为充分发挥价格的杠杆作用，削峰填谷，缓解电力供需矛盾而规定的收费项目。该文虽于1997年5月在供水企业暂缓执行，但供电局向自来水公司收取的峰谷分时电费是依据该规定，且属1997年3月前应交纳的电费，故对尚欠的峰谷分时电费应予清偿，并应承担违约责任。线损电费是根据国家法律及政策规定，以产权分界点为计量点，高压线路的产权属于用户的，其线损则由用户负担，反之则由供电方负担。西郊变电站至自来水公司三水厂的高压线路，其产权实属自来水公司，对此电费金额是供电局依据国家规定的理论数据计算而来，符合国家的法律和行政法规的规定。因此，自来水公司对尚欠的线损电费，应负清偿和承担违约责任。电力建设基金是经国务院批准，国家计划委员会以计交能（1996）583号文件规定，委托电业部门代收，用于地方电力建设的专用资金；而公用事业附加费是根据国家计划委员会、国家基本建设委员会、财政部以（78）建发城字第584号、（78）财预字第126号文件规定，国家委托电业部门代收，交地方财政用于城镇建设和维护管理的专项经费；电力建设基金和公用事业附加费不属中共中央、国务院（1997）14号文件规定所取消的收费项目。对此，自来水公司应负清偿责任。但该款是国家委托电业部门代收的款项，不属所欠电费。故不能以拖欠电费为名计算违约金及利息损失。

法院于2000年1月25日，依据《民法通则》、《经济合同法》、《电力法》、《电力供应与使用条例》之规定，判决如下：

（1）自来水公司偿付供电局电费42.6万元，支付违约金117.9万元（其中：基本电费9.5万元，违约金25.2万元；峰谷分时电费24.0万元，违约金76.6万元；线损电费9.2万元，违约金16.2万元）。

（2）自来水公司偿付供电局电力建设基金、公用事业附加费13.4万元。

上述共计173.9万元，自来水公司于本判决发生法律效力后10日内付清。案件受理费1.9万元，鉴定费1万元，共计2.9万元，由自来水公司负担。

【评析】

（1）综观本案，自来水应对其违约行为承担相应的责任是比较明显的，所以，供电局通过诉讼途径比较快捷地解决欠费纠纷。原《经济合同法》、《民事诉讼法》、《电力法》及其配套法规为供电局催收电费及提起诉讼提供了充分的法律依据，对无理拖欠电费的用户，及时主张权利，运用法律武器保护自己合法权益是有成效的。

（2）本案中法院认为电力部门代收电建基金及公用事业附加等费用不属于电费范畴，不应交纳违约金，这种司法观点和判决结论值得供电局认真对待，对以前的类似做法应作一些分析研究，在今后收费工作应切实引起注意，并请示财政部门和上级单位对电费范畴进一步明确界定，以利执行的合法性。

某酒店诉某电业局多收电费赔偿案

【案情】

地处某市八一路的某大酒店一直是某电业局的用户，多年来双方供用电关系正常。1998年上半年，该酒店因经营问题休业。7月份更换新的承包人后重新开业。开业前，该酒店承诺保证依法按时缴纳电费，电业局继续对该酒店供电。但该酒店重新开业3个月以来，没有认真履行承诺，也没有就电费问题向电业局提出任何拒交电费的理由，反而屡屡拖欠电费。到1998年10月22日，累计拖欠电费12万元及电费滞纳违约金20.8万元。其间电业局多次上门催收，但该酒店以种种理由推延。在企业拖欠电费剧增，国家资金不能如期收回，并危及电力企业简单再生产的情况下，某电业局按与该酒店签订的协议“若用方拖欠电费达1个月之久的，供方则暂停对用方的供电，用方因此而造成的损失，供方不负任何责任”以及《电力法》第三十三条，《电力供应与使用条例》第二十七条、第三十九条的有关规定，于1998年10月22日依法对该酒店实行停电催收电费。

但该酒店为了达到逃费的目的，在未向某电业局提出任何申请，也未与某电业局解除供用电合同的情况下单方毁约，突然擅自解网，拆除某电业局进户线，毁坏表计，转而向该市电力公司申请用电。

为维护自己的合法利益，某电业局坚持在该用户未付清电费前不准转网，并于1999年10月24日与市电力公司因供电问题发生冲突（简称10.24事件），僵持20余日后，经市政府11月16日调解，在该酒店交纳电费后转由市电力公司供电。

1999年5月26日，该酒店却以电业局为被告，向某市基层人民法院起诉，诉称被告自1994年11月起至1998年12月21日止，在为原告供电期间，不严格执行国家有关电价政策，对原告的不同用电类别不分类计收电费，而是除电梯13千瓦外全部是按经营性用电的标准计收电费，多收取原告电费30多万元，原告不得不采取缓交电费的办法，促使被告妥善解决这种违反国家规定的显失公平的乱收费行为。可是被告不但不解决问题，反而在未通知原告的情况下，于1998年10月21日9时拉闸断电，致使原告被迫停业长达20多天，给原告造成了极大的经济损失。

某电业局接到传票后，分析认为：原被告双方和合同的履行地都不在受理法院的管辖范围之内，此案应由该市另一基层人民法院（为电业局所在地法院）受理。所以，电业局于1999年6月17日向法院提出管辖权异议，案件遂移至该市另一基层人民法院审理。

在答辩和庭审中，某电业局提出如下理由与事实：

（1）电业局在对该酒店供电期间一直严格执行国家有关电价政策，对用电前期资料进行了认真的审查，并按照该酒店提供的电器设备容量和用电申请安装了动力、照明计量表计，并要求该用户按负荷性质分线计量，而且按规定安装的表计和开关完全符合该酒店提出的分类容量，在长达几年的用电过程中并未因设备容量不足而造成跳闸或烧毁设备。在电费计算方面，更是按国家规定的电价依据和二套表计抄见的电量进行分类计算并收费，并未多收分文。

（2）电业局停电是依据与该酒店签订的协议以《电力法》第三十三条，《电力供应与使用条例》第二十七条、第三十九条的有关规定执行的，是该酒店拖欠电费，违约在先。真正违反合同的是酒店，某电业局没有任何责任。

（3）该酒店一直是某电业局的用户，1998 年 10 月以前关系一直处于正常状态。在此之前对方从未提出多收电费的依据，为什么在解网之前不提，在市政府主持召开的协调会上也不提，而是在毁坏被告表计、破坏供电现场、解网转网用电之后才提呢？显然是该酒店为其蓄谋已久的脱网逃费寻找借口。

（4）按市政府 1998 年 11 月 10 日协调会议精神，酒店应当全额支付所欠某电业局的电费滞纳违约金余额 20 万元。

（5）请求法院按有关法律条款追究酒店单方毁约责任，判令酒店赔偿拆除某电业局进户线、毁坏计量表计以及违法拉开公用变跌落保险，对周边地区用户停电所造成的一切损失。

（6）由于酒店的起诉于法无据，于事无证，本案一切诉讼费用由酒店自行承担。并请求法院判令原告为某电业局消除影响，恢复名誉，赔礼道歉。

此案经审理后，法院认为酒店更换了新的承包人，变更了营业执照，重新与电业局建立了供用电关系。新的承包人对原承包人承包期间的债权债务纠纷没有处分权，裁定原告不具备合法的诉讼主体资格，驳回其起诉。

【评析】

（1）本案属于一起用户恶性脱网逃费事件，由于产权分界点是在表计侧，内部布线由用户自己进行，供电计量按用户要求进行分类计量。在这种相对失控情况下，如何延伸用电服务和管理，依法依规监督、检查、指导用户用电和分类计量显得尤为重要。

（2）从该用户的用电资料看，用电程序和施工验收程序都不完善，连起码的供用电合同中应当具备的条款和竣工验收资料都没有，在诉讼中一度使某电业局处于相当被动切实加强这方面的基础工作非常必要。

（3）在电力供应体制不顺，存在某市这种大小电网并存的情况下，如何防止用户脱网逃费来转嫁责任和矛盾，特别是在电费催收困难又要保稳定和既得营业区的情况下，更要注意工作方式和方法，争取主动。

（4）此案中，如果某电业局能向法院提起反诉，则更能有效地维护其合法权益。某电业局所提理由中的（3）、（4）两点，都应是反诉的内容，但不正式提起反诉，仅作为答辩理由，法院是不会在判决中给予支持的。

（5）当用电人发生主体变更时，供电企业应及时相应地变更供用电合同，并处理好与原用电主体之间的民事关系，以免因主体变更丧失主张权利的依据以及防止新用电主体提出如本案的要求。

某郊区电业局诉某市第一钢铁厂欠交电费纠纷案

【案情】

某市第一钢铁厂系该市市营冶金企业，是郊区电业局的用电大户，该厂的前身是该市苇泊钢铁厂。为适应钢铁市场发展需要，该厂于1992年11月同郊区电业局签订集资供电协议，协议的内容是：该厂拟建35千伏变电站一座，其电源由郊区电业局110千伏苇泊变电站35千伏母线馈出，系用双回路供电，一回主供，一回备用自投，申请用电容量为15550千伏安。为加强110千伏及以上电网建设，该厂应向郊区电业局提供集资款160万元。

1993年11月30日郊区电业局又同第一钢铁厂签订供用电协议，协议书明确该厂的供电容量，产权分界点，供电形式，计量方式，交费时间及集资协议中160万元集资款的结清时间等项事宜。在交费时间的条款中约定，该厂应在每月10日、20日、下月1日前向郊区电业局交清上月电费。但是，该厂从1996年底的3个月中欠缴电费近百万元，给郊区电业局造成了很大负担。到1997年末欠费已高达130余万元，郊区电业局不得已采取停电措施。1997年12月30日由该市市长主持召开会议，研究该市第一钢铁厂的启动复产事宜。在会议上，市长综合各部门意见决定，第一步是要求各方支持加紧启动复产，关于电费问题。采取新费不欠、旧费暂缓的办法，供电部门要保证供电。1998年1月恢复供电后，1998年1、2两月又欠电费9万余元。

为保护企业的合法权益，郊区电业局于1998年3月2日向郊区人民法院提起诉讼，要求法院判令第一钢铁厂归还所欠电费1415511.31元，按照《电力供应与使用条例》和《供电营业规则》有关条款，判令第一钢铁厂缴纳1996年10月至1998年2月的违约金1589236.61元，依据双方签订的集资协议，第一钢铁厂还有120万元未向郊区电业局交清，依据《民法通则》第一百一十一条规定，第一钢铁厂支付赔偿金948000元，以上四项共计5152747.92元。

由于本案诉讼指标超过市郊区法院管辖范围，于1998年3月底移交市中级人民法院审理。

市中级人民法院以［1998］×法经字第033号民事判决书作出判决：

（1）被告付给原告电费1415244.23元，支付电费违约金1588848.24元。

（2）被告付给原告供电集资款732736.25元。交付逾期给付集资款违约金342920元。

上述（1）、（2）项共计4079748.82元。被告于本判决生效后十日内付给原告。

1998年6月，在市中级人民法院的主持下，由郊区电业局、供电局、市聚源电力实业总公司输电工程公司及第一钢铁厂及其主管部门某市经济技术协作引进办公室参加，达成执行和解协议，第一钢铁厂欠供电局、郊区电业局、市聚源电力实业总公司输变电工程公司三方的货款、电费、集资款、工程款及违约金等共计7327056.81元，以上欠款从1999年至2000年四季度还清，以上确定的给付义务，由被执行人第一钢铁厂以其所有的原值为1200万元的35千伏变电站、设备、设施作为抵押保证，并经工商部门登记。

执行和解协议生效后，到2000年第四季度第一钢铁厂没有丝毫的履行意思。2001年5月市中级人民法院以［2001］×法执字第17号民事裁定书，将第一钢铁厂35千伏变电站、设备、设施。经评估作价后抵偿其所欠二申请人债务7327056.81元及迟延履行期间的债务利息，至此，郊区电业局诉讼第一钢铁厂欠电费合同纠纷案画上了一个较为圆满的句号。

【评析】

由于市场规则的不完善和不健全，电费的欠缴问题严重地困扰着供电企业，有很大一部分如不采取必要措施，供电企业将遭受巨大的经济损失。为保护供电企业的合法权益，必须拿起法律的武器，维护企业的自身合法权益。

（1）尽量减少和避免欠费的发生，对历史上形成的大用户和欠费大户应积极采用担保措施，既可采用人的担保即保证，以大的企业间互相保证，也可采用物的担保，主要是抵押，有些情况可采用质押。对一般中小用户，在国务院取消保证金的情况下可采用定金形式。这里有个度需要掌握，就是既能保护供电企业的合法权益，又不给用电客户增加太大负担，但需把电费风险减得越小越好，按每月的电费让用户交定金数额太少，按年交用户负担又太大，是否可按每季的电费为宜，但定金不能超过合同标的20%。这样才能争取收缴电费主动权。

（2）要抓准诉讼时间。有的企业严重资不抵债，即使有财产可供查封，由于其他债权人已申请法院采取了措施，如在这种情况下起诉，只能是向法院白交部分诉讼费，保护不了自身的权益，所以不能在这个阶段起诉。要在企业还有财产或其他单位能为其提供担保时起诉，郊区电业局起诉市第一钢铁厂欠缴电费合同纠纷案就是最好的一个案例。

(3) 如果对于欠费数额双方没有争议，最好能有用户签字认可的核对账单，可采用督促程序向法院申请支付令来解决，这样既省时，又省力，又经济。

某供电公司强行砍伐某养殖场违章种植的林木赔偿案

【案情】

某年6月，某电业局某供电公司管辖的10千伏电力支线受原告所种植的麻黄林及其他树木影响，直接危及该线路的安全运行。为确保电力线路安全运行，该供电公司多次通知原告自行砍伐。但原告无理索赔，拒不砍伐。同年6月11日，由于风雨，树林接触导线，造成线路发生短路跳闸。至此，该供电公司依照《电力设施保护条例》的有关规定，不得已强行砍伐了130株树，以确保电力线路的安全运行。原告即诉讼县人民法院，请求判令某电业局赔偿其经济损失5900元。

【审判】

该案业经法院公开审理。一审法院认为：某电业局所属的10千伏电力支线建设在先，原告在承包海滩地内种植树木在后，某养殖场未经供电部门同意，擅自在电力线路保护区内种植树木。该树已长大，直接妨碍到正常供电，又未能主动砍伐，应负全部过错责任。据此，一审法院依据《电力设施保护条例》第十条第一项、第二十七条和《民法通则》第一百三十四条第二款之规定，判决驳回原告之诉讼请求。

原告不服一审判决，上诉于市中级人民法院。

次年5月，经市中级人民法院审理，终审判决驳回上诉人的上诉请求，维持原判。

【评析】

这是一起涉及到电力设施保护区内种植树木而引起危害电力设施安全的案例。

《电力设施保护条例》第十条规定：10千伏电力线路的保护区为导线边线向外侧水平延伸5米并垂直于地面所形成的两平行面内的区域。《电力法》第五十三条规定：任何单位和个人不得在依法划定的电力设施保护区内，种植可能危及电力设施安全的植物。《电力法》第六十九条规定：违反本法第五十三条规定，在依法划定的电力设施保护区内修建建筑物、构筑物或者种植植物、堆放物品，危及电力设施安全的，由当地政府责令强制拆除、砍伐或者清除。

《电力法》第五十三条所称的“危及电力设施安全”包括两种情况：一种是树木等尚未对电力设施安全构成现实的危害，但从植物的自然生长规律看，其最终生长高度势必对电力设施安全构成危害，这种危害是潜在的；另一种是树木等对电力设施的损害事实已经发生。如本案中6月1日，由于风雨，树林接触导线，造成线路发生短路跳闸。

按照《电力法》第六十九条对处理“线”、“树”相邻关系规定的“在先”原则，本案中某电业局所属的10千伏电力支线建设在先，原告承包海滩内种植树木在后，则种植在后的树木应当无条件砍伐，不存在赔偿其树木损失之说。同时本案中已经造成了电力设施的损害，则树木的所有人还应当赔偿电力企业的损失。

张某盗窃电力设施案

【案情】

1997年11月，被告人张某在电业部门批准下，拆除了一段废弃的高压线及6根电杆后，见旁边有一段35千伏高压线路多年未使用，且有一处倒杆，便产生拆除该线路的念头。被告人张某向电业局某供电站站长杨某、外线工郭某提出要拆除该线路。杨某告诉张某：该线路不属该供电站管理，要拆除该线路，须找某某电业局联系。郭某则表示，在自己供电站范围内拆线，要搞点费用。张某遂送给郭某3000元现金。之后，被告人张某到某电业局变电站联系拆除该线路及铁塔，未果。1997年11月中旬，被告人张某雇请电业局退休工人王某为其拆除线路，并对王称已办好了拆除线路和电杆的手续，王某遂帮其拆除该线路193～198号处高压线。1998年3月上旬，被告人张某又继续雇请王某等人将一座高44米、重17吨多的铁塔拆除。至此，被告人张某先后拆除13根电杆、线路和一座铁塔，共计价值140175元。后被告人张某以原来所拆除线路未销完为借口，从杨某手中骗取盖有某供电站公盖的空白信函两份用于销赃。张某将所盗物资贱价销售后获赃款32500元，除支付部分工资外，其余赃款全部用于建房。案发后，被告人张某在电业局追查时外逃。后于1998年7月6日到公安机关投案自首。公安机关追回赃物铁塔塔材角钢3561公斤，赃款4900元。

某市人民检察院于1995年5月21日向某市人民法院提起公诉，指控被告人张某犯有故意毁坏财物罪。在诉讼过程中，附带民事诉讼原告人电业局向法院提起附带民事诉讼。法院依法组成合议庭，公开开庭进行了合并审理。

某市人民检察院指控，被告人张某自1997年11月中旬，到1998年4月期间，未经电业部门许可，先后多次将某市区城内的35千伏线路撤除，撤除的电线、电杆、铁塔价值140175元。严重毁坏了国家财物。案发后，被告人张某于1998年7月16日到公安机关投案自首。

公诉机关认为，被告人张某故意毁坏公共财物，数额巨大，其行为已构成故意毁坏财物罪，但有自首情节。

附带民事诉讼原告人电业局诉称，被告人张某的犯罪行为给电业局造成经济损失36万元。为保护国家财产不受侵犯，维护和恢复正常的用电秩序，请求人民法院依法判令被告人张某赔偿经济损失36万元。并当庭宣读了某电力勘察设计院出具的《施工设计概预算书》作为损失证据。

被告人张某辩称，其拆除线路时征得了电业局某供电站杨某、郭某的同意，且向该站交纳了3000元现金购买该线的拆除权。其辩护人也辩称：被告人张某拆除线路经过了电业部门许可，且某供电站收取现金3000元，张某是代表电业局拆除该线路，是职务行为，张某没有犯罪的故意，其行为不构成犯罪，应宣告其无罪。

本案控、辩双方争执的焦点是被告人张某的行为是构成故意毁坏财物罪还是无罪。从控、辩双方所举证据及质证情况来看，被告人张某主动提出想拆除该线路后，作为某供电站负责人的杨某始终没有明确表示同意，后张某对杨某、郭某谎称电业局已同意其撤除，杨、郭故对张某撤除该线路没有提出反对意见。在此情况下，郭某提出收取3000元费用，且这3000元是瞒着供电站其他工作人员所为，亦未向电业局办理有关手续。这一情况张某是明知的，而被告人张某却对雇请拆除线路的王某等人谎称办理了拆除手续。从上述情况来看，被告人张某明知该线路不属某供电站管理的情况下，不经有关电业部门的许可，采取欺骗手段，将该线路拆除，其行为是违法犯罪行为，并不是合法行为，这是区分被告人张某的行为罪与非罪的关键。故被告人张某及其辩护人提出的“张某拆除线路是经过电业部门的许可，并出资3000元购买了该线路的拆除权，其拆除线路的行为是合法行为，不构成犯罪”的辩解不能成立，法院不予采纳；关于公诉机关认定被告人张某的行为构成故意毁坏财物罪的指控，法院认为，被告人张某在未经线路管理部门同意下，擅自拆除该线路及铁塔，然后将拆得物资贱价销售，所得赃款用于建房，其主观上有非法占有公共财产的目的，客观上实施了相对财产所有人电业局而言是秘密拆除行为。而故意毁坏财物罪主观上仅限于意图毁坏公私财物，使其丧失原有价值、功能的目的，并不以非法占有为目的，张某的行为不符合故意毁坏财物罪的主观要件的特征，这是区分张某的行为是构成故意毁坏财物罪，还是构成其他犯罪的关键。故公诉机关指控被告人张某的行为构成故意毁坏财物罪不当，法院不予采纳。

综上所述，法院认为，被告人张某以非法占有为目的，未经线路管理单位同意，将该线路、电杆及铁塔秘密撤除，数额特别巨大，其行为已构成盗窃罪。论罪应依法严惩，但考虑其案发后能投案自首，依法从轻处罚。因被告人张某的行为构成盗窃罪，其盗窃所获赃物系非法所得，应予追缴，而不适用赔偿，故附带民事诉讼原告人电业局要求张某赔偿之请求，法院不予支持。为保护国家财产不受侵犯，打击犯罪，根据被告人张某犯罪的事实，犯罪的性质和情节，根据《中华人民共和国刑法》第二百六十四条、第六十七条第一款之规定，判决如下：

(1) 被告人张某犯盗窃罪，判处有期徒刑十年，剥夺政治权利二年，并处罚金3万元。

(2) 驳回附带民事诉讼原告人电业局的诉讼请求。被告人张某不承担民事赔偿责任。被告人张某不服一审判决，向某市中级人民法院提出上诉。

市中级人民法院经过审理，认为原审定性准确，量刑适当审判程序合法。依照《中华人民共和国刑事诉讼法》第一百八十九条（一）项之规定，裁定驳回上诉，维持原判。

【评析】

(1)《电力法》和《刑法》都规定，电力设施受国家法律保护，禁止任何单位和个人以任何方式危害电力设施安全。本案中被告人张某拆盗线路、杆塔的行为触犯了国家刑律，其受到法律的制裁，是罪有应得的。

(2) 关于本案的定性。公诉机关认为被告人张某的行为构成故意毁坏财物罪，法院最后判决被告人的行为构成盗窃罪。而我们认为，被告人张某的行为是以盗窃的方式实施的破坏电力设备，危害公共安全的行为，其触犯的罪名应认定为破坏电力设备罪才更为合适。根据最高人民法院和最高人民检察院的相关司法解释，盗窃正在使用中的电力设备，应以破坏电力设备罪追究刑事责任。而已经通电使用，由于枯水季节或电力不足等原因暂停使用的线路，应认为是正在使用的线路。而本案中被告人张某盗窃的线路属于暂停使用的线路，而非永久停用的线路，按照“两高”的解释，其行为应构成破坏电力设施罪。

(3) 某电业局提起附带民事诉讼是符合刑诉法有关规定的，法院驳回原告诉讼请求的作法欠妥。

通过此案，从另一个侧面说明了电力企业在内部管理上还存在漏洞，存在薄弱环节。我们应以此案为鉴，切实加强对职工的法制教育和职业道德教育，同时加强和完善企业的内部管理。

在高压线下违章建房引发的雇工触电致残案

【案情】

1997年8月，被告人李某未经电力部门同意，在10千伏高压架空电力线路下建房，原告张某系被告人李某雇佣的民工，帮助被告李某建房。8月21日，原告张某在高压架空电力线路下施工时，不慎触电，经医院抢救保住了性命，但右脚拇趾和右脚足功能丧失，经法医鉴定为十级伤残。原告因与被告李某就赔偿问题达不成协议，原告起诉至人民法院，以李某为被告，要求赔偿损失 36730.80 元，某区人民法院在审理后追加某市电业局为被告。

原告张某认为，自己是受雇于被告李某，帮助其建房，两人是雇用与被雇用的关系。被告李某没有经过有关部门同意，也没有采取切实有效的安全措施，在有高压危险的区域内建房是一种违法行为。并且在有高压危险的区域建房，明知有危险，仍然叫人去施工，是一种故意地将其所雇用的人推向危险区域的行为，其受益人是被告李某，因此应当由被告人李某赔偿因触电造成其损害的医疗费、误工费等损失。

被告李某辩解为，原告张某触电致残是事实，但是其在施工过程中应当知道在房子的斜上方有高压线是十分危险的，而且自己也曾经告诉过他，但是他在施工中不注意自己的安全，以至于触电。因此原告本人也应承担一定的责任，而且在原告触电医治时自己已经支付了一定的医疗费。因此，原告所提出的诉讼请求不合理。

追加的被告某市电业局认为，本案中被告李某未经电力部门的同意和批准，在电力设施保护区内建设房子，是违反《电力法》第 53 条“任何单位和个人不得在依法划定的电力设施保护区内修建可能危及电力设施安全的建筑物、构筑物”的规定和《电力设施保护条例》第 25 条“任何单位和个人在架空电力线路保护区内不得兴建建筑物、构筑物”的规定，是一种故意违反法律的行为。被告人李某在建房过程中，某市电业局曾经先后两次进行劝阻，并且给其发出两份书面通知书，要求其立即停止建房，当场送交被告李某，李某也在要求其停建的通知书上签了字。但事后被告李某不听劝阻，依然进行违法建房，因此本案中被告李某应当承担主要责任。原告张某虽然是受雇于被告李某帮其干活，但原告张某是一个成年人，应当知道在高压架空电力线路下建房是违法行为，同时又是十分危险的，稍有不慎就可能发生触电，造成人身损害。但原告张某没有拒绝在危险区域内的违法施工，以致于发生触电事件，造成人身损害，显然原告本人应当承担一定责任。某市电业局在本案中根据法律的规定，已经劝阻了当事人，要求其停止建房，并且不止一次地做工作，因此尽到了产权所有者的职责。根据《电力法》的规定，查处此类案件的职权在当地人民政府，电力部门只能是劝阻，并已尽到了职责。因而在本案中某市电业局没有过错，不承担责任。

某区人民法院受理原告张某起诉被告李某触电人身损害赔偿案后依法组成合议庭，于 1998 年 10 月 10 日开庭。经法庭调查后认定，1997 年被告李某未经某市电业局批准或同意，擅自在 10 千伏高压架空电力线保护区内建造房子。某市电业局发现此事后，先后两次以书面形式向被告李某发出安全隐患通知书，通知书皆送达被告李某，通知书告知李某建房的行为是违法行为，应当立即停止，李某在两份通知书的送达回执上都签了字。但其虽在通知书上签了字、却依然建房不止。1997 年 8 月 21 日其雇用原告张某帮助其建房，原告张某在 10 千伏架空电力线路保护区内施工时，没有监护人，也没有注意安全，在施工时不慎碰上10千伏高压架空电力线路，触电致残，经区法院法医鉴定为十级伤残。根据认定的上述事实，法院进行了调解，原、被告达成协议：①由被告李某赔偿原告张某医药费、伤残补助费、误工费等损失共计人民币15500元（不包括以前已付的医药费），以后双方互不追究；②被告某市电业局不承担责任。

【评析】

1. 某市电业局不承担民事赔偿责任

本案中某市电业局没有过错，被告李某在高压架空电力线路保护区内建房是违反法律的行为。《电力法》第53条第2款规定："任何单位和个人不得在依法划定的电力设施保护区内修建可能危及电力设施安全的建筑物、构筑物"。《电力设施保护条例》第15条第3款规定："任何单位和个人在架空电力设施保护区内，不得兴建建筑物、构筑物"。该《条例》第10条还规定了不同电压等级的电力设施保护区。明确规定：10千伏的架空电力线路保护区为导线边线向外侧水平延伸并垂直于地面所形成的两平行面内的区域，10千伏电压导线的边线延伸的距离为5米。经实地测量，该建房户李某所建之房地处农村，距10千伏电力线路不足1.5米，显然在电力线路的保护区内，而在电力线路保护区建房是一种严重的违法行为。法律已经明令禁止在电力线路保护区内建房，因为建房很可能会危及电力线路的安全，给电力线路造成危害，给电力生产的安全带来严重的隐患，同时还有可能发生人身触电事故，给人们生命财产的安全带来严重危害。因此，作为产权所有者和管理者的某市电业局发现这个问题以后，根据《电力法》第32条第2款：对危害供电、用电安全和扰乱供电、用电秩序的，供电企业有权制止的规定，立即进行了制止。向建房户发出了书面隐患通知书，通知书上明确根据《电力设施保护条例》第15条："任何单位和个人不得在依法划定的电力设施保护区内兴建建筑物、构筑物"的规定，要求本案的被告（建房户）立即停止这种违法建房行为，确保电力线路的安全，否则一切后果自负。

某市电业局在第一次送达通知书后发现，建房户阳奉阴违。一方面为应付电力企业，在通知书的送达回执上签字，表示停止建房，另一方面继续进行违章施工，违章建房。某市电业局发现此问题后，再一次向被告李某发出警告，再次向其发出书面的安全隐患通知书，要求其遵守法律的规定，停止这种违法建房行为。但被告李某依然阳奉阴违。接收通知书后，在回执上签上自己的大名，并向供电企业的通知书送达人极力表示不再继续建房，等供电企业的人走之后，又继续违法建房。作为电力企业来说，根据法律的规定，在电力设施保护区内违法建房的行为，它有制止的权利，而没有强制制止或执行的权利，《电力法》第69条明确规定："在依法划定的电力设施保护区内修建建筑物、构筑物，由当地人民政府责令强制拆除"。显然，当电力企业在依法制止无效，当事人拒不听从的情况下，只能请求行政救济和司法救济，即依法请求当地人民政府责令违章户拆除违章建筑物，不能自己前往强制执行或强制拆除。因此，在本案中电力企业已经尽到了自己的职责，无论从产权所有者和维护管理者来说，或者从法律的角度来说，都已经尽了职，完成了应该履行的义务，剩余部分只能由当地人民政府出面强制执行。在这种情况下，电力企业不应当承担责任，不赔偿原告张某触电造成人身损害的损失。

2. 被告李某应承担主要责任

第一，本案被告李某在电力设施保护区内违章建房的行为是违反法律的行为。《电力法》和《电力设施保护条例》已明确地规定：任何单位和个人不得在电力设施保护区内违法兴建建筑物和构筑物。李某不听电力部门同志的劝阻，依然继续建房，并在电力部门送达的隐患通知书上签了字，知道通知书的内容，即在电力设施保护区内建房是违法的。当电力部门第二次向其送达隐患通知书，李某照旧签收，却依旧不改。这是一种明显的故意对着干的违法行为，为了自己的私利，坚持违法建房行为，应当承担过错责任。第二，根据我国《建筑法》及《建设条例》的有关规定：在危险区域内进行作业时，应当设定监护人，采取切实有效的安全措施，保障作业时的安全。但是被告李某没有采取任何安全措施，也没有设立监护人，很难保证施工人员的安全，以至于使本案的原告张某在施工中不慎触电致残，造成终身伤残。被告李某违反法律的规定，在先有线路的情况下，未经当地电力部门同意或批准，在电力设施保护区内违法建房，是造成原告张某触电致残的主要原因。根据《电力法》、《电力设施保护条例》及其《条例实施细则》第 21 条“违反《条例》的规定造成任何单位或公民经济损失或人身伤亡的，由违反规定的责任者负责赔偿和承担法律责任”的规定，被告李某应当承担主要责任。

3. 原告张某也应该承担相应的责任

在电力设施保护区内建房是违反法律规定的，原告张某不但没有阻止反而受其雇用，帮助被告李某违法建房，显然原告张某应承担相应的责任。在 10 千伏高压架空电力线路保护区内建房是一种十分危险的作业。原告张某是一个成年的、具有完全民事行为能力和民事责任能力的公民，施工时距离高压架空电力线路很近，他应当知道在 10 千伏高压架空电力线路内施工是很危险的，必须采取切实有效的安全措施，实行有效的监护制度才可以施工。但是原告张某在没有采取切实有效的安全保障措施和没有监护人的情况下，不注意安全，冒险作业，发生了自己触电的人身损害事故，造成终身残疾。因此本案原告张某有一定的过错。根据我国《民法通则》第 131 条“受害人对于损害的发生也有过错的，可以减轻侵害人的民事责任”的规定，也就是说原告张某应当承担相应的责任。所以本案最后由被告李某赔偿原告 15500 元，诉讼费由被告李某承担 790 元，原告承担 700 元。正是体现了这一点。

这个案例的关键是电业局尽了法律要求之责，堵住了原告、被告和审判员套用“监督管理不力”的后路。两次制止都有据可查，但如果从更加能够保护自己利益的角度考虑，以改革创新态度和精神去制止，如邀请公证机关进行公证、发隐患通知书抄送抄报当地法院，抄送当地政府备案，申请法院强制排除妨害，报送当地政府进行权力制止等，可能会发生些成本，但比赔偿要划算得多，很值得尝试和探索。

制造、贩卖窃电器案

【案情】

1998 年 9 月 5 日，某市人民检察院批准逮捕制造、贩卖窃电器的吕某、沈某等人，吕、沈二人想跟“电耗子”一起发财的美梦破灭了。

1998 年 6 月 22 日，市某供电局查获一起村民利用窃电器偷电的窃电行为。斩草要除根，供电局立即同市公安局刑警大队取得联系，开始追查窃电器的制造者。经摸底查，某县某镇农民沈某有很大嫌疑。为了掌握犯罪证据，8 月 6 日，两名刑警假扮成购买窃电器者同沈某联系。刚开始，沈某对他们俩戒心很大，以多种理由搪塞。经过几个回合的交锋，沈的戒心消除了，答应卖给他们一台窃电器，并给他们演示窃电器使用方法。8 月 11 日，沈又找到某干休所电工彭某（现役军人），带着窃电器来到一地方给两位刑警演示窃电器性能。正当沈、彭按部就班地查看、安装、调试窃电器，并画出窃电器的使用接线图时，一直跟踪的供电局用电检查大队和公安局刑警大队的有关人员迅速进入现场，将沈、彭二人抓获。8 月 12 日，根据沈某交待，制造窃电器的吕某在家中也被抓获。据查，1997 年以来，犯罪嫌疑人吕某利用所学的修理家电技术，自制窃电器 5 台，犯罪嫌疑人沈某、彭某专门负责销售，已将 3 台销售出去。公安机关已追回 5 台窃电器，报请检察机关批捕 2 名犯罪嫌疑人。

【评析】

本案虽然不是直接窃电案件，但吕某的行为为窃电犯罪提供了直接的帮助。利用技术犯罪是当前社会的一个热点问题，应当引起供电企业的高度重视。从刑法上讲，吕某的行为已构成窃电共犯。供电企业可以报请司法机关追究其共同犯罪的刑事责任。

用户雇用窃电专家案

【案情】

案例 1

1999 年进入 6 月份后，某省某供电局供电所发现南港柜和抽水柜两路线损突然上升，其中机砖厂生产正常，电量却少了1万多千瓦时，这种不正常现象立即引起了王所长的重视，当即决定对机砖厂进行突击检查，果然发现该厂电能表被人做了手脚，而且手段十分隐蔽。

7月上旬，供电所通知机砖厂来所接受处理，机砖厂负责人如约而至，他对该厂的窃电事实供认不讳，表示愿受处罚。王所长是位有40多年农电工作经验的“老电业”。经验告诉他该厂窃电绝非一般电工所为，厂内绝无此等“行家”，必须把陈藏在暗处的“硕鼠”挖出来。王所长认真询问其窃电过程，这位负责人果然支支吾吾，说不出个所以然来。见此，王所长当即一针见血指出：窃电另有其人，必须主动配合，争取从轻处罚。经耐心说服，该负责人终于交待了事情经过：原来龙高一带有一个被称作“窃电高手”的谢某，自称只需在配变上动动手脚，每月即可少交1/3电费，而且绝对无人能够查获。机砖厂作为用电大户，在利益的驱动下，以5000元佣金，雇谢某窃电。

为尽快逮住电力“硕鼠”，王所长征得机砖厂负责人的同意和配合，决定引蛇出洞，由机砖厂挂电话给谢某，称供电所已怀疑该厂有窃电行为，请他迅速来厂消除窃电痕迹。几经讨价还价，最后以事成后付给3000元酬金成交，谢某答应晚上来厂处理。

这天晚上，王所长带6位职工趁夜色掩护悄悄来到机砖厂旁灌木丛埋伏，一个小时、两个小时过去了，还不见谢某露面。埋伏在灌木丛中的供电所职工又闷又热，浑身上下还被蚊虫叮咬得奇痒难当。原来谢某去镇里吃喝玩乐，直到零点30分才终于露面。当场缴获他随身携带的电警棍以及窃电工具，迅即通知供电局用电监察组和市公安局，连夜将谢某移交公安局进行审理。经初步审查，谢某交待今年以来每次5000元至6000元不等的酬金为养鳗场、机砖厂等5家用电大户窃过电。随即，公安局决定对谢某实施刑事拘留。

案例2

1999年7月30日，“窃电专业户”聂某，某市黄河水泥厂电工牛某，某市兴教水泥厂两位副厂长田某、马某，因窃电被市检察院批准逮捕捉拿归案。

7月中旬，市“反窃电办公室”接到举报，该市有人靠出卖窃电技术赚钱，盗窃国家电能。7月14日14时40分，市电业局保卫处电话铃响起：盗电者聂某住在某宾馆内。保卫处立即向领导汇报，并决定先捉拿这个“窃电专业户”。保卫人员携带执法证和枪支，与市电业局人员会合后，直奔宾馆并将其抓住。

聂某，1987年至1991年曾干过村电工。1998年3月，聂某来某市买钢砂时，与销售耐火砖的李某同住一个房间。聊天时，聂某对李某说，他会偷电。说者有心，听者更有意。二人交换了联系电话。

1998年4月的一个晚上，李某介绍聂某到黄河水泥厂，让其窃电。夜晚，聂某、李某和该厂电工一起来到配电室，用手电筒照着。把电表铅封拆下，打开电表，把电表的数字往回拨，然后又上铅封。事隔一天，李某给聂某100元人民币。以后又进行了4次窃电活动，都是如法炮制。1998年5月的一天晚上，在李某的介绍下，聂某又到某市兴教水泥厂进行窃电活动。当天晚上，李某给聂某300元。事隔不久，李某又领着聂某第二次到黄河水泥厂进行窃电活动。第二天，聂某又从李某那里得到1000元钱。

1998年7月的一天晚上，李某又叫聂某到黄河水泥厂窃电，聂某尽管帮该厂窃了电，但李某没有给聂某钱。李某不但不给钱，还对聂某说，黄河水泥厂出事了，供电局查出了窃电，一定要让其交出铅封钳等。聂某坚持不交，并说以后不去黄河水泥厂了。其实，李某把黄河水泥厂给的钱自己独占了。

经查明，聂某在黄河水泥厂3次窃电15千瓦时，在兴教水泥厂窃电4次，计18.4万千瓦时，折合人民币74520元。这些钱现已如数追回。根据有关规定，还要对其进行两倍的罚款。美梦破灭，一把铅封钳，成了聂某聚财的“宝贝”，以至于李某要其交出，聂某说什么也不愿意。一旦聂某把铅封钳交出，就等于丢掉了“饭碗”。

1999年5月，聂某自己来到镇东方宾馆住下，想找个单位“创收”。一天，聂某在和东方宾馆一路之隔的999饭店吃饭时，认识了该店的老板马某，聂某对马某说他会窃电，技术如何如何。尽管事后马某给其介绍了2家水泥厂，但由于这两个厂装的是电子计量表，窃电没能成功，只好回家。

没过多长时间，李某又打电话叫聂某来窃电。7月12日，聂某带着老婆孩子和窃电工具在东方宾馆“安营扎寨”。在聂某被抓前几个小时，李某还打电话跟聂某联系，“过两天就来找他”。可没想到的不是李某，而是电业局的执法人员。经过审讯，聂某对其犯罪事实供认不讳。

7月25日，市公安局将聂某刑事拘留，并将其同伙，参与窃电的黄河水泥厂电工牛某、兴教水泥厂副厂长田某和马某刑事拘留，李某现在逃。7月30日，这4人被逮捕，等待他们的将是法律的严惩。

【评析】

以上两案都是利用专业技术窃电的案件，但与普通的窃电案件又有不同。一是行为上是帮助他人窃电；二是利用自己掌握的电力专业技术；三是主观上故意帮人窃电以获得利益。此类案件更具复杂性、隐蔽性。窃电用户会以电不是我偷的，拒认法律责任；帮人窃电的“专家”会认为所得电能不是我用的，自己没有窃电。事实上，两者对共同盗窃的主观故意是十分明确的，只不过行为分工不同而已，所得利益的归属或处理不影响共同窃电罪的成立。

某加工厂承包人伙同他人共同窃电案

【案情】

1996年9月15日至1998年8月12日，被告人王某在与吴某、古某（二人均另案处理）共同承包及被告人王某单独承包某市龙宝金属结构加工厂中频电炉车间炼钢生产期间，伙同被告人李某采取用3对线夹子夹住电表CT线形成短路的手段，漏计电量，盗窃电力供炼钢车间使用，窃电价值人民币483179.47元。1998年8月12日21时许，公安机关查获二被告人的犯罪事实并对现场进行勘查。同日22时许，被告人李某到某金属结构加工厂配电室将作案工具3对线夹子取下，藏匿于其家中。8月13日凌晨，被告人李某主动到公安机关投案自首，如实交待了其犯罪事实并将线夹子交出。被告人王某已退赔人民币118629元，被告人李某退赔人民币5000元，均已发还给供电局。

法院认为，被告人王某、李某为谋取个人私利，盗窃电力，数额特别巨大，其行为均已构成盗窃罪，均应依法惩处。被告人王某在共同犯罪中起主要作用，系主犯；被告人李某在共同犯罪中起次要作用，系从犯，依法应减轻处罚。被告人李某在犯罪后主动到公安机关投案自首、依法可从轻处罚。被告人王某已退赔部分经济损失，可对其酌情从轻处罚。被告人李某认罪态度较好，并积极退赔损失，可对其酌情从轻处罚。依照《中华人民共和国刑法》第二百六十四条，第二十五条第一款，第二十六条第一款、第四款，第二十七条，第六十七条第一款，第五十五条第一款，第五十六条第一款，第七十二条第一款，第七十三条第二款、第三款，第六十四条的规定，判决如下：

一、被告人王某犯盗窃罪，判处有期徒刑十三年，罚金人民币20000元，剥夺政治权利二年。

二、被告人李某犯盗窃罪，判处有期徒刑三年，缓刑三年，罚金人民币5000元。

三、被告人王某、李某退赔人民币359550.47元。

四、随案移送的作案工具三对黑色线夹子予以没收。

【评析】

这是一起典型的窃电案件。电能是一种特殊的商品，属于法律上的财产，受国家法律的保护。任何人都不得侵害公私财物。本案被告有窃电的共同故意，并实施了窃电的具体行为，从中获得了利益，国家财产受到损失。其行为已具备共同盗窃罪的所有构成要件，理当受到刑法的制裁。

全国首例“消除高压线路危险”诉讼案

【案情】

1994年年初，某市马某等4人以高压线下其居住处存在“感应电压”和“电压”为由，起诉某电力局高压供电公司，请求法院判令“消除危险”。此案在全国电力系统尚属首例。诉讼结果如何，将直接关系到有关电力法规及电力技术规程的科学性、权威性及其贯彻实施，关系到全国电业高压线路的基本建设和生产运行等。

原告在诉状中称：从其房屋上通过的输电线路电压高达220千伏，自从这条线路使用后，原告及其家人深感极度危险，主要表现在电视机室外天线经测试带有220伏以上的感应电压；院中任何一根不接地的金属物体或导电体均带有220伏以上的电压；若站在院中，人体便带有36伏以上的电压。这些“危险”导致全家异常恐惧，天晴时尚敢在院内停留，雷雨时全家躲在屋中不敢出屋，雷鸣电闪之时，就得关闭家中所有电器，每人脚踩一块木板，躲在房中，深恐触电身亡，真是惶惶不可终日。

受案法院十分重视这一案件。经过核查得到：原告所称“通过”其住房的高压输电线路是20世纪80年代末根据国家计划建设的送变工程，该工程经某市规划管理局批准，由市电力设计院设计、市电力基建承包公司建设、市电力局高压供电公司运行管理。当时，某市电力设计院严格按照有关规定，根据该地区地形特殊，依据在人口稠密区尽量不跨越建筑物，如需跨越，也应少跨越或不正跨越的原列进行初勘和设计。设计中该线路已基本避开原告住房，其边导线仅擦土房西端的棚角（非住房）。尽管如此，为安全起见，设计仍按跨越处理，加大了安全距离，并采取了一系列安全措施。施工前，某市供电所议定给付原告3万元人民币作为房屋拆迁费，要求其拆迁土房，再建房须防火屋顶，且高度不得超过当时房屋。某电力局经实地勘测，测导线距原告屋顶垂直距离分别为9.9米和10米，而根据现仍适用的原水利电力部《架空送电线路设计技术规程》（SDJ 3—79）（以下简称规程）第98条规定：220千伏送电线路跨越房屋时，在最大计算孤垂情况下，导线对房屋最小安全距离为6米；在最大计算风偏的情况下，线路边导线与建筑物之间的距离不应小于4米。可见，即使在按跨越处理的情况下，此线路不仅完全符合《规程》规定的标准，而且大大超过《规程》所要求的安全距离。然而，首次开庭审理，法院并未得出结论，却提出了一个十分关键问题：设计符合《规程》是否就意味着不存在原告所称“危险”?

为了搜集证据，应诉人员先后走访了电力工业部、劳动部、卫生部、电力规划设计总院、国家标准局等有关单位，查阅了大量的资料，征求了权威的解释。同时，有关人员还进行了大量的实地测试，终于得到了科学的结论：本案原告所请求消除的

“危险”，事实上并不存在。

在事实面前，原告只得当庭提出撤诉，法院裁定准许其撤诉。至此，这场延续将近一年的诉讼案以原告撤诉而宣告终结。

【评析】

此案实质上是相邻关系纠纷。《电力设施保护条例》第21条规定，新建架空电力线一般不得跨越房屋，特殊情况需要跨越房屋时，电力主管部门应采取安全措施，并与有关单位达成协议。第22条规定，公用工程、城市绿化和其他设施与电力设施及其附属设施，在新建、改建或扩建中相互妨碍时，双方有关单位必须按照本条例和国家有关规定协商，达成协议后方可施工。应该说，被告在建设线路时已严格按条例规定对原告房屋跨线问题作了妥善处理，既采取了安全措施，又给予了经济补偿，所以被告是不存在过错的。事隔两年后，原告诉上法庭要求消除所谓的危险，完全是由于其不懂电压的物理特性，对电缺乏科学了解所致。对架空电力线路跨越房屋究竟会对人体和家用电器产生什么影响，被告取得了大量的证据，对我们今后处理类似案件有借鉴意义。

李某诉某电厂电磁辐射及噪声污染案

【案情】

1999年1月，李某以高压线电磁辐射和发电机组噪声过大，妨碍居民生活为由，向法院提起排除妨碍的民事诉讼请求，要求某电厂拆除高压线并关闭发电机组。

原告诉称，其有北房4间、东房1间，北房距电厂6号机组的220千伏高压线、架线铁塔7.5米，东房与铁塔相连，违反了《电力设施保护条例》关于保护区15米的规定；该高压线产生较高的工频场强、干扰场强，给其造成危险，影响了正常生活，根据《电业安全工作规程》，在阴雨天半径8米之内属于危险区；高井电压加热站水泵及2、3、6号机组运行噪声大，对其生活构成妨碍。被告辩称：电厂6号机组建于1974年，关于防护区的距离应适用于当时的规定，不应适用现行法律、法规，而高压线与原告房屋的距离完全符合水利电力部《电力线路防护规程》关于防护区的规定。原告建房均无审批手续，并非合法财产，原告不具备主体资格，同时难以证明原告的房屋与电厂高压线、铁塔建设时间的先后。根据市环保局所做的监测报告，原告住房处的电磁环境指标不超标，对原告并不构成妨碍；只是噪声大了一些，并不影响原告生活，电厂可以采取措施降低噪声，但不同意原告的诉讼请求。

法院经审理查明：李某东房1间是1975年新建的，北房4间是1986年对原有房翻建而成，新建、翻建时均无有关部门的书面审批手续。电厂于1974年扩建6号发电机组，该机组的220千伏高压母线建于西北厂墙内侧，现原告所使用的东房大致位于高压母线北部终端向北的延伸线上。市环境保护监测中心于1999年2月10日、23日对原告住房所在地电磁环境、噪声与振动环境进行了监测，并做出了《高井发电厂电磁环境监测报告》及《高井发电厂噪声与振动监测报告》。前份《报告》称：部分住房室内和室外场强大于正常环境值（正常环境工须场强一般为2～5伏/米），加之干扰场强较高，建议采取适当措施，改善居民院电磁环境。后份《报告》称：原告住房处的振动指标小于65dB，符合评价标准。

法院经审理认为：1974年电厂扩建6号机组、架设220千伏高压母线及终端架线铁塔，防护区距离符合《电力线路防护规程》关于154～220千伏架空电力线路防护区距离的规定，是合法的。作为电力设施，该高压母线及终端架线铁塔受国家法律保护，禁止任何单位或个人实施危害该设施的行为。原告认为其房屋距高压母线及铁塔不足15米，违反了《电力设施保护条例》规定，对其构成妨碍所发生的争议，应在电厂改、扩建保护区过程中解决，并非法院主管范围，故对原告以此为由要求排除妨碍、拆除高压母线及架线铁塔的请求，本院不予处理，但为解决双方之间的上述争议，本院将向有关单位发出司法建议。原告所称的《电业安全工作规程》对本案中的架线铁塔并不适用。对于电磁辐射对人体危害及具体标准，我国尚无相应规定，故原告所称被告220千伏高压母线的电磁环境对其构成妨碍缺乏法律依据，本院不予采信。原告以此为由要求拆除电厂220千伏高压母线及架线铁塔的要求，本院不予支持。由于原告住房处的噪声来源于高井电厂工作中的加热站水泵及2、3、6号发电机组，且夜间噪声超过标准。故被告在改、扩建高压线保护区过程中，应一并解决该问题，积极采取措施降低噪声，使噪声值符合标准。对原告现提出的要求关闭电厂加热站水泵及2、3、6号发电机组的请求，本院不予支持。1999年7月22日，法院作出判决，驳回原告的诉讼请求。

【评析】

此案是近年来发生的电力环保案件中比较典型的一个。

此案虽然驳回了原告的诉讼请求，但是法院从司法建议的角度，对发电厂落实电力法规和治理噪声扰民问题，提出了希望和整改要求。电力设施保护区的划定和保护，妨碍与反妨碍等，需要发电厂从维持生产的整体和全局来重新认识。

杨某诉某电业局电磁辐射污染案

【案情】

杨某系某市雨花亭乡自然岭村村民，其家在电业局220千伏变电站围墙旁边。

220千伏线路跨房而过，该线路的482号铁塔建在其房前小院内。其父母患病多年。

1996年7月12日，杨某以电业局在其家庭院内建铁塔便犯其土地使用权为由，向市某区人民法院提起诉讼，要求电业局赔偿侵占其土地经管使用权造成的损失13万元，并拆走铁塔或另安排同等宅基地建房搬迁。电业局应诉后，进行了答辩，依法向法院提供和陈述了相关的证据和理由。在双方调解未果的情况下，1996年11月11日，区人民法院作出（1996）民初字第847号民事判决书，认为被告电业局征用原告使用的土地经过了市人民政府土地管理部门的批准，使用上述土地系合法的民事行为，原告要求电业局赔偿于法无据，对原告杨某提出的诉讼请求不予支持，并判决其承担本案的诉讼费用。

1996年11月19日，杨某不服一审判决，向市中级人民法院提起上诉，要求撤销原判，依法改判。同时，上诉人杨某还通过各种途径和方式四处申诉和控告。且其控告和申诉的理由和重点逐渐也从一审时的土地使用侵权转变到电业局高压架空线路的电磁辐射对他家人造成的损害上来。并从相关刊物上摘引了几篇有关电磁辐射危害人体健康的文章以为佐证。二审开始以后，电业局依法向法院作了答辩，就土地征用和电磁辐射等方面的有关情况回答了法院的询问，并协同法院对220kV变电站及220kV线482号塔作了现场调查。电业局又先后委托省环保科研所及国电公司电力科研院对220kV线路482号塔周围工频电磁场进行了测试，由于国家和国际上目前都没有明确的标准，两份测试报告的结论中也均没有较明确的定论，只是表明测试数值小于国外的参考限值。1999年3月22日中院召集当事人双方进行调解，考虑到本纠纷是关系到电力工业发展的大事，因此，电业局未同意调解，并要求中院依法予以判决。此后，中院曾到国家电力公司和国家环保局相关部门听取有关方面的意见。中院二审期间，原告经常纠缠法官干扰其工作，并言称要将其病重的母亲抬到法院，在此情况之下，市中级人民法院于1999年6月8日作出民事裁定书，裁定电业局用现金先行支付原告医疗费2000元。在此期间，原告又要求追加诉讼主体。1999年6月23日，市中级人民法院作出（1997）中民终字第19号民事裁定书，认为原告要求追加诉讼主体符合法律规定，裁定撤销市某区人民法院（1996）民初字第847号民事判决，发回区人民法院重审。

区法院经过审理，于2000年8月作出（1996）民重字第847号民事判决书，认为电业局征地架设高压输电线路，手续完备合法，原告诉电业局侵犯其土地使用权，于法无据，不予采信；根据省环境卫生保护局和国家电力科学研究院的测试报告，原告住宅周围的电磁场强度和辐射均小于国内国际限值标准，且电业局架设的该输电线路符合设计规程安全距离的规定，故认为原告所患疾病与电业局架设高压输电线路无因果关系，原告要求电业局赔偿人身伤害损失和精神伤害损失的诉讼请求，于法无据，不予支持；并判决驳回原告要求电业局为其重新安置补偿和赔偿人身伤害损失及精神损失的诉讼请求，诉讼费由原告承担。

原告败诉之后，又上诉至市中级人民法院。市中级人民法院依法组成合议庭，审理了此案。2000年12月14日，市中级人民法院作出（2000）中民一终重字第802号民事判决书，认为原审判决认定事实清楚，适用法律正确，上诉人上诉理由不成立，判决驳回上诉，维持原判，上诉费由上诉人承担。

【评析】

（1）这起高压导线电磁辐射污染索赔案，引起了电力部门、环保部门、电力用户及社会各界的密切关注。由于房屋拆迁补偿、线路走向规划等原因，在电力建设当中，架空电力线路完全避免跨越房屋是难以做到的，按照《电力设施保护条例》及《架空送电线路设计技术规程》的规定，一般不得跨越房屋。确需跨越的，应当达成协议并采取安全措施，以保证电力线路和房屋双方的安全。法律的这种规定是符合我国电力建设实际的，跨越住房也是一个合法的实际存在。在认真执行电力法规和电力技术规程的情况下，如果电业局对杨某诉电磁辐射损害一案进行让步或者败诉，势必会对本省乃至全国的电力建设产生两个方面的影响：第一是电力技术规程是否可以继续作为施工依据，遵守规程与不遵守规程是否都面临同样的法律否定？第二是如果法院最终判决杨某胜诉，也就等于在法律上认同了杨某所言的“全家受高压电磁场的长期伤害”，“被囚禁在电磁场危禁区域中生活”，“生命毫无保障”（摘自杨某的诉状）。这势必会对长期工作在高压电磁辐射之下的电力职工造成心理上的压力，产生不稳定因素，危及电力生产的正常、安全运行。

（2）这条220千伏线路是由某省电力勘测设计院严格按照《架空送电线路设计技术规程》的规定设计，电业局严格按照设计图纸施工建成的。该线路对杨某家房屋的垂直距离和净空距离都超过了《架空送电线路设计技术规程》中规定的6米和5米的距离。在满足以上安全距离的前提下，有关高压输电线路电磁辐射是否会造成对人体健康的损害，国内外没有一家权威机构作出过这种结论。而就从该线路底下的所有住户中只有杨之辉一家“受高压电磁场的长期伤害”、“生命毫无保障”的所谓“事实”来看，也可以看出其家人的生病和跨房而过的高压线路是没有必然的因果关系的。况且，医院出具的诊断书也只是说明了其家人确实患有某种疾病，而并没有确诊这种病是由高压线路的电磁辐射所导致，这也是原告举证时致命的弱点所在。所以，杨某无论起诉电业局土地使用侵权还是电磁辐射污染都是于法无据的，也是不符合电力科学原理和物理原理。

（3）尽管国家环保局对此案的高度关注和对原告的倾斜，最高人民法院的介入，以及电科院的测试报告结论中没有较明确的定论及各方对电科院鉴定结论的权威性和公正性的怀疑，对此案的审结曾带来一定的影响。且近年来，国家对环保工作力度的不断加大，也使此案的审理遇到更多外因。所以，此案的胜诉来得特别艰难。而来之不易的胜诉更应该成为处理其他类似案件的借鉴，这是科学官司的最突出特点，要从最高审判机关和最高环保机关以及最权威电力科研机构的介入当中认真体会：既注重环保，又要维护国家环保标准和技术标准，否定了标准或抛弃了标准，便无从有效地加强环保。这是一个二难定律，标准本身就是充分考虑环保的产物，环保融于标准之中而不是存在于标准之外。

阎某私自在责任田架设电网致人死亡案

【案情】

某村村民阎某发现责任田里有老鼠坑，稻穗被老鼠吃掉很多，便萌发了电网捕鼠的念头。1996 年 9 月 20 日阎某用细铁丝在有老鼠坑的责任田四周架起了电网，并于当晚接通 220V 的电源，守在稻田边捕鼠。9 月 22 日晚 8 时许，阎某在该稻田东西两侧的田埂上各插了一块写有“注意有电”的纸牌，并继续守在该处通电捕鼠。当守到晚 10 时许，阎某感到天冷，在未切断电源的情况下回家穿衣服。当阎某穿好衣服返回稻田察看鼠情时，发现前来该处捕青蛙的松山村村民叶某双腿压在电线上，仰面躺在稻田里，已触电身亡。阎某见此情形，立即切断电源，返回家中把此事告诉本村民小组的李某和张某、王某等人，后由王某留下保护现场，当晚阎某随同张某等人去高兴派出所投案自首。叶某经法医鉴定属电击死亡。9 月 23 日阎某被县公安局刑事拘留，9 月 30 日县检察院批准逮捕。11 月 28 日县检察院以阎某犯有以私设电网的危险方法致人死亡罪，向县法院提起公诉。县法院公开审理了此案，并于 12 月 11 日作出（1996）兴刑初字第 54 号判决，认为阎某无视国家法律，擅自在稻田里架设电网，严重危害了社会公共安全，造成一人死亡的后果，其行为触犯了《中华人民共和国刑法》第 106 条规定，构成以私设电网的危险方法致人死亡罪。鉴于阎某在案发后主动投案自首，具有法定从轻处罚情节，为维护社会公共安全，确保公民的生命健康，惩罚犯罪，县法院依法判处阎某有期徒刑 3 年，缓刑 4 年。

【评析】

此案是因违章用电引起的，阎某擅自改变用电类别，私设电网捕鼠，属于《刑法》第 2 章规定的危害公共安全行为，并造成一人死亡的后果，已触犯《刑法》第 106 条关于以其他危险方法致人死亡的规定，构成危害公共安全罪。

《电力法》和《电力供应与使用条例》对安全用电作出了原则规定，安全用电作为用户的一项法律义务明文载入电力法律法规条文之中。如《电力法》第 32 条、34 条规定，用户不得危害供电、用电安全和扰乱供电、用电秩序；用户应当遵守国家有关规定，采取有效措施，做好安全用电工作。《电力供应与使用条例》第 29 条规定，用户应当采用先进技术、采取科学管理措施，安全用电，避免发生事故，维护公共安全。阎某擅自将农业用电（或生活用电）改作其他用途，私设电网捕鼠，显然是违反安全用电原则的。

危害公共安全罪侵害的对象是不特定多数人的人身或公私财产，使公众的人身或财产受到危害。阎某私设电网对公众的人身或财产安全存在危害，但阎某的目的是捕鼠而不是害人，在主观上对叶某触电身亡不是持希望或放任的态度，而是由于疏忽大意或者轻信能够避免酿成的。如阎某认为责任田两侧插有“注意有电”纸牌，人们看到纸牌会避开的，但阎某没有考虑夜晚天黑看不见这一因素。再如阎某主观上认为晚上 10 点多，这么晚了不会再有人来，回家穿衣服这一会儿功夫不会出事。由于阎某主观上是过失而不是故意，并且投案自首，所以法院从轻判处其 3 年有期徒刑。

农村实行承包责任制后，农民在经营责任田、责任山、果园、菜田时，出于防止牲畜啃青、地鼠偷食粮食、坏人偷盗等种种目的，私设电网致使人畜触电伤亡之类的案件时有发生，严重危害了公共安全，也扰乱了农村用电秩序，妨碍了供用电安全。虽然私设电网的农民受到了法律的惩罚，然而，其行为给受害人家庭、给社会所造成的危害是难以弥补的，教训是深刻的。电力部门特别是县电力局、乡村电管站对农民私设电网护林护田应作为农村用电检查内容坚决取缔，以保证公共安全。

儿童爬上房地产开发公司违章建房触电，供电企业不承担赔偿责任

【案情】

1996 年 11 月，某供电局收到起诉本局月山分局与高河房地产开发公司共同过错侵权的民事起诉状。案由是：8 岁的原告丁某从自家房顶到 67 号邻居家平台（由高河房地产开发公司开发的违章建筑）玩耍，被带电的高压线击倒灼伤，造成终身残废。为此，原告将供电局月山分局作为第一被告，要求赔偿 82 万元。供电局接到起诉书后，进行了调查研究，从区分民事责任和行政责任入手，依据实施不久的《电力法》有关条款，紧紧抓住原告和高河房地产开发公司的违法事实，给予辩驳。

具体经过：1996 年 6 月 15 日上午 11 时许，原告丁某放学后，与一名叫方某的小孩先上自家房顶的阳台上玩耍，后又翻越过两住房的平台，在邻居戴某家平台上玩耍

时，丁某不慎被架设在邻居戴某家阳台上 06 号 10 千伏高压线击倒，后虽经送往高河康复诊所、安庆石化医院、安徽省立医院、上海长海医院治疗，仍留下严重电烧伤，双手、背部、右腕部及左手大拇指、食指等创伤面积达全身的 10%，双上肢、背受伤严重，有上肢前臂被截除的严重后果，而造成丁某电击伤残之严重后果系与月山分局违章架设 06 号高压线和高河分公司违章建房有直接因果关系，故要求被告赔偿原告身体受伤的医疗费、残疾者用具等费用共计 822452 元。

月山分局称：06 号 10 千伏高压线路是月山分局高河供电所 1988 年 8 月架设投运，当时，线下是一片稻田，从架设到施工，均特意避开了居民房屋等建筑物，导线对地垂直距离为 8 米，完全符合国家有关高压线路运行规程的规定，属按章架线。原告触电，主要是由于高河分公司无视电力设施保护的有关规定，在 06 号高压线保护区域内违章建房所造成。此外，原告监护人亦应负相应的责任。原告起诉事实不清，责任不明，其要求月山分局承担赔偿责任的理由不能成立。故不同意承担丁某的医疗等费用。

高河分公司称：原告丁某家阳台离 06 号高压线距离为 14 米多，属安全区范围，故丁某触电事故与高河分公司无关，请求驳回原告的诉讼请求。

第三人戴某称：丁某触电事故是在高河公司出售给第三人的平台上，而不是在第三人后建的平台上，故第三人不应承担赔偿责任。

经查明，造成丁某电击的 06 号高压线系安庆供电局月山分局 1988 年架设投运，当时线下是成片稻田，导线实际对地垂直距离为 8 米左右，符合《架空配电线路设计规程》的有关规定，且一直正常运行。1993 年 6 月，县房地产开发公司高河分公司未经县土地管理局和县城乡建设局的批准，仅通过镇政府征地 40 亩，兴建高河商城，其中有一部分房屋兴建在 06 号高压线的线路保护区域内。第三人戴某的房屋是 1994 年 6 月向高河分公司购买的，该房二楼房顶平台从东到西长 13 米，宽 4.05 米，其中从东到西 8 米系高河分公司建造出售，后 5 米系戴某自建，丁某出事地点据目击者指证，是从东到西约 6 米处，即高河分公司出售的平台内。该房顶距 06 号高压线垂直距离 1.9 米，隔热层距导线垂直距离仅 1.7 米，平行距离约 20 厘米。同时查证，1994 年 8 月，月山供电分局发现高河分公司在其 06 号导线保护区域内建房的情况后，发出《限期整改通知书》，限高河分公司须在 20 日内整改（包括安装，拆迁）结束，逾期未执行的，一切后果自负。同年 11 月，又向一部分已搬进新居的住房发出违反《电力设施保护条例》的隐患通知书。1996 年 6 月 10 日，月山分局又发出月电生字（1996）第 22 号《关于加强线路保护的若干意见》文件，由于有关单位未予配合致危险状态仍在持续之中。

法院调查认为，被告县房地产开发公司高河分公司于 1994 年 6 月，在未领取合法有效证件的前提下，即在06号10千伏高压线的线路保护区域内建房并公开出售，该行为严重违反了我国《城市规划法》和《电力法》的有关规定，也是导致丁某被电击伤的重要原因，故其应承担主要民事责任。第三人戴某购买高河商城67号房屋后，未经有关部门批准，私自在该房后半部分建造二楼，属违章建筑，同时也给原告到出事地点提供了方便，故亦应承担相应的民事责任。此外，丁某系无民事行为能力人，由于其监护人未尽到监护之责，使丁某从自家阳台连续翻越中间两个住户的平台，到67号房屋平台上玩耍，造成触电事故，故应承担一定的责任。另外，该段06号高压线系供电局月山分局架设，当时该线路对地距离等均符合规程要求，同时月山分局发现高河分公司在06号高压线下建房的危险情况后，曾先后发出《限期整改通知书》和《隐患通知书》、《关于加强线路保护的若干意见》等通知和文件，强调有关单位要尽快地消除线路保护区内的建筑等障碍物，由于有关部门未予配合执行，致该问题未得到解决，故月山分局作为06号高压线的所有权人，在丁某触电事故中没有过错责任，原告诉称其违章架线与事实不符。据此，依照《中华人民共和国民法通则》第九十八条，第一百零六条第二款，第一百一十九条和《中华人民共和国电力法》第六十条第二、三款之规定，做出如下判决：

一、驳回原告丁某提出的要求市供电局月山分局承担赔偿责任的诉讼请求；

二、原告丁某的医疗费25030.24元、继续治疗费2000元、车费5486.39元、电话费67.85元、残疾人生活补助费30612元、安装假肢（包括维修）费20380元、安装假肢车旅费8000元、营养费5000元、陪护费5800元，合计102376.48元，由县房地产开发公司高河分公司承担88138.83元，戴某承担4000元，丁某的法定监护人自行承担10237.65元。案件受理费13210元，其他诉讼费2600元，由县房地产开发公司高河分公司负担13829元，戴某负担400元，丁某负担1581元。

至此，供电局依靠《电力法》打赢了一场触电赔偿官司。

风刮树倒，线断人亡，线树所有人难辞其责

【案情】

1998年9月2日17时22分，某市狂风大作，电闪雷鸣，暴雨倾盆，风力达8级，风速每秒20.2米，道路上积水越来越深。19时20分左右，高丽营镇张喜庄村范某住房后一棵椿树，在巨大风力的作用下，向院外的道路上倒去，恰好将墙外380伏电线砸断，造成该村部分地段停电。19时40分左右，范某走出家门，发现这一情况，但未采取措施消除危险。20时20分左右暂住此地的江西人沈某骑自行车途经此地，天黑路暗，一头撞在刮倒的树上，摔在积水中。由于带电电线跌落，积水带电，

沈某当场中电身亡。21时30分左右，派出所民警接警赶赴现场，委托法医进行鉴定，结论是：意外事件，电击死亡。

9月23日，沈某的妻子崔某、子女、父母等5人一起向法院起诉。原告诉称：①区供电局架设电线时应当考虑与障碍物之间的安全防护距离，但供电局没有考虑到树木可能对电线造成的损害，也未要求树木所有者砍伐，是造成事故的主要原因；②树木所有者范某应当预见到此树随时有折断的可能而未及时砍伐，应承担一定责任；③要求两被告赔偿死亡补偿费、抚养子女及赡养父母的生活补助费等190920元。开庭审理后，原告认为村委会亦有一定责任，申请追加村委会为被告，并变更诉讼请求，要求三被告连带赔偿各种费用共计531120.20元，其中精神损失费30万元。

区供电局接到诉状后，及时与市供电局联系，确定法律顾问担任诉讼代理人，处理诉讼事宜。诉讼代理人经过勘查触电现场，发现触电线路是农村集资自建低压线路这一重要线索。供电局在庭审中指出：①线路产权不属于我局，也不是我局所建，不在我局维护管理范围；②根据《电力法》规定，我局没有砍伐树术权利，按照《供电营业规则》规定的产权确定责任原则，应当由线路产权所有者承担责任。

合议庭审理后认定：村委会作为被砸线路的产权人，在大风天气的恶劣条件下，发现断电后未能采取有效措施进行线路设备检修，也未向有关部门进行停电询问，并且未能采取有效的漏电保护，对沈某之死负有主要责任；范某在知道自家之树砸断电线且当时停电的情况下未能采取有效措施消除危险，对于沈某之死负有一定责任。对沈某之死造成的经济损失，由村委会和范某两被告按各自的过错承担责任，区供电局依有关规定不承担民事责任。

【评析】

沈某触电死亡赔偿案一审结束，以线路所有人村委会、树木所有人范某两被告承担赔偿责任，区供电局不承担民事责任暂告平息。判决是公正的，法律还供电局一个清白。胜诉来之不易，因触电事故推上被告席，“被告加被动”的诉讼地位使供电局不得不费尽周折地辩解、举证。当被告的苦衷始终困扰着供电局，取得此案的诉讼结果当然值得称道，但并不理想的诉讼结果往往更为常见。特别是随着“两改一同价”的农电体制改革，使供电局的法律责任承担面临新的形势。按照电力法规规定的产权确定责任原则，过去的农网管理体制下，许多电力线路、设备的产权不属于供电局。供电局因此尚可以免责。改革要求供电局集中管理农村电网，随之而来的维护、检修、管理责任以及由此引起的法律责任，也要供电局承担。所以，农电改革一方面扩大了供电营业区域，另一方面也增加了供电企业的法律责任，在触电事故中担当被告的机会更多了，对此要有清醒的认识，及早研究和采取对策。

青某钓鱼触电索赔案

【案情】

1998年8月1日上午9时许，青某在位于某市郊区某村徐某等3人合伙承包的鱼塘东西堤下（即11万伏昌纺线33～34号杆间南侧以远）钓鱼。约两个小时后（上午11时左右出现了雷雨天气，雷雨过后），青某便要求鱼塘承包人徐某用船将其运到塘对面看鱼棚旁（即11万伏昌纺线33～34号杆间高压线下）钓鱼。当青某垂钓至下午16时半左右，突然被正在运行的11万伏高压线短路拉弧放电烧伤。事发后，与青某同去钓鱼的同事及村民将青某送往省一附院抢救、治疗，住院84天，共用去医疗费98696.40元（供电局已付5万元），原告伤未痊愈即出院。出院证明书建议休假一年。

1998年8月9日，青某向市中级人民法院起诉，要求市供电局承担触电赔偿责任。市中级人民法院受理。

1998年11月19日，法院司法技术处对原告的伤情进行了鉴定，结论为伤残四级。1999年4月23日，法院委托华中电管局对产生高压线短路拉弧放电烧伤原告的原因进行鉴定。经鉴定结论为，1998年8月1日11万伏昌纺线跳闸系33～34号间的钓鱼者起竿，致使导线对大地、导线对架空地线间拉弧放电所造成。

审理中，被告供电局提出反诉，并要求追加鱼塘所有者和鱼塘承包人为本案共同被告参加诉讼。

市中级人民法院认为，《架空送电线路设计技术规程》规定，11万伏输电线路在交通困难地区，导线对地面的最小距离为5米，导、地线间的平行或垂直距离为4米，强度设计安全系数不应小于2.5米。11万伏昌纺线全长13.33千米，导线对地最小距离大于5米，导、地线间的距离大于4.3米，强度裕度系数2.5。该线段33～34号杆挡距为254米，C相导线最低点与地面距离5.7米，导、地线间的距离大于6米，符合上述规程的规定。原告被昌纺线33～34号间的高压线路短路拉弧放电烧伤致残属实，其烧伤的原因，经鉴定，系原告起竿导致导线对大地、导线对架空地线间拉弧放电所造成，责任在原告本身，原告应负本案的全部责任，其要求被告供电局赔偿医疗费等损失无理，被告供电局不应承担本案的民事赔偿责任。因此，被告供电局反诉要求驳回原告的诉讼请求，及要求被告返还其已索要的5万元人民币的理由正当，应予支持。但其提出因被告鱼塘承包人徐××对原告去昌纺线33～34号杆间高线下垂钓未加阻止，致使事故发生，鱼塘承包人及鱼塘所有者亦应承担相应的过错责任，以及要求原告承担线路抢修费用等理由不能成立，本院不予采纳。依照《民事诉讼法》第 64 条、第 130 条和《民法通则》第 106 条、第 117 条第一款规定，判决如下：

一、驳回原告青某的诉讼请求；

二、原告青某应在本判决生效后一个月内返还被告供电局人民币 5 万元；

三、被告供电局的其他反诉请求不予支持。

案件受理费 10467 元，反诉费 2321.07 元，鉴定费 2000 元，共计 14788.07 元，由原告承担 14363.32 元，被告供电局承担 424.75 元。

【评析】

这起索赔案是该省电力公司所属供电企业处理的第一个钓鱼触电案例，这为供电企业今后处理类似问题提供了一个较好的参考判例。这起钓鱼触电索赔案，完全是由原告违反规定擅自到高压线下垂钓甩竿所致，责任应由原告自己承担，法院经过大量的调查取证和请电力技术科学权威部门进行技术鉴定，判决供电企业没有责任，原告败诉，其正确性在于：

1. 11 万伏昌纺线符合《架空送电线路设计规程》，自投运以来运行情况良好，未发生过断线事故。

2. 1998 年 7、8 月正值该市发大水之时，原告钓鱼的地方被洪水淹没只看见一点道埂，是鱼塘承包人用小船把原告送到离市供电局 11 万伏昌纺线 33～34 号杆间南侧以远鱼塘垂钓，责任在原告。

3. 原告所用的钓鱼竿是碳素钓鱼竿，在手持部位明显标明“感电危险”。作为一个成年人也应该知道是很危险的，而且钓鱼竿与潮湿鱼线的长度大于高压线对地距离，在起竿时很容易将鱼线甩到高压线上（事实确是如此），这点原告也应知道，所以责任应由原告自己承担。

4. 按照电力法律法规规定，电力运行事故是由用户或者第三人过错造成的，应由该用户或者第三人承担赔偿责任。所以市供电局提出反诉要求原告赔偿供电局全部损失，是正确的，而且是非常必要的。

刘某钓鱼触电索赔案

【案情】

1996 年 7 月 1 日下午，原告刘某，男，33 岁，个体户，在未经被告张某（男，25 岁，鱼塘承包户）许可并在场的情况下，擅自到被告张某承包的鱼塘内垂钓。该鱼塘入口处挂有一块钓鱼须知，写明严禁在高压线下垂钓，鱼塘边插有“禁止钓鱼”的警告标志牌。原告在垂钓过程中鱼竿与高压线相触，致其全身电击伤，经市医学院的附属医院断为：高压电击伤并电弧烧伤全身多处32％Ⅱ度－Ⅲ度，经治疗已花医药费34568.29元。

原告刘某诉称：我在垂钓过程中鱼竿被吸附搭触到从鱼塘上空横跨过的高压线上，致我全身大面积烧伤，要求被告张某和被告市供电局赔偿各种费用52016.60元。

被告张某辩称：原告在我不在鱼塘且塘边插有“禁止钓鱼”的警告标牌的情况下，擅自到我鱼塘偷钓，在偷钓过程中其碳素鱼竿与鱼塘上空的高压线相碰而致烧伤的后果，因我方无任何过错，故不应承担任何民事责任。

被告市供电局辩称：原告擅自到插有禁止钓鱼标志牌的高压线下钓鱼，其行为违反了《电力法》第4条和第54条的规定，所引起的一切后果由原告自己承担。

区法院经审理认为：原告在被告张某承包的鱼塘内垂钓遭高压电击伤的后果，因原告在鱼塘承包人不在且又未征得承包人同意的情况下，擅自到插有“禁止钓鱼”的鱼塘内偷钓，在偷钓过程中未按钓鱼须知的告示垂钓遭电击伤，其过错在于原告自身，两被告均无责任，故原告要求两被告赔偿医药费等费用无事实及法律依据，不予支持。况且被告张某对鱼塘插有禁止钓鱼的标牌，不对外开放，不属于经营性质，不具有盈利受益行为。原告不按规定垂钓，违反有关电力法规，所造成的后果应自行承担。据此，依照民事法律政策规定判决如下：驳回原告的诉讼请求，诉讼费3105元由原告承担。

【评析】

法院对这起钓鱼引起的触电事故纠纷的判决是正确的，体现了以责论处，以过错大小承担责任的过错责任原则。

未经批准在高压线下挖掘鱼塘是违法的，《电力设施保护条例》第17条规定：任何单位或个人必须经县级以上地方电力主管部门批准，并采取安全措施后，方可进行下列作业或活动：一、在架空电力线路保护区内进行农田水利基本建设工程打桩、钻探、开挖等作业。《电力法》第54条规定：“任何单位和个人需要在依法制定的电力设施保护区进行可能危及电力设施安全的作业时，应当经电力管理部门批准并采取安全措施后，方可进行作业。”随着人民生活水平提高，垂钓成为越来越多人休息时间的一项休闲活动，但因垂钓触电的事故也时有发生，鱼塘所有人或管理人和电力部门往往因此被推上被告席而被法院判令承担赔偿责任。实际上，高压线下开挖的许多鱼塘并没有经过电力主管部门批准，更没有采取安全防范措施，有的电力部门对这些私自开挖的鱼塘长时期未知未查，巡线人员发现了也没有把开挖鱼塘作为执法对象，接二连三发生的钓鱼触电案说明，应当把对线下开挖鱼塘纳入电力执法检查内容，引起重视。

电信线磨破电力线绝缘层，电杆拉线带电致人死亡，电信局承担赔偿责任案

【案情】

1998年7月6日，8岁儿童杨某途经某市正羊路电信局电线杆时，手触此杆斜拉线，触电倒地，经医院抢救无效死亡。于是，死者父母提起索赔民诉，要求市电信局、市供电公司、市有线广播电视台三被告连带赔偿720499元。市供电公司接到起诉书后，立即着手调查取证，认真细致地准备出庭答辩应诉。首先，供电公司邀请有关单位勘验现场，测量、提取、收取原始材料，积极采取措施保全证据，并请公证处予以公证，增强证据的证明力，为庭审打下坚实基础。其次，供电公司根据案情，对涉案的电力法规、电信法规以及技术规程进行分析研究，在法规适用方面做到了全面、准确。第三，在庭审阶段，电力公司通过举证和正确引用相关法规，证明电信局架设线路时违反操作规程，没有保持电信线路与电力线路之间的安全距离，错误地将通信电缆线和钢绞线直接压在低压电力线路上，并且没有安全接地装置，致使钢绞线长期磨损电力线路，磨破电力线路的绝缘层，导致电杆斜拉线带电，是造成杨某触电死亡的惟一原因。供电公司的正常供电行为和触电事故之间不存在因果关系，不承担责任。

经审理，区法院判决市电信局赔偿原告185376元，承担案件受理费5217元。其他两被告不承担赔偿责任。电信局不服一审判决，提起上诉，理由是供电公司没有尽到维护检查职责，也应承担责任。

【评析】

本起触电事故是由于电信线路妨碍和侵害电力线路造成的，是没有依法正确处理相邻关系的结果。根据《电力法》第55条和《电力设施保护条例》第22条规定，电力线路与通信线路在新建、改建或者扩建中相互妨碍时，双方有关单位必须按照国家有关规定协商，就迁移、采取必要的防护措施和补偿等问题达成协议后方可施工。这里的国家规定，既包括电力法律、法规、技术规程、设计标准，还包括其他有关处理相邻关系的规定，这些专门技术规定之间在保障公共安全的科学性方面是一致的。只有按照这些规定去设计、操作、架设、运行，才能够正确处理电力线路和通信线路之间的相邻关系，排除相互妨碍，使其保持一定的安全距离，各自安全地传输信号、输送电力。本案恰恰是电信局没有按照上述规定去做，违背科学技术法规，必然遭到科学的惩罚，法院判决找对了原因，定责准确，以责论处，罚当其过，有利于督促电信局依法办事，有利于防止类似悲剧重演。

市供电公司对事故发生没有任何行为过错，当然不承担民事赔偿责任。但是在电力行政管理上，如何加强对本行政区域内各种产权的电力设施巡检执法工作，加大查处电力违法行为的广度、力度和深度，确需认真对待，以免授予他人“未尽维护检查职责”之口实。

某部队欠交电费纠纷案

【案情】

原告：某市电业局

被告：某部队

被告：某市农业局

某部队于1988年3月18日以原番号部队为申请单位，报装了本部队与某市农业局联营开办的冶炼厂高压用电，并于1989年8月16日与电业局签订了供用电协议。1996年11月30日被告申请减容，冶炼厂停产，欠交电费45万元。原告多次向被告催交电费，被告一直不予偿还。1998年12月10日原告方营业人员在向被告催交电费时，被告向原告出具了拟将冶炼厂设备卖掉后、还清电费的书面信函并加盖了部队公章，但未实际履行，原告经催交未果后，于1999年10月将此纠纷诉至市中级法院。

【审判】

法院受理此案后，根据被告的申请，追加与其联营办厂的市农业局为本案共同被告参加诉讼。

庭审时，原告在法庭上诉称：被告于1989年8月16日与原告签订了供用电协议，被告用电后累计欠交电费45万多元，原告多次催交未果。1998年12月10日，被告书面承诺要解决这一问题，但时至今日并未偿还。原告要求被告偿还所欠电费450153.87元，并按《电力供应与使用条例》和《供电营业规则》的有关规定承担电费违约金653283.74元，共计1103437.61元。

被告辩称：①与原告签订协议的原番号部队已予撤销，新组建的本部队不应承担任何责任；②本部队于1998年12月10日所写字据，是一不知情的基层干部所写，该字据应无效，冶炼厂于1996年11月份已办理用电报停手续，原告诉讼请求已超过诉讼时效；③原告所称电费实际为冶炼厂所欠，我部不能作为该案的被告，不应承担民事责任。

被告农业局辩称：冶炼厂系我局和部队与某农场共同出资开办，具有独立法人资格，所欠电费系该厂所欠，还款责任应由该厂承担。该厂成立后只生产一年多，由于管理不善及其他原因而停产。现该厂全部设备已由部队拉走，该厂所欠电费应由部队承担。

法院经审理查明：该部队的前身与原告于1989年8月16日签订了供用电协议，该用电协议涉及的1800千伏·安电力增容于1996年11月30日由被告申请退出。1998年12月10日，部队致函电业局，承诺将工厂卖掉后解决该厂所欠电费，该函经查证认定有效。距原告起诉时不足2年，故部队关于原告所诉已超过诉讼时效的辩解，法院不予采纳。同时查明现部队与其前身有财产上的承接关系，原部队的债务应由现部队承担。

另查明，部队与农业局之间的关系是联营法律关系，与本案的供用电法律关系不是同一法律关系，不能并案审理，可以另案起诉。

法院根据《经济合同法》第六条、第三十一条和《电力供应与使用条例》第三十九条之规定，判决：被告某部队欠电业局电费459153.87元，应计电费违约金653283.74元，合计1103437.61元，应于本判决生效之日起10日内支付完毕。逾期支付按银行最高贷款利率双倍计算迟延履行期间的债务利息。案件受理费15527元，由被告某部队承担。

被告某部队不服一审判决，以某部队既不是实际债务人，也不是债务担保人，不应承担责任为由，上诉至省高级人民法院，请求撤销一审判决，驳回某市电业局的诉讼请求。因其未在法院限定期限内交纳诉讼费，二审法院裁定按撤回上诉处理，双方均按原审判决执行。

【评析】

本案是一起因拖欠电费引起的诉讼案件。法院判决认定事实清楚，适用法律正确。

一、法院在审理本案时，查明了原、被告之间的争论焦点

确认了供用电协议是被告的前身与原告所签，被告某部队是供用电合同法律关系的主体，被告作为后组建部队承接了供用电协议中确定的原被告之间的供用电关系。冶炼厂不是供用电法律关系的主体，把供用电法律关系中的交费义务转移给冶炼厂没有法律依据。法院同时查明认定了被告于1998年12月10日就如何解决欠费问题致原告函的真实性（该函加盖了被告部队的公章，被告的抗辩理由不能成立），这属于《民法通则》第一百四十条关于诉讼时效中断的情形。从中断时起，2年诉讼时效期间重新计算。因此，原告有权依法请求法院保护其合法的民事权益。

二、农业局虽和被告之间存在联营法律关系，但由于农业局不是供用电法律关系主体，故不应成为本案被告

在诉讼过程中，尽管被告申请追加与其联营开办冶炼厂的农业局为共同被告。但由于冶炼厂的新装用电是被告某部队以自己的名义办理了增容手续，并以自己的名义与电业局签订了供用电协议，该法律关系的主体是部队而非农业局。故履行供用电协议中交纳电费义务的应是被告某部队，而不是农业局。

三、本案被告某部队应承担偿还所欠电费及违约金的责任

《中华人民共和国经济合同法》第六条规定："经济合同依法成立，即具有法律约束力，当事人必须全面履行合同规定的义务，任何一方不得擅自变更或解除合同。"第三十一条规定："当事人一方违反经济合同时，应向对方支付违约金。"以上法律条文明确规定了当事人必须全面履行合同规定的义务，否则，应承担违约责任。《电力供应与使用条例》第三十九条就违约金的计算方法及比例幅度作了具体的规定："逾期未交付电费的，供电企业可以从逾期之日起，每日按照电费总额的千分之一至千分之三加收违约金，具体比例由供用电双方在供用电合同中约定。"本案中由原、被告双方签订的供用电协议合法有效，供用电双方应全面遵守履行，作为用电方的被告用电后，不及时交纳电费，应当承担偿还电费并支付逾期违约金的法律责任。

本案中原告作为供用电关系的供电方，供电收费，理所应当；被告某部队作为用电方，用电交费，天经地义。原告在电费难以收回的情况下，采用法律手段，依法维护其合法权益，是非常必要的。本案给供电企业带来几点启示：

1. 供电企业与用户发生供用电关系时，签订供用电合同，明确双方的权利义务是非常必要的；

2. 用户名称或合同其他事项发生变化时，应及时按照有关法律规定通知用户办理变更手续；

3. 供电企业应依法及时采取有效措施催交电费，包括依法起诉欠费者，避免形成长期拖欠。

窃电者为何成了阶下囚？

——申某利用窃电器盗窃电力被判有期徒刑案

【案情】

被告人：申某，私营业主，系某面粉厂厂长。

1999 年 9 月 13 日，一外地人来申某的面粉厂卖窃电器。被告人申某花 400 元钱买了一个窃电器。之后，便将窃电器安装在面粉厂 50 千伏安的变压器上进行窃电。1999 年 9 月 22 日晚上，被某县电业局某电管所工作人员当场查获。被告人申某窃电 10 日，共窃取电力价值 3236.40 元。审理期间，被告人申某退出赃款 3236.40 元给受害单位某县电业局。

【审判】

县检察院以被告人申某犯盗窃罪向某县法院提起公诉。

被告人申某对起诉书中指控的窃电事实供认不讳，但辩称自己没有窃那么多电，县法院经审理认为：被告人申某以非法占有为目的，使用窃电工具，秘密窃用电能，价值3236.40元，数额较大，其行为已构成盗窃罪。公诉机关指控的罪名成立。被告人窃电日数不属于无法查明的情形，所指控被告人窃取价值59260.60元的电能，不予认定。被告人辩称其只用了4次窃电器，每次只用4个多小时的辩解没有证据，不予采纳。辩护人所举的证据台账及所交电费单据，没有证据效力，不予采用。公诉机关提供的其他证据及辩护人提供的证人证言客观、真实，且能相互印证，均予以采信。为严厉打击窃电犯罪，维护正常的供电秩序，保护国家财产不受侵犯，依据《刑法》第二百六十四条、第五十二条、第五十三条之规定，判决：

被告人申某犯盗窃罪，判处有期徒刑1年。罚金人民币3000元。限判决书生效后10日内缴纳。

一审宣判后，被告人申某未提出上诉，当地检察院也没有提出抗诉。

【评析】

本案是一起由于盗窃电力被判处有期徒刑的案件。该案定罪准确，量刑适当，对打击窃电犯罪，维护正常的供用电秩序，具有重要意义。

一、本案定罪准确

以非法占有为目的，秘密窃取公私财物数额较大或者多次盗窃公私财物的行为，构成盗窃罪。

修改后的《刑法》于1997年10月1日起施行。该案被告人申某盗窃电力的行为发生在1999年，即《刑法》修订之后，应适用修订后的《刑法》。

修订后的《刑法》第二百六十四条规定了盗窃罪："盗窃公私财物，数额较大或者多次盗窃的，处3年以下有期徒刑、拘役或者管制，并处或者单处罚金；数额巨大或者有其他严重情节的，处3年以上10年以下有期徒刑，并处罚金；数额特别巨大或者有其他特别严重情节的，处10年以上有期徒刑或者无期徒刑，并处罚金或者没收财产。"

1. 在客观方面，申某有秘密窃取数额较大的公私财物或多次盗窃的行为。所谓秘密窃取，是指行为人采取自认为不会被他人发觉的方法将财物非法占有的行为。

侵犯的公私财物既包括有形财物，也包括电力、煤气、天然气、重要技术成果等无形财物。根据1997年11月4日最高人民法院《关于审理盗窃案件具体应用法律若干问题的解释》（以下简称《解释》）第一条第一款第三项的规定："盗窃的公私财物，包括电力、煤气、天然气等。”该规定强调了对无形财产的保护。

本案被告人申某侵犯的对象是属于国家所有的无形财产——电力。

根据国务院颁布的行政法规《电力供应与使用条例》第三十一条规定，窃电行为包括六种法定情形：即（一）在供电企业的供电设施上，擅自接线用电；（二）绕越供电企业的用电计量装置用电；（三）伪造或者开启法定的或者授权的计量检定机构加封的用电计量装置封印用电；（四）故意损害供电企业用电计量装置；（五）故意使供电企业的用电计量装置计量不准或者失效；（六）采用其他方法窃电。

本案被告人申某在变压器上加装窃电器，干扰用电计量装置的正常运行，使用电计量装置的读数显示比实际使用数额小，导致该用电计量装置不准或失效。其行为符合第（五）种法定情形，属于窃电行为。

盗窃公私财物的行为是违法行为，但并不是一切盗窃行为都构成盗窃罪。盗窃公私财物数额较大的或多次盗窃，才构成盗窃罪。根据《解释》第三条规定：盗窃公私财物“数额较大”、“数额巨大”、“数额特别巨大”的标准如下：（一）个人盗窃公私财物价值人民币 500 元至 2000 元以上的，为“数额较大”。（二）个人盗窃公私财物价值人民币 5000 元至 20000 元以上的。为“数额巨大”。（三）个人盗窃公私财物价值人民币 30000 元至 100000 元以上的，为“数额特别巨大”。各省、自治区、直辖市高级法院根据本地区经济发展状况，并考虑社会治安状况，在以上规定的数额幅度内，分别确定本地区执行的“数额较大”、“数额巨大”、“数额特别巨大”的标准。本案中，申某盗窃电力价值 3236.40 元，已达到数额较大的量刑点。

电力是一种特殊商品，在计算电力被盗窃的数额时，1996 年 10 月 8 日实行的电力部门规章《供电营业规则》第一百零三条规定了窃电量和窃电时间的确定方法。窃电量按下列方法确定：（一）在供电企业的供电设施上，擅自接线用电的，所窃电量按私接设备额定容量（千伏安视同千瓦）乘以实际使用时间来确定；（二）以其他行为窃电的，所窃电量按计费电能表标定电流值（对装有限流器的，按限流器整定电流值）所指的容量（千伏安视同千瓦）乘以实际窃用的时间计算确定。

窃电时间分为有法查明和无法查明两种情形：①窃电时间有法查明的，按实际查明的窃电时间计算；②窃电时间无法查明的，窃电日数至少以 180 天计算，每日窃电时间：动力用户按 12 小时日算；照明用户按 6 小时计算。

本案中法院在认定窃电量和窃电时间时，被窃电量按变压器额定容量为 50 千伏安计算。窃电日数按有法查明情形处理，依据辩护人提供的证人证言，结合被告人供述及公诉方提供的证人证言，认定窃电时间为 10 天。每日窃电时间按无法查明情形处理，即采用动力用户按 12 小时计算方法确定日窃电时间。被盗窃的电力商品价格按供电企业销售价格（经国家有关部门核准的价格）0.5394 元/（千瓦时）计算。本案被告人申某的窃电数额应为50千伏安× 10日×12小时× 0.5394元/（千瓦时），经计算为3236.40元，已超过《解释》中“数额较大”，的量刑起点，依法应当追究刑事责任。

另外，根据《解释》第四条：“对于一年内入户盗窃或者在公共场所扒窃3次以上的，应当认定为‘多次盗窃’，以盗窃罪定罪处罚。”被告人申某在短时间内连续窃电4次，也符合盗窃罪多次盗窃公私财物的客观特征。

2. 在主观方面，只能由故意构成，而且必须具有非法占有的目的。本案私营业主申某窃电主观方面存在故意，其使用窃电器的目的就是为了少交电费。

3. 在主体方面，盗窃罪犯罪主体多为一般主体。即只包括个人，而不包括单位。新《刑法》第三条规定：“法律明文规定为犯罪行为的，依照法律定罪处刑，法律没有明文规定为犯罪行为的，不得定罪处刑。”这是1997年修订后的《刑法》新规定的一项重要的刑法基本原则，罪刑法定原则。按此规定，在《刑法》第二百六十四条关于盗窃罪的规定中，并未明确有单位犯罪的情况。因而盗窃罪的主体为个人。在本案中，申某为私营业主，其面粉厂为其个人所有，其窃电所得也归其个人所得，因而在犯罪主体上不属于单位犯罪，法院认定申某犯有盗窃罪是正确的。

二、本案量刑适当

量刑适当是指量刑轻重适度，做到轻罪轻判，重罪重判，罪刑相当。本案中被告人申某窃电数量折合价值，超过《刑法》和《解释》中有关盗窃罪的“数额较大”的定罪起点。按照《刑法》第二百六十四条：“盗窃公私财物，数额较大或者多次盗窃的，处3年以下有期徒刑、拘役或者管制，并处或者单处罚金”。法院依据被告人申某犯罪的事实、犯罪性质、情节和对社会的危害程度，判处其有期徒刑1年和罚金3000元，从量刑方面比较适当。

参 考 文 献

1 国家电力公司农电工作部．经济法律法规汇编．北京：中国电力出版社，2002

2 电力工业部安全监察及生产协调司．电力供应与使用法规汇编．北京：中国电力出版社，2004

3 国家电力公司农电工作部．供电企业典型案例评析．北京：中国电力出版社，2003

4 吕振勇，周凤翱．电力法规教程．北京：中国电力出版社，1999